MW01601654

PENSAMIENTOS POSITIVOS
PARA UNA MEJOR CALIDAD DE VIDA

Carlos Germán Cortés Riveros

2026

ISBN: 9798266817715

PENSAMIENTOS POSITIVOS PARA UNA MEJOR CALIDAD DE VIDA

Pensamientos positivos que nos brindarán salud, vigor y entusiasmo para nuestra vida física, mental, emocional y espiritual. Paz y grandes satisfacciones para la salud mental. Gozo, tranquilidad y motivación para la vida emocional. Amor, fortaleza y esperanza en la vida espiritual.

Son muchos los beneficios de cada pensamiento positivo:

Salud física: Un rostro alegre y placentero.

Salud mental: Los pensamientos constructivos aportan paz y satisfacción, fortaleciendo nuestra mente y nuestra capacidad para enfrentar retos.

Vida emocional: El gozo, la tranquilidad y la motivación surgen cuando los cultivamos con una visión optimista y confiado en lo bueno que la vida nos ofrece.

Dimensión espiritual: El amor, la fortaleza y la esperanza se ven renovados cuando nuestros pensamientos están llenos de gratitud y confianza en Dios.

DEDICATORIA

Con mucho cariño dedico este libro a mis familiares más cercanos: mi esposa Miriam Hernández, mis hijos Germin Yeddy, Edgard Hernando y Carlos Germán, así como mis nietos Edgard Joel, Viviana Mairin, Carlos Andrés, Careli, Yandel, Damián y las gemelas Dayanara Ortencia y Salice Miriam.

PALABRAS DE AGRADECIMIENTO

Quiero agradecer a mi Dios, a mi amada esposa y al profesor Víctor O. Detrés Collazo por su valiosa ayuda para la corrección y edición final. Cristalizar así mi sueño de publicar tan precioso y valioso libro. Asimismo, deseo expresar mi profunda gratitud a todas aquellas personas que, de una u otra manera, han aportado a la realización de este proyecto. Su apoyo incondicional, consejos oportunos y palabras de aliento expresadas por Facebook han sido fundamentales en este recorrido lleno de aprendizaje y crecimiento personal. Gracias a quienes con su ejemplo y dedicación me han inspirado a perseverar y a plasmar en estas páginas reflexiones que, espero, sean de bendición y utilidad para quienes las lean. Con humildad y alegría, presento este libro, esperando que cada pensamiento motive al lector a cultivar pensamientos positivos, y así, contribuir a una mejor calidad de vida.

ACERCA DEL AUTOR

El autor de este libro es el pastor Carlos Germán Cortés Riveros, quien se considera un siervo de Dios y amigo de Jesucristo, su médico, abogado y consejero. Estudió teología en Colombia y posteriormente en la Universidad Adventista de las Antillas en Puerto Rico y posee una maestría como Educador en Salud de la Universidad de Loma Linda en California. Trabajó durante 8 años como misionero en Venezuela. Allí nacieron sus tres hijos. Posteriormente 32 años en Puerto Rico como pastor y departamental. Actualmente, se encuentra jubilado, pero no retirado, pues sigue activo trabajando para la obra adventista.

Le apasiona la buena lectura y la declamación poética. Le encanta caminar y viajar. Ha visitado con su esposa muchos países como, Turquía donde se dio un baño turco. Algunos países de Europa, las Américas, Asia y Tierra Santa. Caminó por las calles donde caminó Jesús y también tuvo la oportunidad de conocer el Río Jordán donde Jesús fue bautizado por Juan el Bautista, el Mar Muerto y otros más.

Le gusta contemplar la grandeza y bellezas de nuestro Dios en la naturaleza. Respirar la brisa del mar, es su deleite. Disfrutar de la amistad sincera es su placer. Y lo más lindo de todo, ver crecer a sus amados nietos. Su mayor anhelo como se puede percibir en este libro, su fe y esperanza es ver y saludar a su familia y amigos en el gran encuentro celestial y caminar con su mascota, el león, por las calles de oro de la gran ciudad de Dios.

Ha escrito otros libros como: *En las Manos de Dios, Notas de Salud 800 Sabios Consejos para Aumentar Años a la Vida y Vida a los Años,* y *Pensamientos Bíblicos Atentos a la Palabra.* Ha escrito también noticias como corresponsal de la Revista Noticiosa Adventista. Ha colaborado con su esposa la doctora Miriam Hernández Pérez, con artículos educativos y motivadores en algunas revistas como Hola Pueblo en San Sebastián.

Pasó por una experiencia crítica y no esperada. Un momento crucial en su vida, cuando fue intervenido quirúrgicamente a causa de un infarto que puso en riesgo su salud. Sin embargo, a pesar de todo, ¡qué linda es la vida, cuando Cristo Jesús reina en el corazón!

INTRODUCCIÓN

Nuestros pensamientos tienen un valor extraordinario. Somos lo que pensamos. Muy bien el sabio lo declara: "Porque tal como piensa el corazón del hombre tal es él" (Proverbios 23:7).

Estas palabras tienen para nosotros una gran lección. ¡Cuán importante, por lo tanto, son nuestros pensamientos! Con ellos bendecimos o maldecimos según Santiago 3: 9-10. Muy cierto, con ellos sanamos o herimos, con ellos construimos o destruimos.

En este libro **PENSAMIENTOS POSITIVOS PARA UNA MEJOR CALIDAD DE VIDA** queremos exaltar lo que Elena de White, una gran educadora por inspiración de Dios lo expresa en su libro *Ministerio de Curación*. Nos referimos al capítulo titulado "En el trato con los demás" dice así: *"Practicad el hábito de hablar bien de los demás, pensad en las buenas cualidades de aquellos a quienes tratáis y fijaos lo menos posible en sus faltas y errores"* (Ministerio de Curación, pág. 392).

"Es necesario acercarse a la gente por medio del esfuerzo personal. Si se dedicara menos tiempo a sermonear y más al servicio personal se conseguirían mayores resultados. Hay que aliviar a los pobres, atender a los enfermos, consolar a los afligidos, y dolientes, instruir a los ignorantes y aconsejar a los inexpertos. Hemos de llorar con los que lloran y regocijarnos con los que se regocijan. Acompañada del poder de persuasión, del poder de la oración, del poder del amor de Dios, esta obra no será ni puede ser infructuosa" (Ministerio de Curación, pág. 102).

Concluyo diciendo lo que el apóstol Santiago declara: "Por esto mis amados hermanos, todo hombre sea pronto para escuchar, tardo para hablar, lento para enojarse" (Santiago 1:19).

CONTENIDO

1. ***Una palabra de motivación.*** Jóvenes, niños, damas, caballeros, todos, todos necesitamos de la motivación personal. Los niños como los adultos necesitan ser apreciados, valorados, estimados, reconocidos por los logros alcanzados. Los grandes como los pequeños necesitan ser estimulados cuando hacen bien las cosas. Felicite a su hijo por su progreso y desarrollo intelectual como también por los cambios realizados en favor de su mejoramiento. Felicite a sus compañeros y amigos por las metas y logros alcanzados. Por el buen trabajado realizado. Una palabra de ánimo, una palabra de estímulo... es el mejor regalo que podemos dar. La mejor motivación es aquella que podemos ofrecer con un corazón sincero y agradecido.

2. ***Palabras mágicas.*** Son aquellas que se pronuncian en el momento preciso. Expresan nuestro sentir. Dejan una huella de estímulo. Sanan heridas. Sirven de motivación en el bien hacer. Nos impulsan a declarar principios de sana cortesía, de educación, de aprecio, reconocimiento y gratitud. "Un por favor". "Muchas gracias". "Te extraño mucho". "Te quiero". "Te admiro". "Vales mucho para mí". "Eres muy especial". "Lo siento". "Perdóname". "No quise ofenderte". "Con el respeto que te mereces, pero...". Estas palabras constituyen un bálsamo espiritual. Un verdadero aliciente para muchos. Son expresiones que entrelazan corazones. Fortifican y edifican el carácter. Brotan de un sentimiento de aprecio, cariño y admiración.

3. ***Sin amor la vida no vale nada.*** La vida sin amor no tiene sentido. Sin un amor le falta fuerza al corazón. La fe sin amor es fanatismo. La justicia sin amor te hace implacable. La belleza sin amor te hace ridículo. El trabajo sin amor es esclavitud. La oración sin amor te hace introvertido. La diplomacia sin amor es arrogancia. La política sin amor es egoísmo. La autoridad sin amor es tiranía. La inteligencia sin amor es perversidad. La riqueza sin amor es avaricia y la pobreza sin amor te hace un orgulloso. La vida sin amor no vale nada. Cristo Jesús es la fuente del amor supremo. Acéptalo.

4. ***Mi hijo, ¿con problemas de aprendizaje?*** Generalmente, el niño hiperactivo tiene dificultad para seguir instrucciones. Brinca o salta por todas partes, es intranquilo y le cuesta mucho mantenerse quieto. Puede suceder también que tiene conflictos para recordar o entender lo que le acaban de explicar. Se tarda en dominar las destrezas básicas de lectura, deletreo, escritura o es muy lento para aprender las matemáticas. El científico Albert Einstein tenía este tipo de problema. La mayoría de los estudiantes que padecen la condición tienen una inteligencia normal. Así que, no se preocupe si su hijo es hiperactivo, puede usted tener un genio o un líder en la familia o en la escuela... y usted no lo sabía.

5. ***Una buena disciplina... Una conducta correcta.*** Disciplinar, amigos, es parte de una sabia educación. Dios el mejor educador nos disciplina con amor. No tenga miedo de corregir a su hijo si lo hace pensando en su futuro bienestar. No le permita conductas inapropiadas. Aplique la medicina correcta sin coraje, sin gritos, sin amenazas. Una fuerte disciplina de vez en cuando es necesaria y saludable. Le asentará muy bien. Hágale caer en cuenta su serio comportamiento. Dialogue con él sobre las consecuencias que esto le pueda acarrear de tal forma que no necesite una segunda corrección. Esta disciplina será un baluarte para su vida. Aprenda a disciplinar con amor y serás de bendición.

6. **Los milagros de Dios.** Dios realiza grandes y maravillosos milagros. Los vemos en las enfermedades que se curan. En las oraciones contestadas. En los mártires modernos que mueren de cáncer y agonizan con valor y dignidad. Sin una queja, sin sentimientos de culpabilidad personal. Sin reproches para nadie y mucho menos para Dios. En los que vencen los vicios. En mujeres perdidas trasformadas, por la gracia de Dios, en princesas para el reino. En ebrios siendo, ahora sobrios. En los que padecen persecución por causa de la justicia y se mantienen fieles y leales al Señor. Milagros en oraciones contestadas. Milagros que revelan la existencia de un Dios poderoso en misericordia y grandemente perdonador. Milagros que revelan la grandeza de un Dios de los imposibles.

7. **Historia del hombre que naufragó en una isla desierta.** Un día se fue a pescar y regresó corriendo al ver que se quemaba su choza y no pudo salvar nada. El náufrago estaba confundido y enojado con Dios. Con lágrimas en sus ojos y tristeza en su corazón, le decía: ¿Cómo pudiste, oh, Señor, ¿hacerme esto? Temprano, a la mañana siguiente, escuchó la sirena de un buque que se acercaba a la isla. ¡Qué grata sorpresa! ¡Venían a rescatarlo! Al llegar sus salvadores les preguntó: - ¿Cómo sabían ustedes que yo estaba aquí? Les respondieron: -Vimos las señales de humo que nos hiciste… Es fácil enojarnos cuando las cosas van mal, pero no debemos perder la fe y la confianza en Dios. La próxima vez que tu pequeña choza se queme, puede ser simplemente, una señal de humo que surge de la mano de Dios.

8. **La madre… Un milagro de amor.** Desde antes que nacieras ya Dios pensó en ti. Y en el vientre de tu madre te formó. Día a día te cuidaba con esmero y atención pues tú eres su más grande creación. En sus brazos te cargaba con amor. Te brindaba su cariño y protección. Y en su gran misericordia y eterna compasión te ha librado de peligros hasta hoy. Eres el regalo de su amor. Su cuidado y protección te ha brindado con amor. Toda tu vida ha sido un regalo de su amor. Su amor es más grande que el cielo, y más profundo que el mar. Más ancho que todo el universo, su eterno amor siempre te alcanzará. El amor de una madre no se puede comprender.

9. **La radiotelefonía más antigua y perfecta.** La oración, apreciados amigos, es una comunicación gratuita con la estación celestial. Tiene un poder sorprendente y maravilloso. Tenemos un Dios grande y poderoso. Dueño del oro y de la plata. Creador

18

del universo y, sin embargo, ¡qué extraño, que extraño que oremos tan poco! La oración es la única esperanza cuando todo lo demás nos falla. Es abrir nuestro corazón a Dios. Es hablar con un amigo que nos conoce y nos comprende. Un amigo que nos escucha y nunca nos desatiende. Llega a mi mente el pensamiento muy conocido por muchos: "Si soy tu amigo y te olvidas de mí no has perdido nada, pero si conoces a Cristo y te olvidas de Él, lo has perdido todo.

10.   *Pidan, busquen, llamen.* "Pidan, y se les dará; busquen, y encontrarán; llamen, y se les abrirá. Porque todo el que pide, recibe; el que busca, encuentra; y al que llama, se le abre. ¿Quién de ustedes, si su hijo le pide pan, le da una piedra? ¿O si le pide un pescado, le da una serpiente? Pues si ustedes, aun siendo malos, saben dar cosas buenas a sus hijos, ¡cuánto más su Padre que está en el cielo dará cosas buenas a los que le pidan" (Mateo 7:7-11). Una promesa edificante para la raza humana. ¡Sí!... para todos, grandes y pequeños, ricos y pobres, letrados e ignorantes. Todos absolutamente todos, necesitamos del maravilloso poder de la oración.

11.   *Un pensamiento de gran valor espiritual.* "Presenta a Dios tus necesidades, tristezas, gozos, preocupaciones y temores. No puedes incomodarlo ni agobiarlo. No hay nada que sea tan pesado que él no lo pueda soportar, pues sostiene los mundos y rige todos los asuntos del universo. Nada que de alguna manera afecte nuestra paz es tan pequeño que él no lo note… Ninguna calamidad puede ocurrirle al más pequeño de sus hijos, ninguna ansiedad puede asaltar el alma, ningún gozo alegrarlo, ninguna oración sincera escaparse de los labios sin que el Padre celestial lo perciba y sin que tome en ello un interés inmediato" (Elena de White, El Camino a Cristo, págs. 148-149). Solo el Señor Jesucristo es la respuesta a todas nuestras más urgentes necesidades y preocupaciones.

12.   *Un gran salvavidas.* ¡Cuántas personas no han muerto ahogadas por las embravecidas aguas del mar! Valientes y esforzados nadadores y muy amigos del mar, por razones que muchas veces no podemos entender, sencillamente porque no hay explicación satisfactoria, han muerto en lucha titánica con el mar. El mar los cautivó, los traicionó y los mató. Así actúa el enemigo de las almas con sus múltiples tentaciones. Nos cautiva… nos traiciona… y nos mata. Gracias a Dios que Cristo Jesús es nuestro gran salvavidas con amplia experiencia en el programa de salvación y rescate. Podemos acudir a él en los momentos más difíciles de la vida. Sus servicios como salvavidas son gratuitos y seguros.

13.   *¡Qué extraño que oremos tan poco!* Quisiera compartir este hermoso y recordado pensamiento en torno a la oración, de una mujer especial y admirada por todos conocida como la hermana White: "Nuestro Padre celestial está esperando para derramar sobre nosotros la plenitud de sus bendiciones. Es privilegio nuestro beber abundantemente en la fuente de su amor infinito. ¡Qué extraño que oremos tan poco!

Dios está pronto y dispuesto a oír la oración sincera del más humilde de sus hijos..."
(Elena de White, El Camino a Cristo, pág. 93).

14. *Un oportuno consejo.* Una excelente educadora que admiro mucho escribió el siguiente pensamiento: "En cada familia debería haber una hora fija para los cultos matutino y vespertino. ¿No conviene a los padres reunir en derredor suyo a sus hijos antes del desayuno para agradecer al Padre celestial por la protección durante la noche y para pedirle su ayuda y cuidado durante el día? ¿No es propio también cuando llega el anochecer, que los padres y los hijos se reúnan una vez más delante de Dios para agradecerle las bendiciones recibidas durante el día que termina? (Elena de White, Joyas de los Testimonios T 3, pág. 92).

15. *El culto familiar.* "Antes de salir de la casa para ir a trabajar, toda la familia debe ser convocada y el padre, o la madre en ausencia del padre, debe rogar con fervor a Dios que los guarde durante el día. Acudid con un corazón lleno de ternura, presintiendo las tentaciones y peligros que os acechan a vosotros y a vuestros hijos, y por la fe atad a estos últimos al altar, solicitando para ellos el cuidado del Señor" (Conducción de niño, pág. 491). "Si en nuestros hogares se realizara diariamente el culto en familia muchos problemas se podrían evitar. Saldríamos de nuestro hogar con la seguridad de que el Señor nos protegerá y protegerá la vida de nuestros amados" (Elena de White, Joyas de los Testimonios T 3, pág. 110).

16. *Los planes de Dios son maravillosos y fidedignos.* La vida es incierta y a veces extraña. Hacemos planes y nos salen mal. No como también lo habíamos planificado. Algo sucedió contrario a lo programado y muchas veces no lo entendemos. Nos sentamos a pensar por qué todo nos sale mal. Escuchemos con atención el siguiente pensamiento de una sierva de Dios: "Son muchos los que al idear planes para un brillante porvenir fracasan completamente. Dejad que Dios haga planes para vosotros. Como niños confiad en la dirección de Aquel que "guarda los pies de sus santos" (1 Samuel 2: 9). "Dios no guía jamás a sus hijos de otro modo que el que ellos mismos escogerían, si pudieran ver el fin desde el principio y discernir la gloria del designio que cumplen como colaboradores con Dios" (Ministerio de Curación, pág. 380).

17. *Las cuatro estaciones.* Cierto hombre quería que sus hijos aprendieran a no juzgar las cosas. Ideó enviarlos a visitar un peral. El primer hijo fue en invierno. El segundo en primavera. El tercero en verano. Y el hijo más joven en otoño. Al regresar les pidió que hablaran de lo que habían visto. El que fue en el invierno, mencionó que el árbol era horrible, doblado y retorcido. El que fue en primavera dijo: Lo vi verde y lleno de promesas. El que fue en verano dijo que estaba cargado de flores y muy hermoso. Y el que fue en el otoño dijo que estaba maduro y marchitándose de tanto fruto. Todos tenían la razón. No dejen que el dolor de una época destruya la dicha del resto del año. Pronto las dificultades y preocupaciones pasan, y luego podremos disfrutar de los buenos tiempos.

18. *Jesús...nuestro pronto auxilio en las tribulaciones.* Amigos, ¡Cuántas personas no han muerto por las corrientes turbulentas de las aguas de los ríos que han arrastrado vidas de animales o de humanos! ¡Qué horrenda desesperación sufre quien muere ahogado! Pero cuán grato y reconfortante es reconocer que tenemos un gran salvavidas y si nos colocamos en las maravillosas manos de Dios, él nos puede proteger y salvar de todo peligro. Cristo Jesús es nuestro pronto auxilio en las tribulaciones y penurias de la vida. Sólo Jesús es el único que puede, con una breve oración, salvarnos de los peligros de este mundo sufriente que nos ha tocado vivir.

19. *La vida del misionero.* Las múltiples responsabilidades de un verdadero misionero son variadas pero todas ellas muy satisfactorias. Los peligros constantemente nos acosan. Así testificó Pablo el elegido por Dios para una gran tarea, cuando se expresó con los siguientes términos: "He viajado mucho y me he visto en peligros de ríos, en peligro de ladrones y en peligro entre mis paisanos y entre los extranjeros. También me he visto en peligros en la ciudad, en el campo y en el mar, en peligro entre falsos hermanos. He pasado trabajos y dificultades, muchas veces me he quedado sin dormir, he sufrido hambre y sed; muchas veces no he comido, he sufrido por el frio y por la falta de ropa" (2 Corintios 11:26-27). Lo importante de todo es que Dios cuida a todo fiel misionero. La mayor satisfacción es el cumplimiento de su misión.

20. *Un sabio consejo bíblico para vivir una vida larga y feliz.* Como un padre hablándole al hijo y bajo la dirección de Dios, el sabio Salomón escribió el siguiente pensamiento en torno a la vida del creyente: "No olvides mis enseñanzas, hijo mío, guarda en tu memoria mis mandamientos. Y tendrás una vida larga y llena de felicidad. No abandones nunca el amor y la verdad llévalos contigo como un collar. Grávatelos en la mente, y tendrás el favor y el aprecio de Dios y de los hombres. Confía de todo tu corazón en el Señor y no en tu propia inteligencia. Ten presente al Señor en todo lo que hagas y él te llevará por el camino recto. No te creas demasiado sabio; honra al Señor y apártate del mal; esa es la mejor medicina para fortalecer tu cuerpo. Honra al Señor con tus riquezas y con los primeros frutos de tus cosechas; así se llenarán tus graneros y tus depósitos de vino" (Proverbios 3:1-10). Un oportuno consejo que trae grandes dividendos para obtener una vida placentera y de largos años.

21. *Hijos consentidos de Dios.* Debemos reconocer siempre, que nuestro soberano Señor y Padre de todos nosotros, nos ama entrañablemente. Somos sus consentidos hijos. Tiene un propósito especial y maravilloso con nuestras vidas. ¡De cuántos peligros nos habrá librado! ¡Qué titánica tarea habrá hecho nuestro ángel guardián! ¡Qué lindo será con los ángeles adorar al Redentor por toda una eternidad!

¡De mes en mes y de sábado en sábado, como así lo declara la promesa de Isaías 66:23! ¡Compartir el gozo angelical y unidos cantar alabanzas de gratitud por las bondades que el Señor ha tenido con nosotros! De manera especial por protegernos de las calamidades de nuestro mundo. Qué grato y reconfortante es saber que tenemos un padre en los cielos que vela por cada uno de sus hijos e hijas y nos está preparando una bella mansión.

22. **Dolores de parto.** Por la desobediencia de Eva, madre de todas las naciones, la mujer sufre las consecuencias del legado femenino. Con dolor traerá al mundo a sus hijos. El registro sagrado señala: "A la mujer le dijo: Aumentaré tus dolores cuando tengas hijos. Y con dolor los darás a luz..." (Génesis 3:16). Alguien a manera de chiste, declaró que el primer hijo lo debe tener el hombre que se cree muy macho y guapetón, solamente para que sepa y sienta el dolor de parir. El segundo hijo lo debe tener la madre. Y el tercero que le corresponde al hombre... ya no habrá tercero porque el hombre es tan cobarde y el dolor tan fuerte que no repite la hazaña de tener un hijo más. Además de los dolores de parto hay otros tipos considerados dolores del cuerpo o dolores personales. Los que más duelen son los dolores del corazón. Porque producen nostalgias, tristezas o sinsabores. Hay algo muy importante: ¡No hay ningún tipo de dolor que el Señor no lo pueda sentir! ¡No hay ningún tipo de dolor que el Señor no lo pueda calmar!

23. **Una herencia musical.** En gran parte, el futuro de cada hijo depende mucho del tiempo de gestación. Aunque nos parezca paradójico, son nueve preciosos meses para enseñar principios, amor e interés intelectual. Esta verdad científicamente comprobada, la hemos experimentado en uno de nuestros hijos. Cuando mi esposa estaba embarazada tocaba mucho el piano. En la iglesia, en la casa y donde ella viera un piano, se sentaba para sacar hermosas melodías y disfrutar de su encanto musical. Y nuestro segundo hijo resultó un tremendo pianista y el nieto ni se diga. Cántale a tu hijo en esa época tan especial y le transmitirá así una gran herencia musical.

24. **La futura madre.** Son muy importantes los nueve meses de embarazo o gestación de la madre. Debe cuidarse mucho. Nada de disgustos. Nada de lloriqueos o momentos de tristeza. Mucho amor y comprensión. Alimentarse correctamente. Leer mucho para que el hijo sea un intelectual. Tocar un instrumento musical o escuchar buena música. Tratar de hablar con el niño porque a pesar de estar encerrado en la placenta materna, la escucha y la entiende. Debe estar tranquila y reposada sin carreras ni contiendas. De ese tiempo maternal se logra un hombre intelectual.

25. **Un parto sin preocupaciones.** Antes del nacimiento de todo hijo, existen muchas inquietudes que cada madre debe aprender a superar. Preguntas como: ¿Saldré bien en este parto? ¿Nacerá el niño saludable? Preocupantes preguntas para toda madre. Podemos dar fe que, si te colocas en las manos de Dios, el Señor estará

presente en ese momento crítico de tu vida. Escucha este pensamiento bíblico: *"Cuando una mujer va a dar a luz, se aflige porque le ha llegado la hora; pero después que nace la criatura, se olvida del dolor a causa de la alegría de que haya nacido un niño en el mundo. Así también ustedes se afligen ahora; pero yo volveré a verlos, y entonces su corazón se llenará de alegría, una alegría que nadie les podrá quitar"* (Juan 16:21-22).

26. *Los anhelos del corazón de Dios.* Observa el siguiente pensamiento: "No necesitáis ir hasta los confines de la tierra para buscar sabiduría, pues Dios está cerca. No son las capacidades que poséis hoy, o las que tendréis en el futuro, las que os darán éxito. Es lo que el Señor puede hacer por vosotros. Necesitamos tener una confianza mucho menor en lo que el hombre puede hacer, y una confianza mucho mayor en lo que Dios puede hacer por cada alma que cree. Él anhela que extendáis hacia él la mano de la fe. Anhela que esperéis grandes cosas de él. Anhela daros inteligencia así en las cosas materiales como en las espirituales" (Palabras de Vida del Gran Maestro, pág. 112). Caminar con Cristo diariamente es la experiencia del verdadero creyente para que los anhelos de Dios se logren alcanzar. Esta es una linda oportunidad para hoy, mañana y siempre.

27. *Una piedra de tropiezo.* Hay personas que se constituyen en piedras de tropiezo para otros. Colocan una pesada cruz en los hombros de vidas que tienen que soportar la terquedad de individuos insensibles a las muchas tareas de la vida. Dirigentes que a cambio de ser excelentes facilitadores se convierten luego en excelentes obstaculizadores. En nuestro paso por este mundo tenemos hermosas experiencias en la vida que nos ayudan a forjar nuestro carácter. A crecer espiritualmente y sobre todo a confiar en un Dios sabio y poderoso. Gracias a Dios por su ayuda ante las piedras de tropiezo que nos ayudan a crecer espiritualmente. Gracias porque nos brinda su amor para aprender a perdonar como ya nos ha perdonado.

28. *Nuestra cruz.* Todos tenemos una cruz que cargar. "Después les dijo a todos: Si alguno quiere ser discípulo mío, olvídese de sí mismo, cargue con su cruz cada día y sígame" (Lucas 9:23). Quizás la cruz nos parezca pesada. Es perfecta para nuestro crecimiento espiritual y no podemos cambiarla por ninguna otra. Cuanto más nos colocamos delante del altar de Dios, más comprendemos que todas las cosas cooperan para nuestro bien, incluso el peso de la cruz que soportamos. No seamos una cruz para los demás y mucho menos ver sufrir a una persona por nuestra culpa, responsabilidad o descuido.

29. *Los vencedores.* Para los felices vencedores que han dejado todo: trabajo, estudios, familia, planes, retos y contratiempos, en las delicadas manos de Dios la victoria ya está asegurada. Cuanto más entendemos los planes de Dios para nuestras vidas, más liviana se vuelve la cruz que tengamos que cargar. Los planes de Dios son los mejores. "Porque yo sé muy bien los planes que tengo para ustedes —afirma el Señor—, planes de bienestar y no de calamidad, a fin de darles un futuro y una esperanza. Entonces ustedes me invocarán, y vendrán a suplicarme, y yo los escucharé" (Jeremías 29: 11-12). Ya el Señor Jesucristo obtuvo la victoria por nosotros. Con él somos más que vencedores por su gran amor y por su gran misericordia, sin él no existe la victoria.

30. *Huellas en la arena.* Una poesía maravillosa de mi gran amigo Raúl Villanueva dice así: "Una noche en sueños, vi que con el Señor caminaba junto a la orilla del mar bajo una hermosa luna plateada. Pregunté triste al Señor: ¿Señor, tú no has prometido que en horas de aflicción siempre a mi lado estarías dando muestras de tu amor? Pero noto con tristeza que, en medio de mis querellas, cuando más me aflige el dolor, solo veo un par de huellas. ¿Dónde están las otras dos que indican tu compañía, cuando las tempestades sin piedad azotan la vida mía? - Y el Señor me contestó con ternura y compasión: "Mas si en ocasiones ves solo dos huellas al caminar, y no puedes ver las otras dos que se deberían reflejar, es que en tu hora afligida cuando flaquean tus pasos, no hay huellas de tus pisadas… porque te llevo en mis brazos".

31. *Dios es bueno…en gran manera.* ¡La gloria y la gratitud sean para nuestro Dios por siempre! Porque es grato y reconfortante reconocer que no importan las circunstancias, ni los peligros, ni la enfermedad o la falta de dinero, a pesar de todo…siempre, siempre…siempre estamos resguardados en las bendecidas manos de nuestro Creador. Dios es demasiado sabio para equivocarse y demasiado bueno para negar un bien a los que andan en integridad. Así que no hay porqué temer. Confiemos más en él, aunque no veamos la respuesta inmediata a nuestras oraciones.

32. *Una gran invitación.* He aquí un aliciente y motivador pensamiento: "Conságrate a Dios todas las mañanas; haz de esto tu primera tarea. Sea tu oración: -Tómame, ¡oh, Señor! como enteramente tuyo. Pongo todos mis planes a tus pies. Úsame en tu servicio. Mora conmigo y sea toda mi obra hecha en ti. Este es un asunto diario. Cada mañana conságrate a Dios por ese día. Somete todos tus planes a él, para ponerlos en práctica o abandonarlos, según te lo indique su providencia. Podrás así poner cada día tu vida en las manos de Dios y ella será cada vez más semejante a la de Cristo" (Elena de White, El Camino a Cristo, pág. 104).

33. *¡Gracias Dios por todas las madres!* Solemne inspiración de mi querido hijo Edgard cantando la hermosa canción *Te amo madre*: "Hoy recuerdo aquellos días en que triste me encontraba, y mis ojos no paraban de llorar. Y recuerdo que mi madre se acercaba y me besaba y mis lágrimas las secaba con bondad. Aún recuerdo aquellos días, cuando enfermo me encontraba, y la fiebre me arropaba sin control. Y mi madre con ternura y con paciencia me cuidaba con esmero y entendía mi dolor.

¡Gracias Dios! ¡Gracias Dios! Porque mi madre como un ángel me ha cuidado con amor. ¡Te amo madre! Gracias por darme la vida. Por cuidarme noche y día. Eres el ángel que me cuida cada día. ¡Gracias Dios por todas las madres!".

34. **_Hemos sido creados para servir._** No somos islas separadas unas de otras. Estamos unidos por vínculos familiares, sociales o laborales. Todos necesitamos de todos. El vendedor necesita que alguien le compre el producto que ofrece. El médico necesita pacientes para atender. El maestro necesita de niños y jóvenes para enseñar y capacitar. El Señor ha dotado a cada persona de dones específicos, hermosas cualidades que bien empleadas pueden ser de gran bendición para los que viven en nuestro entorno y con los cuales estamos relacionados en el día a día. Destrezas en el bien hacer. Talentos que puestos en las incansables manos de Dios han de trabajar en bien de los demás.

35. **_La importancia del servicio._** Hemos nacido para amar y para servir. Amar a todos por igual. Sin discrimen social, político o religioso. Servir a quienes nos necesitan. Llegan a mi mente pensamientos que posiblemente los hemos escuchado o conocemos muy bien, tales como: "El que no vive para servir no sirve para vivir". "Porque el hijo del Hombre vino a servir y no a ser servido". "Debemos florecer donde Dios nos ha plantado". Hay una grata satisfacción en el servicio desinteresado. Aprovecha el día de mañana como un eslabón para servir. Servir con amor y dedicación…Sentirás una inmensa satisfacción y grata complacencia.

36. **_¿Cómo conocer al verdadero discípulo?_** "Este mandamiento nuevo les doy: que se amen los unos a los otros. Así como yo los he amado, también ustedes deben amarse los unos a los otros. De este modo todos sabrán que son mis discípulos, si se aman los unos a los otros" (Juan 13:34 y 35). El amor proviene de Dios porque el que no ama no conoce a Dios. Amigos, este mismo amor se reflejará en sus siervos fieles y obedientes hijos de Dios. Debe ser esta la tarjeta de identificación de un cristiano genuino. Un verdadero discípulo se conoce por el amor que brinda a Dios y a sus semejantes.

37. **_El amor al poder._** En nuestro afán de servir y ser útiles, no han faltado dirigentes que carecen "del poder del amor" porque lo que tienen es "amor al poder". Se creen dueños y señores de las circunstancias. Dicen "aquí el que manda soy yo". Personas insensibles a los sentimientos, que como humanos e hijos de Dios todos poseemos. Dirigentes que en cambio de ser facilitadores se convierten en obstaculizadores. Cuando nuestros planes han sido colocados en las manos de un Dios justo y maravilloso, todo ha de salir bien. Muy oportuno el pensamiento aquel que dice: "Es risible entender que aquellos que te deseaban lo peor van a reconocer que te sucedió lo mejor".

*38. **Por amor al trabajo.*** Posiblemente, amigo y compañero en las luchas de la vida, que, como profesional responsable y competente en tu trabajo, no te habrán faltado envidiosos y celosos calumniadores. Habrás tenido a un Judas que te traicione, a un Caifás que te hostigue en tu trabajo. A un Anás que te lleve al sillón de los acusados. A un Pilatos que cobardemente no tenga el valor de salir en tu defensa. "No temas lo que te pueda hacer el hombre" declara la escritura. "No temas que yo estoy contigo… es la promesa de Dios según Isaías 43: 4 y 5. Confía en Dios que es tu ayudador. Ponte en sus manos de amor y misericordia. Podrás perder una batalla, pero al fin… ganarás la guerra.

*39. **El Señor nunca llega tarde.*** Cuando hayas depositado tu vida y tu futuro en las manos cariñosas de Dios…no debes desesperarte. No debes preocuparte por nada ni por nadie. No debes desanimarte. Es grato y reconfortante reconocer que Señor jamás llega tarde. Su ayuda y propósitos están perfectamente sincronizados para tu propio bienestar y seguridad. En el momento oportuno se manifestará su poder maravilloso. Porque cuando nos colocamos en las manos de Dios, las maldiciones se tornan en bendiciones, las tempestades en bonanzas y las tormentas se calman porque "al que a Dios ama…todas, todas las cosas son para su bien".

*40. **En las preciosas manos de Dios.*** Cuando nuestra vida está cimentada en Dios, la tensión nos conduce a la reflexión. La fatiga a la satisfacción. De la angustia surge la paz y la seguridad. La ansiedad se convierte en tranquilidad. La congoja en alegría. De la impaciencia surge la serenidad y la calma. De la incertidumbre, la confianza y una sabía decisión. Las cargas de la vida se tornan livianas. Los pesares se disipan. La preocupación nos conduce a la ocupación. Las tinieblas desaparecen y la claridad florece. Todo porque sin lugar a duda, a pesar de los problemas y trastornos que se nos presentan diariamente, estamos seguros en las preciosas manos de Dios.

*41. **Dios estará contigo.*** El reconocer que Dios siempre estará a nuestro lado es una gran alegría y una maravilla. Esta preciosa promesa, fue dada al fiel dirigente de Israel: "Como mi siervo Moisés ha muerto, ahora eres tú quien debes cruzar el río Jordán con todo el pueblo de Israel, para ir a la tierra que voy a darles a ustedes. Tal como se lo prometí a Moisés, yo les daré toda la tierra en donde ustedes pongan el pie… Nadie te podrá derrotar en toda tu vida, y yo estaré contigo, así como estuve con Moisés, sin dejarte ni abandonarte jamás" (Josué 1: 2-5).

*42. **Las promesas de Dios son maravillosas y fidedignas.*** Nos espera un mundo mejor. Un lugar donde no existe el sufrimiento ni el dolor. Tampoco existirán hospitales, ni cementerios ni cárceles, ni enfermedades. Y mucho menos pesares, luchas, tristezas o contratiempos. El mar con sus miedos de maremotos o tsunamis no existirá…. será un mar de cristal. El libro de Apocalipsis capítulos 21 y 22 así lo declaran. No experimentaremos temores ni ansiedades. Recibiremos una herencia celestial de eterna felicidad. Escucharemos la bienvenida del Rey de Reyes y Señor de los señores: "Vengan ustedes, los que han sido bendecidos por mi Padre; reciban el reino que está preparado para ustedes desde que Dios hizo el mundo" (Mateo 25:34).

43.   *La cita celestial.* "Y será justo a las tres. Bajo el árbol de la vida ¡La gran familia cristiana, en un sábado reunida! Primer sábado glorioso en la ciudad celestial. Y allí a las tres de la tarde en la cita espiritual. Desde todos los confines los que esperan al Señor y han seguido sus caminos con paciencia y con amor. Se darán cita divina en la tierra renovada para disfrutar gozosos de la promesa soñada. Llegaremos a las playas de la tierra celestial y una mano antes herida se extenderá fraternal. Por anchas calles de oro de la gran Jerusalén, entrarán los que han amado la paz, la justicia y el bien. Y estaremos para siempre en el añorado hogar donde la paz y la dicha por los siglos han de estar. Pero no olvides la cita, será un sábado a las tres… ¡Bajo el árbol de la vida, nos veremos otra vez!".

44.   *Un pensamiento para meditar y considerar.* "Toda la naturaleza es un anhelo de servicio. Sirve la nube, sirve el viento, sirve el surco. Donde haya un árbol que plantar, plántalo tú. Donde haya un error que enmendar, enmiéndalo tú. Donde haya un esfuerzo que todos esquivan, acéptalo tú. Sé el que aparta la piedra del camino, el odio entre los corazones y las dificultades del problema. Hay una alegría del ser sano y la de ser justo, pero hay, sobre todo, la hermosa, la inmensa alegría de servir. ¡Qué triste sería el mundo si todo estuviera hecho, si no hubiera un rosal que plantar, una empresa que emprender! Que no te llamen solamente los trabajos fáciles. ¡Es tan bello hacer lo que otros esquivan! (Gabriela Mistral).

45.   *En torno al día del padre.* Tenemos un Dios y padre que atiende nuestras quejas, cuitas y percances. Maravilloso proveedor y confidente amigo, que desea lo mejor para cada uno de nosotros sus amados hijos. Un padre amoroso y comprensivo que siempre está atento a nuestras necesidades y problemas personales y que sobre todo nos ama entrañablemente. Prestigioso abogado que nunca ha perdido un caso y que nos defiende con toda justicia. Médico por excelencia que, con paciencia, escucha nuestros dolores, pesares y enfermedades. Un victorioso Rey que pronto vendrá para establecer su reinado donde nosotros, como hijos suyos seremos los gozosos príncipes herederos del reino celestial. Solo nos pide que lo aceptemos como nuestro padre y confiemos siempre en Él. ¿Lo aceptarás como tu maravilloso Padre celestial?

46.   *¡Mujer! ¡Cristo te llama!* En este tiempo solemne y de grandes desafíos el Señor está llamando a cada una de sus hijas a participar a un ministerio muy especial. Quiero presentarles "Mujeres a los pies de Jesús", preciosa canción cantada y escrita por mi amado hijo Edgard Cortés Hernández. "Jesús está llamando mujeres a sus pies. Mujeres que no pierdan la visión de predicarle al mundo el evangelio de su amor, pues pronto es la venida del Señor. ¡Adelante mujeres marchen ya! Proclamando la palabra de Dios. Predicando el evangelio a toda tribu y nación el mensaje de la eterna salvación. El tiempo de la gracia ya está por terminar y hay muchas almas que se perderán. Vayan compañeras a decirles la verdad… que Cristo los quiere hoy salvar".

47. *Una bella poesía del servicio.* "Sólo tengo una vida… una vida no más. ¿En qué habré de emplearla: en odiar o en amar? ¿Odio? ya hay bastante en el mundo, bastante rencor. ¿Por qué he de aumentarlos? Si lo que hace falta es amor, mucho amor. Si alguno me ofende, si alguno procura mi mal, hay un daño al menos que no ha de causarme y es hacerme odiar. Si pienso tan sólo en el bien de los otros y me olvido de mí, no hay ninguna ofensa que me pueda herir. La vida es tan breve, y hay tanto de bueno que hacer, que no tengo tiempo para aborrecer. La vida es tan corta, y tanto hay que servir y ayudar, que no tengo tiempo sino para amar. Ya no quiero riquezas, ni gloria, ni fama, ni poder para mí; sólo quiero el gozo de amar, ayudar y servir" (Calos Báez Camargo).

48. *La mujer un regalo de Dios.* Me pregunto, y pregunto a mis amigos radioyentes: "¿Qué sería de nosotros los hombres, sin la mujer? Sin una madre que nos diera la vida. Sin una esposa que nos ame y porque nos ama nos soporta. Sin una enfermera que nos atienda. Sin una cocinera que cuide nuestra alimentación. Sin una hija que nos quiera. Sin una abuela que nos consienta. Sin una nieta que nos alegre la existencia. Sin una hermana que nos apoye. Sin una cuñada que nos aprecie. Sin una sobrina que nos admire. Sin una prima que nos recuerde. Sin una suegra que nos bendiga. Sin una vecina que cuide nuestro hogar cuando estemos ausentes. Porque a decir verdad… la Mujer es un regalo de Dios.

49. *Las mujeres son muy valiosas.* Debemos reconocer que la mujer actualmente ocupa un papel preponderante como madre, como educadora o profesional. En los últimos veinte años, el nivel de participación de la mujer en la fuerza de trabajo ha ido en aumento en la mayor parte del mundo. El progreso que se ha realizado es tal que en muchos casos podemos hablar de un verdadero fenómeno de feminización de la fuerza del empleo laboral. Hay damas que son solicitadas para conducir camiones, tractores y buses. Y ¿qué diremos como profesionales competentes? En muchos países industrializados la utilización del recurso humano femenino es creciente, puesto que la mujer es más accesible a jornadas de trabajo de tiempo parcial. No es solo un símbolo de belleza, haciendo a un lado lo que se encuentra de ella, sus sentimientos y talentos especiales.

50. *La primera gran operación.* Fue realizada por el cirujano y médico divino. Anestesió a Adán con un sueño profundo para poder crear a la mujer paciente y perfectamente. Tomó pues Dios un hueso, pero no un hueso cualquiera, sino el hueso que protege la vida del hombre. Eligió la costilla, que protege su corazón e interior.

Las características dadas a la mujer son como las de la costilla, fuerte pero delicada y frágil. La mujer no viene de sus pies, para que él la humille, ni para estar por debajo de él. Tampoco es tomada de la cabeza, para que esté por encima de él. Fue tomada de su costado, para estar a su lado y ser mantenida muy cerca de su corazón para ser amada y protegida por él.

51. ***Una mujer de gran valor.*** Muchos piensan que una mujer es valiosa por lo que posee: una gran casa, un carro último modelo, una cara bonita, un cuerpo perfecto, un título universitario. Un buen trabajo o una buena cuenta bancaria. La mujer es de más valor de lo que muchos se imaginan. Las mujeres valen por lo que son capaces de hacer, de construir lo que nadie se atreve. No importa la edad. No importa la belleza. No importa la posición social. La mujer es de gran estima ante los ojos de Dios. La Biblia nos presenta mujeres de valor que han sido líderes como la mujer samaritana, luchadoras como María Magdalena, decididas como la madre de Jesús. Libertadoras como Débora. Toda mujer es valiosa por lo que es...Una hija de Dios.

52. ***Dios y la mujer.*** El Señor ha colocado en cada mujer hermosas cualidades y destacados talentos. Por sobre todas las cosas ella es una excelente ama de casa. Mantiene su casa limpia y agradable. Una diestra cocinera que alimenta bien a la familia. Madre amorosa muy querida por todos sus hijos. Amable enfermera que vela por la salud de sus hijos y de su esposo. Sabia administradora que sabe cuidar las finanzas del hogar. Un pensamiento para considerar de una mujer ejemplar y muy espiritual. "El Señor quiere que la mujer trate constantemente de mejorar su mente y corazón, de obtener fuerza intelectual y moral para vivir una vida útil y feliz, que sea una bendición para el mundo y una honra para su Creador" (Elena de White, Mensajes para los Jóvenes, pág.354).

53. ***La astucia femenina.*** Toda mujer tiene un sexto sentido...el sentido común. Los griegos decían que ella posee lo que se conoce como la astucia femenina. Dale un problema y tendrá una solución. Dale un regalo y ella lo sabrá disfrutar. De todo lo que reciba hará algo fabuloso. Dale un espermatozoide y te dará un hijo. Dale una casa y de dará un hogar. Dale alimentos y te dará una exquisita comida. Dale una sonrisa y te dará su corazón. Ella multiplica y engrandece todo lo que le proporcionen. Dale, cariño, y te dará amor. Dale enemistad, prepárate... te dará odio.

54. ***Una mujer valiosa.*** Una mujer valiosa vela por la seguridad de su hogar. Una mujer valiosa es aceptada en el reino de Dios. A una mujer valiosa el Señor escucha sus plegarias. Toda mujer no solamente debe conocer, sino reconocer, que posee atributos, cualidades, talentos y habilidades especiales que bien puede y debe poner en práctica para realizar una gran labor doquiera se desempeñe. Debe valorar el siguiente aspecto de su vida; que ha sido dotada de un encanto especial. Un encanto femenino sobrenatural, atractivo, único y muy especial. Dios la creó en un hermoso jardín, El jardín del Edén. El cirujano perfecto, realizó la primera operación al crear a la mujer, la obra más perfecta de toda la creación. La creó de una costilla de su esposo, (Gen 2:21-23).

55. ***La mujer y su imagen.*** Toda mujer debe aceptar y reconocer que posee una imagen especial como persona. Hay damas que se distinguen y muy bien por su vestimenta atractiva, unas uñas recortadas y arregladas. Una voz melodiosa y musical. Un cabello limpio lúcido y muy llamativo. Un maquillaje interno como externo a la altura de una princesa del reino de Dios. Todo eso y muchas cosas más representan su imagen como mujer. Es una reina para Dios y una princesa en el hogar. Merece el mejor trato, el mejor cuidado y sobre todo, amor sincero.

56. ***¡Mujer! ¡Levanta tu estima propia!*** Es importante reconocer que para levantar tu estima personal y así triunfar como una dama muy competente necesitas de la bendición de Dios. Te insto a aprovechar un aspecto de tu vida como mujer sobresaliente y exclusiva. Una mujer digna de su vestimenta como princesa y mujer cristiana. Vista con elegancia y alegría en el rostro. Respeta para que te respeten y no solo te respeten sino también te admiren y te valoren como dama ejemplar. Debes aprender a ser feliz en todo momento, a pesar de las vicisitudes y problemas que la vida te presente. Y lo más importante, Dios te ama y te valora como mujer.

57. ***Mujeres valiosas.*** *Quiero* presentar con mucho cariño y aprecio de la inspiración de mi linda esposa, Dra. Miriam Hernández Pérez el siguiente mensaje musical con la música del Himno "Dios nos ha dado promesa". "Somos mujeres valiosas ante el trono del Señor, a su imagen él nos hizo y nos dio su gran amor. Eres valiosa, eres valiosa mujer, el Señor te ha bendecido, quiere que seas de él. El universo completo te admira ¡oh gran mujer! por el don que Dios te ha dado de servirle y serle fiel. Dios espera que te sientas que eres valiosa mujer, porque el universo observa su grandeza y su poder".

58. ***El perdón en el matrimonio.*** En todo matrimonio no faltan las peleas o los malentendidos. De ahí que es necesario pedir perdón por los errores cometidos. William y Elaine Oliver, directores del Departamento de la Familia de la Iglesia Adventista, dicen en su libro *Esperanza para las Familias,* pág. 30 lo siguiente: "En el matrimonio, la relación más íntima, las parejas experimentan heridas de vez en cuando. Por tanto, necesitan aprender a perdonarse mutuamente. A veces un cónyuge lastima sin querer al otro. También hay veces en que las personas se hieren diciendo cosas ofensivas y desagradables para vengarse por el dolor que pueden estar sufriendo. Algunas ofensas pueden ignorarse fácilmente, otras son un poco más difíciles de perdonar y las hay también que dejan heridas profundas y duraderas. Perdonar a alguien que te ha hecho daño es la parte más difícil del amor, y sin embargo no puedes seguir amando realmente sin hacerlo".

59. *El mejor regalo de Dios.* El mejor regalo que Dios nos ha dado es el regalo del perdón. Él quiere que aprendamos a perdonar. Nunca tendremos que perdonar a una persona tanto como el Señor lo hizo con una humanidad pecadora que no merecía recibir su perdón. "Nadie puede dar aquello que no tiene y nadie debe recibir aquello que no quiere". Tú no puedes permitir que las personas te hieran. Pero ninguna persona te puede dañar si tú no lo permites. El perdonar es muy importante. Si tú quieres vivir una vida extraordinariamente saludable tienes que aprender a perdonar. Hay personas que quieren perdonar, pero no pueden, la razón es que no han aprendido a olvidar la ofensa. Viven una vida amargada y rencorosa porque no se han liberado de esa carga que les conmueve emocionalmente. Es cierto que la vida no es justa, que hay gente que lastima, que te han hecho daño y que no merecen tu perdón. Pero, ¿será eso lo que Dios quiere para tu vida? ¿Será que él quiere que vivas amargado? El rencor no es un sentimiento agradable. Cada vez que piensas en la persona o en la circunstancia que lo provocó, vuelves a experimentar todas esas sensaciones desagradables como: ira, impotencia, frustración, dolor, ansiedad… todo eso es basura tóxica que te causa estragos físicos en tu salud emocional, en tu mente y corazón.

60. *Hablando nos entendemos.* Muchos conflictos y problemas se pueden resolver si existe el buen deseo de dialogar…porque… dialogando nos entendemos. Un diálogo puede consistir desde una amable conversación hasta una acalorada discusión sostenida entre los interlocutores, relativas a la política, economía o aspectos religiosos. En la medida que nos sea posible sigamos la recomendación bíblica: *"Por tanto, si tu hermano peca contra ti, ve y repréndele estando tu y el solos, si te oyere has ganado a tu hermano. Más si no te oyere toma aún contigo a uno o dos, para en boca de dos o tres testigos conste toda palabra"* (San Mateo 18: 15-16).

61. *El hablar mal de los demás.* Se dice que, para respetar las confidencias del hogar, del trabajo o de la oficina, nunca deberíamos hablar de nuestro jefe, de nuestro trabajo o de actividades negativas de la oficina. Tampoco y mucho menos, debemos hablar de nuestra esposa o de su intimidad personal. Ni el esposo ni la esposa deben hacer comentarios negativos o chistes de mal gusto con relación a las confidencias del hogar. No olvidemos que las paredes oyen y hacen eco de nuestras palabras. Otros pueden repetir las mismas palabras pronunciadas y con mayor intensidad. Un comentario negativo expresado sin intensión de herir puede ser la causa de un despido o de un divorcio. Para lograr un bello jardín en nuestra vida hogareña o laboral recordemos que "la ropa sucia se lava en casa".

62. *Ante un serio conflicto.* Nunca podré olvidar un serio disgusto que tuve con un compañero de estudios en mis días jóvenes universitarios. Discutimos acaloradamente sobre un problema que ni aun recuerdo por lo insignificante del mismo. Después de un corto y sencillo diálogo se solucionó el problema y llegamos a ser grandes amigos hasta el día de hoy. Posiblemente usted conocerá muchos casos más de la efectividad del diálogo. Como me dijera un director de escuela en Caracas, Venezuela, "lo único que nos ha ayudado a resolver serios conflictos en esta escuela, ha sido el diálogo oportuno y sincero".

63. ***Para un buen diálogo.*** ¿Es para solucionar un problema o es para presentar nuestro punto de vista? Si es para dar solución a un problema, *excelente*. Si es para insistir en nuestro punto de vista de ver las cosas y presentar lo que queremos, fatal. Tenemos dos oídos para escuchar y una boca para hablar. Permitamos que la persona hable sin interrupción. Que presente sus argumentos. Que se desahogue. Que diga todo lo que tenga que decir hasta que se canse de hablar. Una vez que lo tengamos cansado entonces nos será más fácil poder actuar. Hablemos claro y sin impacientarnos. Y, por último, hablar con calma y sin ofensas.

64. ***Pensemos antes de hablar.*** Un pensamiento señala: "Debemos pensar antes de hablar y no hablar para dejar pensando". En todo conflicto pensemos en las palabras que vamos a utilizar, sin ofensas, ni miramientos personales, sin herir sentimientos, buscando siempre una efectiva conversación. No nos apartemos de la verdad. La verdad siempre triunfará. Es un arma poderosa en la solución de todo conflicto. Descubramos la verdadera razón del problema. Muy sencillo. Decimos ¿hay algo más que no se haya dicho que nos afecte mental o emocionalmente y que no hayamos tocado en este diálogo? Descubriremos en esta forma si hay agendas escondidas.

65. ***Por falta de un buen diálogo.*** Muchos divorcios se hubieran evitado. Muchas diferencias y disturbios se hubiesen terminado. Muchos resentimientos y equivocaciones se hubieran desaparecido, solo con un simple diálogo saturado de perdón. Un buen consejo bíblico: "Ponte de acuerdo con tu adversario pronto, entre tanto que estás con él en el camino, no sea que el adversario te entregue al juez, y el juez al alguacil y seas echado en la cárcel" (Mateo 5:29). Muchos dolores de cabeza y costosas demandas se hubiesen evitado si las dos partes hubieran dialogado para un feliz acuerdo, libre de los costos de abogados.

66. ***Las buenas relaciones.*** El éxito de toda persona que triunfa se encuentra en las buenas relaciones con quienes se rodea. "*Si es posible y en cuanto dependa de ustedes vivan en paz con todos",* nos dice el apóstol en Romanos 12:18. Para disfrutar de excelentes relaciones personales, familiares y aun laborales, y vivir en paz con todos, es necesario una sabia y buena comunicación, porque hablando es cuando nos entendemos mejor. Sin una buena comunicación es imposible agradar a nuestros semejantes. Mantengamos una buena relación con quienes nos rodean diariamente y estaremos felices en nuestro trabajo.

67. *El día del no fumar.* Todas nuestras escuelas adventistas se unen en el día declarado; "El día del no fumar", con el eslogan, "Por un Puerto Rico libre de humo". Los estudiantes preparan carteles alusivos a los peligros del cigarrillo. Se premia la mejor pancarta por su creatividad y originalidad. Todos somos conscientes que el cigarrillo hace estragos en la salud. Es el causante del cáncer y enfisema pulmonar Es, además, el causante de enfermedades del corazón. Sin darnos cuenta podemos ser fumadores pasivos si vivimos entre fumadores o respiramos el efecto de humos contaminantes como tabaco, cigarrillo y mariguana. Un solo cigarrillo puede acortar la vida hasta casi media hora. Es hora ya de hacer una campaña efectiva en contra de los peligros del mayor enemigo…el cigarrillo.

68. *Haciendo ambiente.* El ingeniero agrícola Julio Alberto Colón, conductor del programa "Haciendo Ambiente", un interesante programa que se transmite todos los lunes desde las siete de la mañana por Radio Paraíso 92.9 en Puerto Rico, nos presenta cinco puntos importantes para cuidar nuestro sistema ecológico. Ellos son: Aprender a reciclar. No quemar basura en los alrededores de la casa. Sembrar árboles. Proteger la infraestructura de las aguas entiéndase ríos, riachuelos y quebradas. Evitar su contaminación. Apreciado amigo, si visitamos una playa no dejemos un mal recuerdo con la basura. Disfrutemos y permitamos que otros disfruten de un ambiente sano y acogedor. ¡Juntos podemos salvar el planeta! ¡Cuidemos nuestro planeta… Solo tenemos uno… y como Puerto Rico! ¡Ninguno! ¡Salvemos la madre tierra…esa linda tierra que nos vio nacer!

69. *La risa la mejor terapia.* "Nuestra boca se llenó de risas; nuestra lengua de canciones jubilosas" (Salmo 126:2). Todos sabemos que la risa es y debe ser la mejor terapia. El buen humor puede actuar de igual manera como un amortiguador frente a los golpes que recibimos en el diario batallar de la vida. Por supuesto, no me refiero a la risa relacionada a las burlas o a la ironía. Esa es una risa con la que muchos intentan disfrazar su estado de ánimo. Tampoco tomemos en cuenta aquella que nos provocan los chistes malsanos, o cuando nos reímos al ridiculizar a otros. Una risa honesta y sincera logra un mayor aumento en las endorfinas del cuerpo que lo mantienen con mejores condiciones de salud.

70. *Siempre alegres.* La risa es la ventana por la que permitimos que se asome la alegría. Hay un cántico que recuerdo mucho por el gran contenido de su mensaje. Nos recuerda la importancia de estar siempre alegres y desechar todo aquello que disipa nuestras alegrías. Dice este cántico: "Alegres y contentos debemos siempre estar, el genio malo desterrar y el gozo retener. Os duele ver tristezas, miserias y pesar, mediante una sonrisa fácil os será vencer. Sonreír y continuar sonriendo. Sonreír y pronto las tristezas se alejarán. El consejo de Pablo el elegido nos dice: "Estad siempre gozosos".

71. ***La risa libera la energía negativa.*** El psicoanalista Sigmund Freud sostenía que la risa ayudaba a la gente a liberar todo tipo de energía negativa. Muy cierto, la risa nos libera de los malestares de la vida. En la antigua China, muchas personas se reunían en templos para celebrar sesiones de risa-terapia con el fin de equilibrar su salud. Se asegura que una carcajada de alegría libera hormonas asociadas al placer, algo que estimula un estado de bienestar general. La mejor manera de lidiar con las tensiones y el estrés consiste en adornar nuestra vida con chispazos de una alegría expresada mediante la risa. Aprendamos a reír. A reír ante nuestros propios problemas porque con la risa nos olvidamos de ellos.

72. ***La risa … y el gozo del cristiano.*** La risa que proviene de un gozo genuino no solo provee bienestar físico y emocional, sino que también constituye una excelente terapia para la salud. Constituye, además, una demostración de la presencia del Espíritu Santo en nuestros corazones. Sentir el gozo del Señor no es una experiencia esporádica; es un estado continuo de bienestar que rodea a todos los hijos de Dios. Declaramos nuestra gratitud por la gracia y misericordia con que nos rodea a través de sus hermosas promesas. Esa risa es lo mismo que experimentar el gozo del Señor y la gratitud de su amor.

73. ***La risa de Sara.*** Cuando Sara escuchó al ángel anunciar el nacimiento de su hijo Isaac, al parecer no fue motivada por la alegría, sino más bien una reacción vinculada a la incredulidad, ya que ella se consideraba demasiado vieja y entrada en años para que la promesa del hijo se cumpliera. Génesis 18: 2 presenta su exclamación: "¿Acaso voy a tener este placer, ahora que ya estoy consumida y mi esposo está viejo? La risa que proviene de un gozo genuino no solo provee bienestar físico y emocional, sino que también constituye una alabanza al Señor, una señal de que agradecemos todas las promesas que él nos prodiga. Declaramos nuestra gratitud por la gracia y misericordia con que nos rodea a través de sus hermosas promesas. Esa risa es lo mismo que experimentar el gozo del Señor y la gratitud de su amor por una promesa cumplida.

74. ***Un rostro amargado.*** Si hay algo que nos causa malestar es ver o tener un rostro demasiado serio, amargado o triste. No hay nada peor para una persona amargada que reconocer que es un amargado. Los rostros sombríos y mustios apagan la luz de la felicidad y esparcen tinieblas a su alrededor. Hoy es un buen día para estar alegres y reírle a la vida a pesar de los muchos problemas que tengamos. Debemos permitir que nuestro rostro se vea hermoso con una sonrisa a flor de labios. Debemos mostrar al mundo el gozo de la salvación, el gozo anticipado que nos espera en el reino de los cielos y que comienza desde el momento que aceptamos al Señor como nuestro creador y salvador. Declara el salmista: "Así, el Señor ha hecho grandes cosas por nosotros, y eso nos llena de alegría" (Salmo 126:3).

75. *La enfermedad del alemán.* Esta es una terrible enfermedad que causa graves daños al cerebro. Hace que la persona pierda la memoria. Pierda los sentimientos de placer y alegría. Pierda también, el control de su mente. El enfermo de Alzheimer como es conocida la enfermedad pierde la conciencia de sus actos y su propia identidad porque ya no podrá reconocerse, ni aun a sí mismo. Tristemente, malgasta la voluntad del carácter y del poder de decisión. Otras personas como familiares o amigos tendrán el control para guiar su vida, porque pierde el sentido de orientación. Su vida pasa a ser totalmente vegetativa, porque tampoco podrá reconocer a sus amigos y familiares…y lo más triste ni siquiera a sus propios hijos.

76. *Como evitar el Alzheimer.* Con la ayuda de Dios y algunos ejercicios mentales se puede evitar esta enfermedad. Según la neurociencia, se puede prevenir esta terrible enfermedad a tiempo. Por ejemplo: Use el reloj en la mano contraria a la que normalmente la usa. Camine por su casa con los ojos cerrados. Vístase con los ojos cerrados. Póngase los zapatos y las medias con la mano contraria a lo que hace diariamente. Mire la hora en el espejo. Cambie el camino de rutina para ir o volver a su casa. Cierre sus ojos al entrar a su casa y camine así por ella. Realice actividades que activen su cerebro. Vea las fotos de cabeza. Ejercite su mente con juegos como el ajedrez, el dominó o el juego de letras. Sea un frecuente lector. No hay nada mejor para desarrollar el intelecto como el estudio de las Sagradas escrituras. Esfuércese en recordar pasajes bíblicos, fechas, nombres o números de teléfono. Trate de memorizar asuntos de importancia como su número de licencia, del seguro social o de sus cuentas bancarias. La idea, es amigos, de vez en cuando, tratar de cambiar nuestros compartimientos de rutina diaria y estimular el cerebro.

77. *El problema de los celos.* Si hay algo que afecte tanto el bienestar de una persona son los celos mal fundados. Hay damas que celan al esposo "hasta de una escoba vestida con faldas". Y hay esposos que celan a su esposa hasta "del que vende lotería. Todos sabemos de casos pasionales de celos que llevan a la muerte, en gran medida, porque esposos iracundos por celos mal fundados han matado a su esposa y luego han atentado contra su vida. Algunos consejos que ayudarán a evitar una separación por celos. Cuide a su esposo. Mantenga un diálogo saludable. Compartan juntos. No dé motivos personales de celos. Aprenda a brindar amor. No se avergüence de su cónyuge. No dé motivos de desconfianza. Vista elegante sin exhibicionismo. Respete para ser respetado o respetada según fuere el caso.

78. *Nunca dé motivos personales de celos.* Se debe considerar que fácilmente una persona muestra sus celos muchas veces imaginarios, por algún motivo o circunstancias vividas en el pasado. Sospechas mal fundadas que llevan al deterioro del hogar. La falta de seguridad en sí misma. Las apariencias son maléficas si se toman sin motivo alguno. Evite todo tipo de apariencia. No dé cabida a las malas relaciones como pareja. Si este es su problema pídale a Dios que le ayude a resolver el mismo.

79.   ¿Cómo prevenir la infidelidad? La mejor manera de prevenir la infidelidad es a través de la comunicación y de la lucha diaria contra la costumbre y la rutina, que hace que se pierda el interés en la relación de pareja y que se produzca un abandono de la vida en común. Para que una pareja se mantenga unida es fundamental conocerse íntimamente. Conocer los gustos, la personalidad y deseos de su pareja. Saber que somos importantes el uno para el otro y expresar el amor día a día. Para conseguirlo se requiere esfuerzo y una mayor dedicación de tiempo y energía. La soledad como pareja, y la falta de amor, junto con la atracción física o la afinidad en gustos e inquietudes por otra persona, pueden desembocar en la infidelidad. Para evitarla, lo mejor es que la pareja se sienta feliz y segura con su cónyuge y así evitar toda tentación.

80.   No comparta confidencias con el sexo opuesto. Los asuntos del matrimonio se deben analizar en común acuerdo. Nadie tiene el derecho de conocer las intimidades de su matrimonio. "La ropa sucia se lava en casa". Nadie, ni el padre, ni la madre, ni el hermano o la hermana, el vecino o vecina, el amigo o la amiga, el pastor o sacerdote, deben enterarse de las intimidades del matrimonio. Por el bienestar del hogar, nadie en absoluto, debe conocer las intimidades o problemas concernientes al sexo. No revele secretos que su cónyuge debe conocer y no otras personas. El vínculo matrimonial es sagrado y nadie tiene el derecho de romper lo sagrado del matrimonio.

81.   El problema de los celos inciertos. Cuando el problema son los celos mal fundados como en todos los demás problemas, el diálogo es importante y saludable, porque aclara los malentendidos. En esos momentos de intimidad exprese con sinceridad su propio sentir. Dígale a su esposo(a), por ejemplo, que sin razón alguna usted tiene celos de fulano(a). ¡Observa cómo te mira! ¡Cómo te trata con esa delicadeza y dulzura! De esta forma cuando su esposo(a) que no había tomado en cuenta ese detalle, evitará en los sucesivo toda relación malsana para no dar celos a su cónyuge y librarse de un serio problema que si no se atiende a tiempo los llevará a un posible divorcio.

82.   No se avergüence de su cónyuge. Nunca hable mal de su esposo o esposa según fuere el caso. Por el contrario, reconozca y valore las hermosas cualidades de su pareja. Cada persona tiene sus propias virtudes y defectos. Hable más de las virtudes que de los defectos. No lo critique delante de otras personas. Siéntase contento(a) de presentarlo(a) con gran satisfacción y mucha alegría. Nada debe importar si es blanco o negro, pobre o rico, letrado o ignorante, es su esposo(a) para toda la vida, y usted ni nadie lo puede cambiar. A pesar de las imperfecciones que tenga el esposo(a), por sobre todas las cosas debe respetarse siempre el vínculo matrimonial.

83.   *Hasta que el trabajo los separe.* El trabajo, es una bendición que todos debemos conservar. Pero para algunas personas el trabajo es lo más importante de su vida y lo demás es secundario, incluso su propia familia. Lamentablemente, están equivocados. Los expertos en psicología laboral señalan "que los adictos al trabajo son víctimas de su propia percepción de la realidad, que se retroalimentan a través de su inconsciente adicción al trabajo. Muchos de ellos terminan en una rotura matrimonial o en una operación de corazón abierto. El desear que nuestra familia tenga de todo, caemos en la trampa de negarles lo más importante, nuestro amor, tiempo de calidad y cariño de siempre.

84.   *Respete para ser respetado.* Cuando la esposa sospecha que su esposo le ha faltado el respeto a una dama de inmediato, viene a su mente la situación presentada y piensa que, si lo hizo con una o dos damas, lo puede hacer con otra más. De inmediato vienen a su mente celos mal fundados. Sospechas totalmente opuestas a la verdad. Grabaciones imaginarias depositadas en la mente. Todo eso, apreciados amigos, se puede evitar cuando la persona, sabe respetar al sexo opuesto, se respeta así mismo, y no le falta el respeto a los demás. Cuando se falta el respeto y la confianza… se ha perdido todo.

85.   *No dé motivos de desconfianza.* Cuando se pierde la confianza se pierde la amistad. El cónyuge que pierde la confianza de su pareja vivirá una vida amargada, llena de celos y de conflictos personales. No podrá ser verdaderamente feliz. Va a estar constantemente deprimido y sin ganas de darle el frente ante cualquier situación por muy difícil que se le presente. En un hogar donde hay celos hay desconfianza e inseguridad. La persona celosa vive ansiosa, amargada, desconfiando siempre…. Tiene problemas de carácter mental. Poco a poco va perdiendo el amor hacia su cónyuge. Vivirán unidos… hasta que los celos los separe.

86.   *Vista elegante sin exhibirse.* Una dama que viste con elegancia y decoro es admirada por todos. No está a la moda, pero la sencillez y su buen gusto la hace ver más simpática y atractiva. Su forma de vestir debe tener la aprobación del cielo. Muchas damas son las causantes de un marido celoso. Visten sin recato exhibiendo sus dotes corporales. Faldas demasiado ajustadas o cortas. Escotes pronunciados que llevan a los hombres a ver a estas damas tal como llegaron al mundo. El esposo piensa en forma comercial con aquello "que mercancía que no se exhibe no se vende". Así que es muy importante considerar este aspecto de la vestimenta para mantener las buenas relaciones como pareja y evitar todo tipo de celos.

87. Cuide sus pertenencias. El cónyuge debe cuidar lo que le pertenece. Hay un contrato matrimonial que se debe respetar. Ese contrato o licencia matrimonial, firmado por los contrayentes, los testigos y el ministro o juez le da derecho a reconocer que su esposo(a) le pertenece por toda la vida. No debe romperse ese contrato por ningún tipo de problema y menos por celos ciertos o inciertos. El cónyuge debe aprender a cuidar a su pareja. En las buenas o en las malas, en la alegría como en la tristeza, en la salud como en la enfermedad, debe saber cuidar a quien seleccionó para ser su compañero o compañera para toda la vida.

88. El amor al trabajo. Se adquiere desde niños en el seno del hogar. Toda madre y padre deben darle algo que hacer a sus hijos y que obtengan grandes satisfacciones del trabajo realizado. Deben tener sus habitaciones arregladas. Los juguetes deben estar en un lugar seguro y no por el suelo. "Cada cosa en su lugar y un lugar para cada cosa". Los niños deben desde pequeños aprender a tener la cama arreglada, a vestirse solos. Las asignaciones de la casa y de la escuela deben estar realizadas. Debe haber una hora estipuladas para ir a la cama a descansar. Los niños y adolescentes no deben estar todo el tiempo viendo televisión. Algunos piensan que dejarlos viendo televisión permanecerán quietos y evitarán problemas. Pero no se debe pensar así.

89. Asunto de mujeres. El planchar o cocinar es un asunto de mujeres y que los hombres deben estar ajenos de todo esto. Pero no debe ser así. Los niños desde pequeños deben aprender de sus padres la importancia del trabajo. Los grandes chefs en la cocina han sido varones. Por otra parte, he conocido damas que se inician en la vida hogareña sin saber cocinar. Hay quienes conocen todos los restaurantes porque desconocen el arte de la buena cocina o porque no se les enseñó desde pequeños la importancia y la satisfacción de un buen trabajo culinario. No aprendieron la importancia de preparar un buen pan o plato nutritivo hecho en casa. Desde niños deben aprender a evitar lo que se conoce como "comida chatarra".

90. El futuro de los hijos. El amor al trabajo es una de las salvaguardias más seguras de los jóvenes para su vida futura. Los jóvenes que han sido enseñados en hábitos de laboriosidad no tendrán la inclinación de quejarse de su suerte, ni sueños ociosos. Este es el consejo bíblico: "¡Anda, perezoso, fíjate en la hormiga! ¡Fíjate en lo que hace, y adquiere sabiduría! No tiene quien la mande, ni quien la vigile ni gobierne; con todo, en el verano almacena provisiones y durante la cosecha recoge alimentos. Perezoso, ¿cuánto tiempo más seguirás acostado? ¿Cuándo despertarás de tu sueño? Un corto sueño, una breve siesta, un pequeño descanso, cruzado de brazos. ¡y te asaltará la pobreza como un bandido, y la escasez como un hombre armado!" (Proverbios 6:6).

91. Educar a los hijos a ser útiles. Enséñense a los niños y jóvenes a hacer algo que sea útil en el hogar. Hay un gran valor en la laboriosidad. Los forjadores del futuro de los hijos, padres y maestros necesitan sabiduría más que humana para comprender como educar mejor a los niños, adolescentes y jóvenes para que sean útiles a Dios y a la sociedad donde se vive a fin de obtener una vida feliz y productiva. Desde pequeñuelos deben pensar que son útiles por las tareas que realizan en el hogar o en la comunidad. Deben entender la importancia del servicio desinteresado y el amor al trabajo con las grandes satisfacciones que éste conlleva.

92. *La pereza es una maldición.* No tener nada que hacer es una gran desgracia porque el pasatiempo perdido siempre ha sido y siempre será una maldición para la familia. Los padres deben promover el deporte en sus hijos. Que aprendan a tocar un instrumento. Con frecuencia los niños comienzan un trabajo con entusiasmo, pero de pronto se cansan de él y quieren cambiar y realizar alguna cosa nueva. Muchos niños, por falta de palabras de ánimo y un poco de ayuda en sus esfuerzos, se desalientan y cambian de una cosa a otra. Nunca lograrán convertir en éxito ninguna de las cosas que inician, porque no han sido enseñados desde niños a perseverar.

93. *La abnegación una gran bendición.* Hay que educar a los niños para que sean abnegados. Una gran consejera y educadora a quien admiro mucho, Elena de White nos aconseja: "En cada hogar debe haber una "Caja de la abnegación" para enseñar a los niños a colocar en esa caja sus monedas que de otro modo gastarían en dulces y otras cosas innecesarias. Descubrirán que a medida que los niños colocan sus monedas en esas cajas, obtendrán una gran bendición...Cada miembro de la familia desde el más viejo hasta el más joven deberían practicar la abnegación". "Niéguese así mismo" ...es el consejo del Señor.

94. *¡Cuida los centavos que los pesos se cuidan solos!* Muchos hay que no saben ahorrar su capital. ¡Cuánto dinero se malgasta en cosas inútiles para la casa solo para la satisfacción propia! Cosas que muchas veces ni se usan o se usan una sola vez. En chucherías, caramelos y chocolatines u otras cosas que no necesitamos. Padres, enseñen a sus hijos que es malo emplear el dinero en muchos juguetes que ya no caben en su cuarto. Motívenlos a ahorrar sus centavos siempre que puedan. A practicar la abnegación. Adquirirán así una rica experiencia y estas lecciones evitarán muchas veces que cultiven hábitos de intemperancia para la satisfacción propia. Los niños pueden aprender a manifestar su amor por Cristo negándose bagatelas inútiles, en cuya compra se les va mucho dinero. En cada hogar debería enseñarse esto. Ello requiere tacto y método, pero resultará en la mejor educación que los niños puedan recibir. Si todos los niños ahorraran su propio dinero crecerían dándole valor a lo que les pertenece. Se les puede tener una pequeña alcancía para que al final del año experimenten la satisfacción del ahorro.

95. *El mejor legado.* "Lo que no damos a Dios con amor se lo damos al mecánico o al médico con dolor" dice un sabio pensamiento. Debemos devolverle a Dios lo que le pertenece y enseñar a los hijos la importancia de ser fieles al Señor. Enseñarles que el egoísmo es pecado y que ningún egoísta estará en el cielo, simplemente, porque el cielo no es para los egoístas. "El mejor legado que los padres pueden dejar a sus hijos es un conocimiento del trabajo útil y el ejemplo de una vida caracterizada por la benevolencia desinteresada. Por una vida tal, les demuestran el verdadero valor del dinero, que debe ser valorado únicamente por el bien que realizará al aliviar las necesidades propias y ajenas y al adelantar la causa de Dios" (El hogar cristiano, cap. 63, pág. 370).

96. *La importancia del buen uso del dinero.* Los hábitos de economía, trabajo y sobriedad son, aun en este mundo un gran ejemplo para los hijos. Es la más rica dote que se les puede ofrecer. Se debería enseñar a todo joven y niño no solamente a resolver sus problemas económicos sino también a llevar una cuenta exacta de sus entradas y salidas. Que aprenda el debido uso del dinero usándolo correctamente. Todos en el hogar, niños, niñas, jóvenes y viejos deben aprender a elegir y comprar su ropa, sus libros y otras cosas, ya sean costeadas por sus padres o por ellos mismos. Si llevan cuentas de sus gastos personales conocerán mejor el valor y el uso del dinero.

97. *Nuestra gran responsabilidad.* Toda persona es responsable de impartir principios morales, valores y sabios consejos. Por precepto y, por ejemplo, el futuro de nuestros hijos y nietos está en nuestras manos. Es nuestra la responsabilidad como padres y educadores, de enseñar normas y principios tales como: La honestidad, la verdad, ante todo. La lealtad y el amor al trabajo. La disciplina, el buen uso del dinero. La importancia de saber gastar y de aprender a ahorrar. La responsabilidad en los compromisos. El valor de poseer un estilo de vida sencillo, saludable y satisfactorio.

98. *La amenaza… una voz de alerta.* Tanto en el contexto familiar como fuera de él, la amenaza es un verdadero peligro. Si se pusiera una mayor atención a los que vociferan amenazas por la boca, se evitarían muchos dolores de cabeza y hasta muertes nunca esperadas. No hay nada más desafiante y peligroso que una amenaza. Las personas que constantemente son amenazadas deben evitar cualquier altercado que peligre su vida o su trabajo. Huir de ellos, como del mismo diablo. Piensan que las palabras se las lleva el viento y solo es un arrebato que pronto pasará. Pero, qué equivocados están los que así piensen. Debemos saber que toda amenaza es parte de lo que se conoce como... violencia doméstica. ¡Mucho cuidado con cualquier tipo de amenaza!

99. *La violencia doméstica.* Una mujer que constantemente está siendo amenazada se va convirtiendo en un manojo de nervios. Vive con el temor de que esas amenazas se cumplan algún día, lo que por desgracia casi siempre ocurre. Vive angustiada y miserable. Es un deber de todo ciudadano responsable denunciar

40

cualquier tipo de atropello físico, emocional o psicológico venga de donde venga. Si usted sabe de alguien, que es objeto de constantes amenazas por parte de algún amenazante, no dude en comunicarlo a las autoridades locales. Puede evitar una tragedia que pesará sobre aquellos que guarden silencio ante las amenazas.

100.   ¿Por qué las mujeres callan? Muchas mujeres callan cuando son golpeadas o abusadas, físicas, mental o sexualmente, por vergüenza al qué dirán. Creen que no son apoyadas ante una denuncia. Tienen miedo a quedarse solas y sin dinero. Piensan que algún día su compañero va a cambiar, cuando en realidad nunca lo hará. A veces ni reconocen que son maltratadas o abusadas. No se puede guardar silencio, ni ser indiferentes ante este serio problema social. Debemos detener todo tipo de violencia. Tenemos que darle al pecado el nombre que le corresponde. La iglesia debe ayudar a la víctima de la violencia. Espiritualmente restaurar su vida física y emocional. Orar por la dirección de Dios ante esta seria crisis del hogar.

101.   Disciplina con amor. Mucho se ha hablado sobre esta verdad. Poco se ha puesto en práctica. Si algo que debemos proclamar es que sí se puede disciplinar y ésta es muy efectiva cuando se realiza con amor. Los métodos están basados en transmitir el mensaje del amor y el respeto. La enseñanza bíblica en este aspecto es valiosa: *"El principio de la sabiduría es el temor de Jehová. Los insensatos desprecian la sabiduría y la enseñanza"* (Proverbios 1:7). *"El que tiene en poco la disciplina menosprecia su alma. Mas el que escucha la corrección tiene entendimiento"* (Proverbios 15:32). La disciplina es una parte muy valiosa para triunfar en la vida.

102.   La disciplina comienza en el hogar. "Hijo mío, escucha las correcciones de tu padre y no abandones las enseñanzas de tu madre. Adornarán tu cabeza como una diadema; adornarán tu cuello como un collar" (Proverbios 1:8-9). Un pensamiento muy famoso dice: "Corrige al niño hoy, en tanto que es niño, y no tendrás mañana, que castigar al delincuente". Para que una disciplina sea efectiva se requiere: Evitar todo sentimiento de ira. Establecer un diálogo amigable. Expresar nuestros sentimientos con buenas palabras como fruto del amor. Ser firme y amable al mismo tiempo. Reconocer la falta con firmeza, respeto y amigablemente.

103.   Corrige a tu hijo. De acuerdo con la falta del hijo, el padre o la madre debe indicar cuál podría ser el castigo apropiado. Una disciplina efectiva es aquella que entiende las razones por las cuales los niños o jóvenes, hacen lo que hacen. Al disciplinar a nuestros hijos debemos preguntarnos: ¿Fue efectiva la disciplina administrada? ¿Se cumplieron las expectativas propuestas? Cada disciplina debe ser una buena y linda oportunidad para desarrollar un mejor comportamiento y para no volver a cometer la falta. Un sabio y oportuno consejo bíblico: "Corrige a tu hijo mientras aún hay esperanza; no te hagas cómplice de su muerte" (Proverbios 19:18).

104. *Causas de indisciplina en el salón de clases.* Varias pueden ser las causas de la indisciplina en el salón de clases. Por ejemplo, cuando el maestro es indisciplinado y se ausenta con regularidad. Cuando se considera muy chistoso causando indisciplina de parte de sus alumnos. Cuando no es competente. Cuando llega con muestras de mal genio como si hubiera tenido un problema con la esposa o con el director de la escuela. Cuando no se ha desayunado apropiadamente. El maestro o el alumno que no desayuna bien comienza a bostezar y se pierde así todo tipo de aprendizaje efectivo. Cuando se duerme mal la noche anterior. Si el maestro o el alumno no han descansado lo suficiente, el aprendizaje es inoperante.

105. *La verdadera educación.* Educar no es solamente enseñar un curso. Se enseñan principios y valores. Se enseña desde que se entra al salón de clases, como caminar, como hablar, como comportarse dentro del salón. Desde el saludar a la llegada, hasta como crear un ambiente donde el alumno aprenda. Cuando se enseñan valores, en cuanto al comportamiento, el estilo de vida, la forma de vestir, la forma de hablar todo debe transmitirse en una relación de amistad entre maestro y alumno. "La verdadera educación prepara al estudiante para el servicio en este mundo y para un gozo imperecedero en la eternidad", declara una gran educadora muy famosa por sus escritos.

106. *La autoridad y la disciplina en la escuela.* El maestro debe enseñar por precepto y, por ejemplo. Debe estar preparado en su programa de enseñanza-aprendizaje como también en la forma correcta para disciplinar. Tiene la capacidad en el control de grupo. Este es un aspecto muy importante para ejercer una enseñanza de calidad. Mantener la disciplina en un grupo no es tarea fácil. Se debe imponer orden y esto ocasiona ciertas restricciones. Para mantener la disciplina la conducta está sujeta a reglas y limitaciones. El maestro es el que debe establecer que esas normas se cumplan. Ejerciendo autoridad con mucho amor sin amenazas y sin temores.

107. *¿Qué es un niño?* Un niño, según Bert Weeler es encantador. "Entre la inocencia de la niñez y la dignidad del adulto, encontramos una deliciosa criatura que se llama: niño. Ellos disfrutan cada segundo de cada minuto y cada minuto de cada hora. De protestar cuando se le acaba su último minuto y los adultos los mandan a la cama. Las madres los adoran, los hermanos mayores los toleran, los adultos los ignoran y el cielo los protege. Cuando usted está ocupado, un muchacho resulta inconsiderado, molesto y entrometido. Puede echarlo de su sitio de trabajo, pero no de su corazón. Puede sacarlo de su oficina, pero no de su mente. Se constituye en nuestro, jefe, pero cuando volvemos por la tarde a nuestra casa cansados e irritados, él puede abrir sus brazos con dos simples palabras decirnos: "Hola Papito".

108. **Como enseñar a los niños y jóvenes a ahorrar**: No le demos de inmediato todo lo que pidan. Establezca metas y prioridades. Enséñelos a ser pacientes al comprar. Enséñeles a diferenciar entre monedas y billetes y a entender la importancia del buen uso del dinero. Esto les puede ayudar a manejar más responsablemente sus ingresos en el futuro. Pídales que le ayuden en algunas actividades en el hogar y remunere por ello sin darles demasiado. Enséñeles a establecer límites entre lo que necesitan comprar y lo que desean comprar. Motívelos a ser responsables financieramente. Oriéntelos para preparar un presupuesto en el que contemple todos sus gastos y necesidades inmediatas. Motívelos a abrir una cuenta de ahorro, esto le puede brindar estabilidad financiera tanto en el presente como en el futuro.

109.   Hay que aprender a renunciar. ¡Sí! Renunciar a aquellas cosas que nos afectan física, mental, emocional o espiritualmente. Hay que renunciar a: La necesidad de tener siempre la razón especialmente cuando deseamos pelear para demostrar que la tenemos y es la otra persona la que está equivocada. Renunciar a la necesidad de controlarlo todo. Renunciar a todo sentimiento de culpabilidad. No te culpes. No critiques. Renunciar a todo complejo de superioridad o de inferioridad. Renunciar a tus creencias inapropiadas. No creas todo lo que te digan, investiga, analiza y te evitarás serios problemas. Renunciar a todo tipo de queja. Las constantes quejas deterioran la salud. Renunciar al cambio. No te opongas al cambio. Acéptalo. Renunciar al pecado y a sus consecuencias. Dios te ama, te perdona y te valora.

110.   Decisiones importantes en tu vida. Decida ser feliz. Que nada ni nadie atente en contra de tu felicidad. Dios te ha llamado para ser feliz porque te ama, te conoce y se alegra de verte feliz. Decida vivir tu vida y deja que los otros vivan su propia vida. Decida olvidarse del pasado, el presente es lo que cuenta. Decida vivir el presente sin afanes ni contrariedades. Basta a cada día su propio afán. Decida tener un programa de ejercicios máximo si estás preocupado o tenso. Decida ser agradecido. La gratitud nos da paz, una gran satisfacción y una sana alegría. Y no olvides que la más importante de todas las decisiones es aceptar a Cristo como consejero, médico, amigo confidente, abogado y gran Salvador.

111.   Una mente saludable...una salud envidiable. La mente tiene un valor trascendental. De su desarrollo depende en gran medida el éxito o el fracaso. Algunos consideran que la mala o la buena suerte pueden acompañar a una persona de por vida. Que hay personas que nacen con la estrella de la buena suerte pero que hay otros que nacen estrellados. El triunfar en la vida no es un asunto de la suerte, de las circunstancias o cualquiera de otros mitos que se usan como excusa. Se trata de seguir un proceso de paradigmas intelectuales con un buen sentido común y una actitud mental sana y positiva. Es madurar intelectualmente. Es ejercitar la inteligencia en el bien hacer. En otras palabras, es tener una mente saludable y positiva. La salud mental ejerce un poder extraordinario.

112. *¿Se puede triunfar en la vida?* Esta es una pregunta común que muchas personas se hacen constantemente. ¡Una buena pregunta que requiere una respuesta satisfactoria! ¡Claro que sí! Podemos triunfar en la vida. Para triunfar en la vida se requiere de una mente sana y disciplinada. Pensamientos positivos lograrán alcanzar las metas que cada persona se proponga para su bienestar y prosperidad. Mientras que, por otra parte, pensamientos negativos harán de la vida una vida de trastornos, quejas, resentimientos y malentendidos. Hay que vivir y trabajar con optimismo y responsabilidad, libres de complejos. Una mente sana gozará de inteligencia financiera y auténtica. Proponte alcanzar una meta y la lograrás.

113. *Enfermedades psicosomáticas.* *"Tal su pensamiento tal es él".* Esta frase la enunció el sabio Salomón, y tiene mucha razón. La salud o la enfermedad dependen en gran manera del pensamiento. Hay enfermedades que se conocen como enfermedades sicosomáticas esto es, enfermedades imaginarias que provienen de una mente enfermiza e indisciplinada. El estrés o los problemas personales no resueltos afectan el bienestar de toda persona. Lo más importante en el estado de nuestra salud, y que a menudo pasa desapercibido para la medicina moderna, es nuestra mente. Es importante, por lo tanto, albergar pensamientos positivos y sanos que hagan de cada una de nuestras vidas, vidas de alegría, de gozo, de sano contentamiento y sobre todo de confianza en un Dios todopoderoso.

114. *Aprendamos a disfrutar de la bendición de cada día.* Cada día nos ofrece lindas oportunidades que debemos aprender a disfrutar. Comenzando con la expresión de gratitud al Señor por regalarnos otro día más de vida. Cuán importante es sacar tiempo, para contemplar un lindo amanecer con la frescura de la brisa mañanera. Una hermosa tarde crepuscular. Una noche estrellada con la luna plateada que nos invitan al romance. Disfrutar cuando nos den un regalo… no pensar en el precio sino en el aprecio con que nos lo dan. Expresemos la alegría y emoción de ese grato momento. Cada instante, cada minuto, cada hora, cada día vivámoslos con alegría dando siempre gracias a Dios por las bondades que nos brinda en el corre-corre de cada día.

115. *Pensamientos negativos.* El resentimiento, la crítica, el rencor, la ausencia de perdón afectan nuestras relaciones personales y por ende nuestra salud física y mental. Muy íntima es la relación de la mente con el cuerpo. Algunas personas sufren porque sus pensamientos se cifran en las cosas negativas de la vida. Se imaginan cosas que no son ciertas. Si ven a un grupo de personas hablando piensan que están hablando de él. Si se están riendo es porque se están burlando de sus hechos o de sus palabras. Aprendamos a controlar nuestros pensamientos, de lo contario serán ellos los que nos van a controlar a nosotros y por ende nunca seremos felices.

116. **Levantemos nuestra estima propia.** Hemos sido creados para amar y ser amados. Para crecer física, mental y espiritualmente. Las experiencias de la vida nos enseñan que existen personas que poseen excelentes ideas de optimismo y superación. Son las que realizarán acciones, que los llevarán a resultados extraordinarios y gratificantes. La razón primordial es que mediante su valía personal y amplios deseos de superación han logrado estimular la mente y aun el corazón con pensamientos optimistas. No debemos permanecer inactivos sin entusiasmo. Miedosos de fracasar, sin deseos de crecer o progresar. Tímidos ante los desafíos y retos de la vida. Nos espera un glorioso porvenir. Todo depende de nuestra aptitud física y nuestra actitud mental.

117. **A pesar de los problemas, aprendamos a sonreír.** Lo ideal es que habitualmente seamos personas alegres, optimistas y con buenas relaciones personales y sociales no importando la seriedad de nuestros problemas. Digamos que el consejo es sonreír y sonreír y no dejar de sonreír. La sonrisa gana amigos y es contagiosa. El sonreír debe ser un hábito sencillo para una mente saludable. Tenemos que aprender a sonreír ante las cosas que nos pasan, sean estas buenas o malas. Y sin son malas con mayor razón. Hay que sonreírle a la vida porque a pesar de todo… ¡qué linda es la vida! Debemos aprender a disfrutarla con una agradable sonrisa a flor de labios.

118. **Ejercitemos nuestro cuerpo.** Se sabe que la falta de actividad física puede ser factor de riesgo para múltiples enfermedades y problemas, incluyendo también las enfermedades mentales. Hay que mover el esqueleto para que el espíritu se reanime y se fortalezca. Con solo 20 minutos de las 24 horas de cada día son suficientes para ejercitar nuestro cuerpo. Este es el mejor regalo que nos merecemos en favor de nuestra salud física, emocional, mental y espiritual. El ejercicio es la mejor medicina para nuestra salud y debemos aprovecharlo con sabiduría, programando el tiempo para hacerlo. Si es necesario levantarnos más temprano de lo acostumbrado y si no hay tiempo, hay que buscarlo, porque es parte de nuestra buena salud y bienestar placentero.

119. **Ejercitemos también nuestra mente.** La mente siempre debe estar activa. Las buenas lecturas, especialmente la Palabra de Dios son de gran valor en nuestras vidas. No hay nada mejor para desarrollar el intelecto como el estudio y la meditación personal. Reflexionar sobre lo que nos acontece, poner la mente a trabajar para solucionar así los problemas e inquietudes de la vida. Confiando siempre en Dios quien tiene la respuesta a cada una de nuestras mayores necesidades. El participar de crucigramas o acertijos, juegos mentales como el ajedrez y el dominó, nos ayudarán a evitar la enfermedad del famoso alemán llamado Alzhéimer. La mejor medicina para esta enfermedad es el estudio investigativo de la eterna Palabra de Dios.

45

120. *La nutrición es una bendición para nuestra salud.* Comer es un hábito y debe ser muy agradable y saludable. Si comemos comida chatarra, saturada en grasas, o con altos niveles de azúcar, no aportaremos en nada a nuestro organismo. Lo ideal es que mantengamos una alimentación sana con la ingesta de verduras, frutas y cereales, libres de grasas y azúcares. Las neuronas del cerebro son estimuladas cuando nos alimentamos correctamente. Fue el padre de la medicina, Hipócrates, quien nos dejó este sabio consejo: *"Que tu medicina sea tu alimento y tu alimento sea tu medicina".*

121. *Un buen descanso es indispensable.* El sueño debe ser la nota tónica para la salud. El descanso es una bendición para la salud. Es un medio para reparar el cuerpo. Favorece el aprendizaje. Restaura la salud mental. Evita el mal genio. Nivela la glucosa del cuerpo. Es una buena medicina para las tensiones de la vida. Las horas de la noche son las mejores. La noche se hizo para dormir no para la diversión o para la televisión. Si no se duerme bien durante la noche al día siguiente se tendrán serios malestares. Si dormimos las horas reglamentarias, viviremos felices, sonrientes y libres de problemas… y si llegan nuevos problemas, estaremos con la mejor capacidad de resolverlos. Para disfrutar de la vida hay que trabajar, pero también hay que descansar.

122. **Aprendamos a manejar el estrés.** El estrés es la causa de una serie de trastornos que afectan nuestra salud física y emocional. Especialmente, cuando nos relacionamos con otras personas difíciles de tratar por su mal carácter. También cuando tomamos decisiones personales, cuyo comportamiento nos afectan tanto físicas como mentales. Debemos aprender a controlar el estrés antes que el estrés nos controle a nosotros. Sobre todo, es importante reconocer que en un mundo estresado y sin control Dios está al control de todo. Solo el Creador puede ayudarnos a controlar el estrés satisfactoriamente y obtener así la victoria en este serio problema de salud.

123. *Diez sabios consejos para mejorar nuestra salud.* He aquí, amigos, diez oportunos principios que serán de gran ayuda en nuestra vida diaria, para obtener una salud física, mental y espiritual satisfactoria. Ellos son: 1. Aprenda a disfrutar la bendición de cada día. 2. Tenga una sana higiene mental. 3. Levanta tu estima propia. 4. Aprenda a sonreír a pesar de los problemas. 5. Ejercita tu cuerpo. 6. Ejercita tu mente. 7. Diariamente beba de seis a ocho vasos de agua. 8. Aliméntate correctamente. 9. Descansa lo reglamentario. 10. Confía en un Dios todopoderoso. Si seguimos estos diez consejos positivos, vamos a disfrutar de una mejor salud.

124. *Las enfermedades y la salud mental.* El factor más importante en el estado de nuestra salud, y que a menudo pasa desapercibido para la medicina moderna, es nuestra mente. Por lo tanto, es importante albergar pensamientos sanos y saludables que hagan de cada una de nuestras vidas, vidas de alegría, de gozo y de sano contentamiento y sobre todo de confianza en un Dios grande, maravilloso y padre de la raza humana. Las enfermedades, de una manera u otra, tienen su origen en la mente. Socavan la economía del hogar y nos afectan física y emocionalmente. Las enfermedades mentales han aumentado en forma alarmante y son responsables de gran parte de los problemas de salud.

125. ***Una buena noticia de salud y belleza.*** El corazón alegre se refleja en el rostro. El corazón dolido deprime el espíritu. Pensamientos tristes, melancólicos o pesimistas afectan en gran manera nuestro bienestar físico, mental y espiritual. Debemos cultivar el hábito de sonreír y dar lo mejor de nosotros. Un rostro triste oculta graves problemas que no se pueden ocultar y tarde o temprano la gente descubrirá nuestra infelicidad y pesimismo. Una buena noticia para nuestra salud es romper todo pensamiento negativo. La enfermedad se revela en el semblante. Cambia esa cara y tus penas se irán. Busca a Dios y Él te bendecirá.

126. ***¿Cuánto ganas?*** Un niño le pregunta a su papá. Papi… ¿cuánto ganas? Me pagan por horas de trabajo hijo. Fue la respuesta. Bueno… y ¿cuánto te pagan por cada hora? Me pagan a diez dólares la hora…ahora con los descuentos de rigor creo que cinco dólares por cada hora. Gracias a Dios porque tienes un buen trabajo. A la semana siguiente el niño le dice: "mira papi, reuní los cinco dólares que te pagan para que podamos ir al parque a jugar por una hora". Nuestros hijos y nuestra familia requieren tiempo de calidad. El adicto al trabajo tiene la tendencia al aislamiento social, al agotamiento, y a un excesivo sentido de responsabilidad. Pierde la satisfacción placentera de estar con su esposa y con sus hijos.

127. ***Los adictos al trabajo*** Cuando la persona siempre se encuentra de prisa, quiere atender dos o más tareas a la vez, no tiene tiempo que perder. Es un adicto al trabajo. Su sentido de estima baja le conduce ansiosamente a la obtención de logros a expensas de la salud y del hogar. Busca la aprobación de sus superiores para aumentar sus niveles de autoestima. Se impone grandes metas para conseguir sus objetivos. Se esfuerza por ser el mejor trabajador. Se olvida de su esposa, de sus hijos y tareas familiares. Busca mediante su trabajo un medio para huir de sus problemas personales o familiares. Sus problemas le afectan y trata de olvidarse de ellos en el trabajo.

128. ***¿Qué pasa con el adicto al trabajo?*** No tiene tiempo para disfrutar de un sano entretenimiento. Considera el descanso como una pérdida de tiempo y dinero. ¿Las vacaciones? Si las pagan mejor también se trabajan. Tiene la obsesión de siempre quedar bien. Trata de planear y organizar en exceso lo que le corresponde. No toma en cuenta asuntos relacionados con la vida familiar. Por ejemplo, olvidarse de fechas importantes como aniversarios o de cumpleaños. Si tiene que esperar se molesta fácilmente. Descuida su salud porque no tiene tiempo para ir al médico. Es muy común en los adictos, el estrés, la hipertensión, el insomnio y la falta de descanso ambiciosos. Siente los deseos de competir. Quiere superarse ante los demás.

129. *Excelentes administradores.* Debemos ser los mejores administradores de nuestro tiempo. Ante el tiempo perdido los ángeles lloran. Administradores de nuestro dinero, lo que no le damos a Dios con amor se lo damos al enemigo con dolor. Administradores de nuestros talentos. El talento que no se usa se pierde. Administradores de nuestra influencia. Influenciamos para bien o para mal. Administradores de nuestra salud. La salud es un precioso tesoro que no debemos malgastar. Administradores de nuestras posesiones. Fácilmente las podemos perder si las enterramos. Fieles administradores de nuestro hogar. Se fiel hasta la muerte y yo te daré la corona de la vida nos dice el Señor. Bien buen siervo y fiel en lo poco has sido fiel en lo mucho te pondré disfruta del gozo de tu Señor.

130. *Tiempo de calidad.* Nuestras familias requieren tiempo de calidad. Hay que sacar el tiempo necesario para salir a caminar con la esposa y con los hijos. Dialogar con ellos, entender sus necesidades y problemas personales. Debemos planificar la vacación familiar. Nuestras familias merecen y esperan un tiempo de calidad. Debemos esforzarnos para lograrlo. El trabajo puede esperar, pero la familia no. No olvidemos que si nos divorciarnos de la esposa, nos divorciamos de nuestros hijos porque el tiempo sagrado que les pertenece se lo hemos dado al trabajo… y al final éste nos pasa la factura.

131. *Necesitamos descansar.* El cuerpo requiere de un buen descanso. Debemos establecer claramente que la noche se hizo para el descanso y no para el trabajo o la diversión. El acostarse temprano para levantarse temprano es una buena receta para la salud. Debemos también programar un día de descanso en la semana. Es necesario compartir con los hijos en el día del descanso semanal. El consejo bíblico señala: "Acuérdate del día de reposo para consagrarlo al Señor (con la familia). Trabaja seis días y haz de ellos todo lo que tengas que hacer, pero el séptimo día es de reposo consagrado al Señor. No hagas ningún trabajo en ese día, ni tampoco tu hijo, ni tu hija, ni tu esclavo, ni tus animales, ni el extranjero que viva en tus ciudades" (Éxodo 20:8-11). Que mejor descanso que estar en la casa de nuestro Creador y Redentor porque nuestro Dios y padre requiere también tiempo de calidad.

132. *Para unas relaciones interpersonales saludables.* *Relaciones* interpersonales son aquellas que nos permiten mantener la armonía con los que nos relacionamos. Son las formas como nos tratamos los unos con los otros. En nuestra vida diaria aprendemos conductas positivas o negativas. Podemos con una palabra lograr el bienestar de una persona o herir sus sentimientos. Si hay algo que afecte el bienestar de las personas y las de una empresa son las relaciones interpersonales.

Afecta en su productividad y crecimiento. En una institución donde hay buenas relaciones de unidad y entendimiento se notará en su desarrollo y crecimiento. El lugar del trabajo es más que un segundo hogar. Es allí, en nuestro trabajo, donde pasamos una buena parte del tiempo y al final convivimos con nuestros amigos y compañeros como con nuestra familia. Por eso lo mejor es evitar todo conflicto y procurar un buen entorno.

133. Los conflictos laborales. Es inevitable, en el ámbito laboral cargado de competencia, los conflictos laborales. Estos pueden causar serios conflictos. Es en el trabajo donde se generan los mayores problemas de convivencia y armonía. Estos pueden afectar la motivación, y la productibilidad porque disminuye en las personas el deseo de trabajar y en general afecta toda la dinámica de la empresa. El trabajo es donde más tiempo pasamos y por eso el ambiente debe ser saludable y las personas deben tener la capacidad de tolerancia. Saber expresar y verbalizar los sentimientos personales y aprender a querer y respetar a los demás.

134. Seamos buenos comunicadores. El éxito de toda empresa o institución se encuentra en una excelente comunicación. Los buenos dirigentes deben aprender a comunicarse muy bien con sus subalternos. A su vez los empleados deben saber cómo dirigirse y entender a sus líderes. Los padres y los hijos deben saber de la importancia de una comunicación clara y efectiva. Cuando hay roces y malentendidos se pierden las buenas relaciones y todo se constituye en un caos. Una comunicación apropiada y correcta es muy saludable para una empresa o para un hogar.

135. Responsabilidad…ante todo. Debemos aprender y a reconocer la importancia de la responsabilidad. La responsabilidad no se delega, se comparte y se experimenta. "La palabra del cristiano tiene el valor de un juramento" declara un pensamiento. Cuando se conoce a una persona como irresponsable todo marcha mal. Es impuntual en una cita. Llega tarde al trabajo y siempre tiene una excusa para quedar bien. Se atrasa en sus compromisos laborales y financieros. Constantemente le llaman la atención. Hace perder el tiempo a los demás que lo están esperando. Es el último en llegar y el primero en salir. Es distraído y comete errores. Es perezoso y nada de sacrificado. Se cansa de todo…hasta de no hacer nada.

136. El amor verdadero. El amor es un fruto del Espíritu Santo. Es nacido de Dios y una clara evidencia de que somos sus hijos quien mediante su amor somos trasformados a su imagen. El amor tiene el poder de unir aun a los que son enemigos. Es el fruto que ayudará al creyente a manifestar comprensión y sensibilidad. Todo lo sufre y todo lo espera y todo lo soporta. Todo lo comparte….

137. La epístola del amor. Fue el apóstol Pablo quien escribió la famosa epístola del amor: "Si hablo en lenguas humanas y angelicales, pero no tengo amor, no soy

49

más que un metal que resuena o un platillo que hace ruido. Si tengo el don de profecía y entiendo todos los misterios y poseo todo conocimiento, y si tengo una fe que logra trasladar montañas, pero me falta el amor, no soy nada. Si reparto entre los pobres todo lo que poseo, y si entrego mi cuerpo para que lo consuman las llamas, pero no tengo amor, nada gano con eso. El amor es paciente, es bondadoso. El amor no es envidioso ni jactancioso ni orgulloso. No se comporta con rudeza, no es egoísta, no se enoja fácilmente, no guarda rencor. El amor no se deleita en la maldad, sino que se regocija con la verdad. Todo lo disculpa, todo lo cree, todo lo espera, todo lo soporta… el amor nunca deja de ser" (1 Corintios 13).

138. *La chismografía en el trabajo.* La psicóloga Mariela Hernández, dice: "Siempre hay competencia en el trabajo, pero cuando alguien trata de deteriorar la imagen de otro, se afecta la relación laboral. A veces las mismas empresas o instituciones promueven este tipo de competencia. Una dificultad que se repite mucho es el chisme e inmiscuirse en los asuntos de los demás, eso daña la salud mental de los compañeros. Lamentablemente, muchas empresas tienen este germen destructivo". La mayoría de los problemas y dificultades traen su secuencia en una pobre salud debido a los conflictos laborales que conllevan al estrés y a las tensiones que se viven en el trabajo. Cuando estos problemas se ventilan con un espíritu de comprensión y amor todo marchará normalmente y para bien de todos.

139. *Para un buen ambiente laboral.* Los mensajes deben ser claros. El emisor y el receptor deben hablar el mismo idioma. Cuando somos responsables de nuestras acciones, sin culpar a los demás por los errores cometidos. Cuando aprendemos a respetar. Cuando no vivimos resentimientos, envidias ni rencores. Cuando expresamos amor sincero y desinteresado. Cuando aprendemos a ser flexibles. Cuando mantenemos la serenidad ante la provocación. Cuando somos pacientes. Muchas buenas relaciones se pierden porque la persona espera que se reconozca su buen trabajo y no hubo una palabra de felicitación y de aprecio. Y por último, debemos reconocer y valorar el trabajo de los demás. Si lo reconocemos ellos algún día valorarán el nuestro.

140. *Una excelente inversión.* Cuan satisfecho y privilegiado debe sentirse todo padre al reconocerle que la mayor y mejor inversión ha sido la educación de sus hijos. Su esfuerzo le ha permitido darles a sus hijos una educación de calidad por el bienestar y desarrollo intelectual de sus seres queridos. Los niños de hoy son los jóvenes del mañana y estos jóvenes serán los hombres de las grandes empresas o líderes del futuro. Pero, cuan grato y reconfortante es reconocer que la mejor herencia que podemos dejar a nuestros nietos e hijos es una educación que los prepare en la formación de sus vidas para el bien hacer. Es la oportunidad y privilegio de recibir una educación encaminada hacia su éxito profesión.

141. *La ropa sucia... se lava en casa.* Necesitamos ropa limpia en cada una de las labores de la vida. Nadie va al trabajo con una ropa sucia porque va a sentirse mal y causará una mala impresión. Usted lava su ropa, especialmente sus prendas íntimas, con atención y delicadeza en su casa. No las manda a la lavandería. Lo mismo sucede con los asuntos de la familia y del trabajo. Los asuntos concernientes al hogar se tratan en la intimidad del hogar. No se deben llevar los problemas de la familia al trabajo como tampoco los problemas del trabajo al seno del hogar. Esta situación puede ser una de las causas para un divorcio o de enemistades en el trabajo. ¿Por qué de un divorcio? Porque los problemas íntimos del hogar cuando se ventilan fuera del mismo traen serias complicaciones.

142. *El hogar... un círculo sagrado.* Nadie debe entrar en él. Ni la amiga o el amigo. Ni el padre o la madre deben enterarse de las confidencias e intimidades del hogar. El esposo no debe revelar los secretos y problemas personales de su hogar a otras personas. Como también la esposa no debe hacer confesiones a una amiga, vecina o familiar de lo acontecido con su esposo. La ropa sucia se lava en casa... Hay personas que hacen comentarios negativos de su cónyuge o de su jefe para que sean considerados mártires modernos y les tengan pena. Esta es una puerta abierta para una relación ilícita y comprometedora. Puede ser la causa de un divorcio o separación.

143. *Y si del trabajo se trata.* No hables mal de tu jefe o de su empresa. Mejor renuncia antes de sembrar cizaña y así dar paso a comentarios negativos. No olvides que las paredes oyen y que otros pueden repetir las palabras que sin pensarlo las pronunciaste. Un comentario negativo expresado sin intención de herir, puede ser la causa de un despido o de un mal entendimiento. Vigila tus palabras, mira lo positivo y olvídate de lo negativo. Evita el chisme y la crítica. Disfruta tu trabajo experiméntalo con gran satisfacción.

144. *El hogar una gran sociedad.* El esposo es el administrador o presidente, la esposa es la secretaria que guarda los secretos del hogar, registra los acuerdos y respalda las decisiones de la familia, y los hijos actúan como vocales. Esa sociedad hogareña se puede romper y fracasar cuando se da rienda suelta a los problemas del hogar sin la debida consideración. No hay diálogo ni comprensión. Cuando un intruso o intrusa se entera de situaciones que no son de su incumbencia. Si hay problemas para salvaguardar el hogar, nada mejor que la unidad de pensamiento y de acción.

145. *Un buen consejo positivo.* El mejor consejo que nos ayudará a evitar muchos problemas: Respete las confidencias de su hogar. Disfrute del diálogo saludable. Las equivocaciones se aclaran, las sospechas se anulan, los comentarios se suspenden, y la comprensión florece. Evite todo tipo de crítica. Que no seamos conocidos como criticones, chismosos o malhumorados. No se queje constantemente. No se aceptan los quejidos ni los que molestan con sus quejas. La persona de mal humor se conoce por su forma de hablar y se refleja en su rostro. Para lograr un bello jardín en nuestra vida hogareña recordemos que la ropa sucia...se lava en casa.

146. ***Para triunfar en el trabajo.*** Respete las confidencias de su trabajo u oficina. Hable de las virtudes de las personas y no de sus defectos. Tenga una sonrisa a flor de labios, le librará de los chascos y amarguras del día. Sea un optimista. En la carrera de la vida los optimistas van al frente, los pesimistas van atrás y a veces ni llegan. No se enoje con facilidad. Libérese de todo resentimiento, rebeldía, rencores o enemistades. No divulgue comentarios inciertos y menos aún ante personas que exageran demasiado. Debemos florecer donde Dios nos ha plantado.

147. **Sonríe.** El comediante Charles Chaplin escribió el siguiente pensamiento: "Sonríe, aunque tu corazón te duela. Sonríe, aunque esté roto. Cuando hay nubes en el cielo saldrás adelante, si sonríes, aun con tus temores y tristezas. Sonríe y a lo mejor mañana verás el sol brillando en ti. Ilumina tu rostro con alegría. Esconde todo rastro de tristeza, aunque una lágrima se acerque. Ese es el momento en que debes seguir tratando, Sonríe, ¿de qué sirve llorar? Descubrirás que la vida todavía vale la pena si simplemente sonríes". En las buenas o en las malas una leve sonrisa alegrará tu día.

148. **La voluntad de Dios.** Algunos consideran que ante un problema serio y por demás preocupante, se debe a que éste ha sido la voluntad de Dios. Pero la voluntad de Dios no es que usted viva una vida enfermiza o catastrófica. ¡No! La voluntad de Dios es que usted viva para glorificar su nombre. El apóstol lo presenta con el siguiente pensamiento: "Por eso, desde el día en que lo supimos, no hemos dejado de orar por ustedes. Pedimos que Dios les haga conocer plenamente su voluntad con toda sabiduría y comprensión espiritual" (Colosenses 1:9). Debemos conocer con sabiduría y comprensión cual ha sido la voluntad de Dios. En la buenas o en las malas, la voluntad de Dios ha sido la mejor alternativa.

149. ***El desayuno la comida más importante.*** Quien piensa que no hace falta el desayuno se está engañando. Se está comiendo sus propios músculos, dicho en otras palabras, se auto devora. Las consecuencias de no desayunar es la pérdida de tono muscular, y un cerebro que, en vez de ocuparse de sus funciones intelectuales, se pasa la mañana activando el sistema de emergencia para obtener combustible y alimento. Algunos desayunan con un café negro y una tostada elevando el nivel de azúcar en la sangre y forzando al páncreas a producir más insulina. Tengo para ti una pregunta, y muy importante: ¿Cómo estuvo tu desayuno hoy? Así que, a desayunar como reyes, almorzar como príncipes y cenar como pobres.

150. ***Beneficios de un buen desayuno.*** En el sentido literal del término 'desayuno' es precisamente romper un ayuno. Si desayunamos correctamente los beneficios serán múltiples. No solamente vamos a estar menos hambrientos durante el resto del día, sino que además vamos a tener una mayor energía tanto física como mental. En el caso de los niños y los adolescentes, el beneficio está asociado con notas más altas en comparación con quienes no desayunan. Desayunado temprano, llevaremos energía suficiente al cerebro lo que nos permitirá que la mente sea más ágil y los pensamientos más espontáneos. Nunca debemos salir, sin un buen desayuno. Seremos recompensados con una mejor salud y disfrutaremos viviendo más tiempo y lo importante, más sanos.

151. *El desayuno en los obesos.* Las personas que están condicionados a desayunar tarde y mal, suelen comer más durante el resto del día y lo siguen haciendo a horas más tardías, lo que resulta en un mayor riesgo de obesidad. Ahora, si la persona se salta el desayuno y decide almorzar, la comida que será aceptada como excedente, se desviará hacia el almacén de 'grasa de reserva' y la persona entonces engordará. La gente no lo sabe o no conoce la importancia del desayuno y por eso desayunan de mala manera. Las razones más frecuentes entre los hombres es la falta de tiempo, y entre las mujeres equivocadamente el evitar la ganancia de peso.

152. *Un pensamiento del poeta Amado Nervo.* "Muy cerca del ocaso, yo te bendigo, vida, porque nunca me diste ni esperanza fallida, ni trabajos injustos, ni pena inmerecida. Porque veo al final de mi rudo camino, que yo fui el arquitecto de mi propio destino. Que, si extraje las mieles o la hiel de las cosas, fue porque en ellas puse hiel o mieles sabrosas: cuando planté rosales coseché siempre rosas... cierto a mis lozanías va a seguir el invierno, más tú no dijiste que mayo fuese eterno. ¡Hay sin dudas, largas las noches de mis penas, mas no me prometiste tan solo noches buenas, en cambio tuve algunas santamente serenas…amé, fui amado, el sol acarició mi faz! ¡Vida, nada me debes! ¡Vida, estamos en paz!".

153. *Tengo prisa.* Conté mis años y descubrí que tengo menos tiempo para vivir. Que los días corren apresuradamente. Por eso, tengo prisa. No tengo mucho tiempo para reuniones interminables donde se discuten normas, procedimientos, reglamentos internos, estatutos, sabiendo que no se va a lograr nada. No tengo tiempo para los pesimistas y perezosos. Los que no valoran el tiempo de los demás. Los que obstaculizan los planes de Dios y no aceptan los grandes desafíos. Mi tiempo es escaso para discutir títulos y argumentos inapropiados. Quiero estar con gente humana, muy humana que atienda con premura las necesidades de la vida. Tengo prisa de vivir… mas no tengo prisa para morir.

154. *¿Qué necesitas?* ¿Los servicios de un buen abogado? Jesucristo nunca ha perdido un caso. Es el mejor abogado. ¿Un juez? El más justo y el más equitativo. ¿Un amigo? No hay otro como Él. ¿Un médico? Es el médico por excelencia. ¿Un psicólogo? Conoce tu presente y tu pasado. ¿Un arquitecto? Ha ideado grandes planes para tu vida. ¿Un ingeniero? Dirige la construcción de tu porvenir. ¿Un administrador? Lleva cuenta exacta de tu vida y de tus palabras. ¿Un agrimensor? Ya midió las cuerdas de tu corazón. ¿Un comerciante? Ya pagó la cuenta de tus malos negocios. ¿Un músico? Tiene la melodía perfecta de tu agrado y felicidad. ¿Un consejero? Tiene el manual de consejería…las Sagradas Escrituras. ¿Un maestro? Posee excelentes enseñanzas para niños, jóvenes y adultos. ¿Un pastor? Dio su vida por las ovejas. ¿Un confidente? Conserva todos los secretos del alma. ¿Un enfermero?, Sana todas tus heridas! ¡Como Él…ninguno!

155. *Manual para la vida.* Paolo André Chenso médico de profesión, escribió este manual: "Beba mucha agua. Coma más de lo que nace en los árboles y plantas. Viva con las tres E. Energía, Entusiasmo y Empatía. Realiza actividades que activen tu cerebro. Lea más libros. Siéntese en silencio por lo menos diez minutos al día. Duerma las horas reglamentarias. Haga caminatas de por lo unos 20 minutos y sonría mientras caminas. No compares tu vida con la de los demás. No tenga pensamientos negativos. No se exceda para nada. No haga disparates. Sonría más a menudo. La envidia es una pérdida de tiempo. Agradezca a Dios por lo que posees. Haga las paces con tu pasado para no echar a perder tu presente. Nadie dirige tu personalidad, solamente tú eres su conductor No se necesita ganar todas las discusiones, hay que saber perder."

156. *Valiosos pensamientos.* Cuando despierte en la mañana agradece a Dios por la gracia de estar vivo. No importa cómo te sientas. Levántate, arréglate y sal con entusiasmo al encuentro de cada día. Lo mejor está por venir. Mantén tu corazón siempre alegre. Por buena o mala que sea su situación…todo pasa. Recuerda, Dios está al control. Haz lo que es correcto, pero hágalo. Evita todo tipo de pensamientos negativos. No importa lo que otros piensen de ti…lo que importa es lo que Dios piensa de tu vida. Haz sonreír por lo menos a tres personas cada día. Perdona como Dios te ha perdonado. No le digas a Dios cuan grandes son tus problemas, diles a tus problemas cuan grande es tu Dios. Toma tiempo para orar, es la respuesta de Dios. Feliz y bendecido sábado del Señor.

157. *Cristo es la respuesta para tu vida.* ¿Te sientes solo, triste, cansado y sin motivos para vivir? Cristo es la respuesta. ¿Te han fallado tus mejores amigos? Cristo es la respuesta. ¿Piensas que eres un fracasado cuando los demás están siempre triunfando? Cristo es la respuesta. ¿Te sientes preocupado por los compromisos financieros que tienes que atender? Cristo es la respuesta. ¿Si piensas que te persigue la mala suerte? Cristo es la respuesta. ¿Si te sientes hostigado o abusado? Cristo es la respuesta. ¿Si te sientes con ganas de llorar y sin deseos de vivir? Cristo es la respuesta. ¿Necesitas ser fortalecido? Cristo es la respuesta. ¿Si te sientes apesadumbrado por las condiciones del mundo? Cristo es la respuesta. ¿Si te preocupa tu futuro y el futuro de tus hijos? Cristo es la respuesta. ¿Si piensas que has perdido una fuerte batalla? Aún no has perdido la guerra. Cristo es la respuesta. Si quieres ser salvo. ¡Cristo es la respuesta! ¡Búscalo! ¡Acéptalo!¡Compártelo!

158. ***¿Cómo te sientes hoy?*** ¿Preocupado? Jesús entiende tu preocupación. ¿Triste? Jesús te brinda alegría. ¿Cansado? Jesús es tu descanso. ¿Deprimido y con deseos de llorar? Jesús seca tus lágrimas. ¿Débil ante la tentación? Jesús es tu fortaleza. ¿Angustiado? Jesús te ofrece la paz que necesita tu alma. ¿Adolorido? Jesús te ofrece calmar tus dolencias. ¿Herido? Jesús sana tus heridas. ¿Sin amigos? Jesús es tu sincero amigo de siempre. ¿Sin fe? Jesús es el autor y consumador de la fe. ¿Sin esperanza? Jesús es la única esperanza. ¿Atribulado? Jesús quita toda tribulación. ¿Enfermo? Jesús es el médico por excelencia. ¿Encarcelado? Jesús es tu libertador. ¿Necesitado? Jesús suple toda necesidad. ¿Fracasado? Jesús triunfó en la cruz por ti. ¿Perdido? Jesús te ofrece salvación. ¿Con problemas? Jesús es tu mejor abogado! ¡Búscalo! ¡Preséntalo! ¡Admíralo!

159. ***¡Te necesitamos Señor!*** Ante la crisis económica, corrupción y desconfianza en que nos encontramos. ¡Te necesitamos Señor! Ante las serias calamidades terrestres, aéreas o sobrenaturales. ¡Te necesitamos Señor! Ante la desbastadora contaminación ambiental de tierra y aire. ¡Te necesitamos Señor! ¡Ante el cruel azote de huracanes, luchas y tentaciones! ¡Te necesitamos Señor! Ante la amenaza de una enfermedad física, mental, emocional o espiritual. ¡Te necesitamos Señor! Ante la falta de fe, debilidades, incertidumbre, desesperanza. ¡Te necesitamos Señor! Ante toda, preocupación, luchas, ansiedades y sinsabores de la vida. ¡Te necesitamos Señor! ¡Tú eres nuestro pronto auxilio en las tribulaciones!

160. ***Jesús…. gran amigo y líder de nuestra vida.*** Nos acepta tal y como somos. Camina a nuestro lado cuando se lo permitimos. Nos levanta cuando estamos caídos. Nunca nos puede fallar. Nunca nos ha mentido. Nos sana, cuando nos encontramos heridos. Llora con nosotros cuando sufrimos. Siempre nos cuida cuando estamos dormidos. Nos despierta cuando nos levantamos. Nos protege cuando estemos viajando. Nos libra de nuestros adversarios y enemigos. Siente dolor cuando estamos quebrantados. Se regocija con nuestros logros y triunfos. Nos sonríe cuando más lo necesitamos. Nos busca para amarnos y bendecirnos. Nos guía y nos guiará siempre hasta el fin de los siglos.

161. ***Aprendamos a sonreír.*** Si bien es cierto que tenemos problemas, dificultades en la vida, y algunas veces las cosas no salen como las esperábamos, debemos aprender a sonreír a pesar de todo. Sonreír y pensar que solo nos pasa a nosotros. Que tenemos que darles una buena cara a los problemas, de lo contrario, ellos nos darán la peor cara. Quiero reconocer que al fin de cuentas los problemas pasan de largo, claro si los dejamos en las manos de Dios y nos olvidamos de ellos. Hay que reconocer que es lindo mirar al cielo y descubrir que en medio de tantos problemas

Dios siempre nos da un motivo para sonreír. Mirar hacia arriba y agradecer a Dios porque siempre cuida de sus fieles hijos. Realmente, esto no tiene precio, y como la sonrisa no cuesta nada la mejor manera de aceptar las cosas es expresarles una leve sonrisa a nuestros problemas.

162. *Un buen ejercicio*. Una sana carcajada es un ejercicio genial que involucra al cuerpo y a la mente. Libera las endorfinas muy necesarias para nuestro bienestar y tranquilidad. Es una excelente oportunidad para recargar las baterías diarias. Nos hace ver las cosas con más optimismo y motivación. Debemos reír con nuestra familia. Reír con nuestros amigos. Reírnos de las cosas que nos pasan. Buscar videos de animales o de personas graciosas que nos llevan a reírnos de las ocurrencias que otros hacen. Esto de reír debe ser parte de la rutina diaria. El cuerpo lo solicita, la mente lo necesita. El reír es parte de una vida saludable.

163. *Descansa de la computadora*. Estar horas y horas trabajando en una silla frente a la computadora consigue provocar sedentarismo y eso no es nada bueno. El sedentarismo puede causar obesidad, problemas cardíacos, dolores de huesos y músculos y sobre todo afectar la vista. Hoy en día, el internet nos facilita tanto la vida que logra que terminemos pegados a la silla y nos olvidemos de caminar. No existe ninguna excusa para el ejercicio. Solo hay que proponernos sacar tiempo para hacerlo. Hay también que ejercitar la vista y los músculos del ojo. Al trabajar frente a una computadora el ojo enfoca siempre en una misma dirección y a una distancia. Un buen consejo es parpadear muchas veces seguidas para lubricar el ojo. Mirar hacia arriba, abajo y los costados para que trabajen los músculos del ojo. Ir a la ventana y quedarnos observando objetos lejanos, pájaros, autos, nubes para que la vista enfoque en la distancia y en movimiento. Estos facilísimos ejercicios se pueden hacer cuando permitimos que la computadora descanse.

164. *Diligencia o negligencia*. Una persona diligente marcha al frente sin miedo a nada ni a nadie. Con diligencia el campesino labra y siembra la tierra, él sabe que la negligencia es el peor enemigo de la productividad. Su diligencia se demuestra en la hora temprana de la mañana, porque desea aprovechar bien el tiempo. Se demuestra en el lugar donde guarda las herramientas y las semillas. Si es negligente en su trabajo puede perder la cosecha. Su diligencia se ve en su caminar y jamás dará en su trayectoria un paso que eche a perder la futura cosecha. El libro de Hebreos capítulo 2:1 dice: "Por tanto, es necesario que con más diligencia atendamos a las cosas que hemos oído, no sea que nos deslicemos". Dios quiere que como el campesino seamos diligentes en la cosecha final. ¡La negligencia puede ser fatal!

165. *¿Perdonarlo yo?... ¡jamás y nunca!* ¡Qué difícil es perdonar! Las siguientes frases son muy conocidas: "¿Perdonar yo? ¡Jamás!" "Lo podré perdonar, pero nunca lo olvidaría". "¿Tengo que perdonarlo... después de todo lo que me hizo?" "¡Jamás lo perdonaría es que sencillamente, no puedo" "¡Lo que hizo, simplemente, no tiene perdón de Dios! "Mantengo fresco en mi mente lo que me hizo, como si hubiera ocurrido ayer mismo". "Aunque transcurra un siglo entero nunca olvidaré lo que me hizo, porque sin quererlo, siempre lo recordaré". "Es que no puedo olvidar lo que hizo y mucho menos perdonarlo". Me pregunto: ¿Si Dios ya nos ha perdonado, ¿por qué nosotros no podemos aprender a olvidar y a perdonar?

166. La historia de los dos amigos. Bueno, se conocieron y se hicieron amigos en la cárcel. Cada uno de ellos con su propia historia. Estaban pagando una condena injusta para los dos. Así pensaban y así lo declaraban ante los demás. Después de un buen tiempo, se encontraron de nuevo, pero ahora ya, disfrutando de la libertad. Uno de ellos le pregunta al otro: ¿Cómo la has pasado? "Haciendo mis travesuras nuevamente." Fue la respuesta. "Como injustamente fui procesado, ahora sí de nuevo, lo hago y con gusto porque ya pagué la deuda que no debía. Vivo recordando todo lo acontecido, en mi perra vida. El momento cuando el juez dictó, su estúpida sentencia. Recuerdo cuando fui esposado y alejado de mi familia. Mis hijos sufriendo, me veían como un criminal que no había cometido ningún crimen. No puedo borrar de mi mente los momentos de intranquilidad y tristeza pasados en la cárcel". "Por lo visto no eres feliz", le contestó. "Bueno... soy feliz a mi manera, pero no del todo. "Pues yo sí soy feliz porque todo el pasado quedó ya en el olvido y no quiero recordarme de nada. He perdonado, porque ya Dios me ha perdonado... Mientras tú vives esclavo del rencor y el resentimiento yo vivo libre de mi culpa y en paz con todos y de manera especial conmigo mismo." ¡Qué linda historia para recordar! ¿Verdad?

167. Siempre gozosos. En su libro devocional "Siempre gozosos", Juan Perla escribió en la página 217 lo siguiente: "Muchas personas viven una vida como si jamás pudieran olvidar las ofensas recibidas. Son incapaces de olvidar un agravio. Conservan una lista de todas las ofensas que han cometido contra ellas. Si deseas una vida absolutamente miserable, entonces pon una marca indeleble en tus ofensores para no perderlos de vista". La falta de perdón es un veneno que tomamos a gotas diaria y finalmente nos mata. Es el veneno más destructivo para el espíritu porque neutraliza los recursos emocionales. El perdón es el paso que nos permite superar los rencores y quedar libres para vivir en paz y felicidad. Sana las heridas que nos producen amargura. "Es la hermosa fragancia que la flor derrama sobre el pie del que la aplasta".

168. Los diez Mandamientos y el perdón. De los diez mandamientos hay uno que tiene una valiosa promesa: 'Honra a tu padre y a tu madre para que tus días se alarguen en la tierra que el Señor te da (Éxodo 20: 12). ¿Honrar a mi padre?... decía una dama.... ¿Después de todo lo que ha hecho conmigo y con mi madrecita, que en paz descanse? Ese borracho, malgeniado y horripilante ogro que se dice ser mi padre. ¡No!... ¡Eso nunca! Merece todo mi odio, aunque se muestre arrepentido y me pida

57

mil perdones. Es que no lo puedo perdonar...es más, ni lo quiero ver en vida. Quien piense así, solo merece una vida corta e infeliz. Hay que aprender a perdonar...a pesar de todo.

169. *La falta de perdón y las enfermedades.* El doctor Mc Millen en uno de sus libros de salud, menciona que el perdón logra evitar el padecer de colitis, presión alta, problemas del corazón, dermatitis nerviosa, artritis y asma. No hay otro mejor medicamento para el alma y para el cuerpo que el de perdonar. Hellen Keller dijo en una ocasión: "La felicidad yace en la habilidad de perdonar el pasado y disfrutar el presente. Cuando la puerta de la felicidad se cierra, otra se abre. Pero a menudo nos quedamos mirando tanto tiempo la puerta cerrada que no vemos la que está abierta y disponible." ¡Cuán importante es perdonar y ser perdonados!

170. *El errar es de humanos...el perdonar es de Dios.* Lo que verdaderamente necesitamos es el poder de Dios para perdonar. La oración modelo, el padre nuestro, nos recuerda la importancia del perdón con aquellas palabras pronunciadas por el Señor Jesucristo: "Perdona nuestras deudas, así como nosotros perdonamos a nuestros deudores". Estas palabras son muy significativas. Si hemos sido perdonados debemos aprender también a perdonar. En la cruz del calvario al momento de morir por la raza humana nuestro amado Salvador presentó una de las frases más conmovedoras y solemnes: "Padre, perdónalos porque no saben lo que hacen". Nosotros también podríamos agregar "Padre...perdónalos porque no saben lo que dicen". Porque, con toda verdad podemos decir que no faltan personas que, sin saberlo, nos critican o hablan mal de nosotros y debemos aprender a perdonar sus imprudencias y falta de amor.

171. La paz del perdón. Para verdaderamente disfrutar de esa paz del perdón, es importante reconocer el evento que causó el conflicto. Buscar las soluciones apropiadas al problema, y sobre todo estar siempre dispuestos a perdonar o a pedir perdón. A menudo creemos que el perdón es un regalo que se da sin merecerlo para el ofensor. No nos damos cuenta de que los más beneficiados somos nosotros mismos. Una persona que no tiene enemigos que vive con fe, que reconoce la necesidad del perdón será una persona que tendrá paz, salud emocional y tranquilidad de conciencia. El perdonar es de Dios y nosotros somos humanos por eso es importante aprender perdonar para que Dios nos pueda perdonar.

172. *Razones para perdonar.* El perdón es conveniente por varias razones muy importantes. Nos permite dejar atrás el doloroso pasado con sus resentimientos y malos ratos. Nos otorga la paz mental y emocional que tanto necesitamos. Nos devuelve toda la energía que hemos invertido el mantenernos alejados de alguna persona o situación que nos haya afectado. Nos brinda la libertad de darnos otra oportunidad sin el temor de repetir lo que hemos experimentado en forma negativa.

Nos engrandece al reconocer la necesidad de personar y ser perdonados. Quita de nosotros toda animadversión o amargura que afecta nuestro sano vivir. Hay razones suficientes para aprender a perdonar o ser perdonados.

173.   *La falta de perdón.* Toda amargura produce un espíritu de crítica, arruina la vida en la familia, destruye la carrera profesional, el trabajo y las buenas relaciones. Hay personas que van caminando por una calle y cambian de dirección por no encontrarse frente a frente con la persona que los ha ofendido. Van de compras por un centro comercial y ven a una persona como si hubieran visto al mismo diablo en carne y hueso. El odio, el rencor, el resentimiento y la venganza nos niegan la paz, y destruyen nuestro bienestar físico y emocional. Hay que saber perdonar e ir a la persona que nos ofendió para reconciliarnos. Por amor a nuestra salud, paz, alegría y bienestar aprendamos a perdonar. ¡Sí! ¡A perdonar... a pesar de todo!

174.   Paralelismo entre el hombre y la mujer. Un poema escrito por Víctor Hugo con el cual algunos hombres y mujeres se sienten identificados: "El hombre es la más elevada de todas las criaturas. La mujer el más sublime de todos los ideales. El hombre es el cerebro. La mujer el corazón. El cerebro fabrica luz. El corazón el amor. La luz... fecunda. El amor... resucita. El hombre es fuerte por la razón. La mujer invencible por las lágrimas. La razón convence. Las lágrimas conmueven. El hombre es capaz de todos los heroísmos. La mujer de todos los martirios. El heroísmo ennoblece. El martirio sublima. El hombre es un código. La mujer un evangelio. El código corrige. El evangelio perfecciona. El hombre es un templo, la mujer el sagrario. Ante el templo nos descubrimos. Ante el sagrario nos arrodillamos. El hombre piensa. La mujer sueña. Pensar es tener en el cráneo una larva. Soñar es tener en la frente una aureola. El hombre es un océano. La mujer es un lago. El océano tiene la perla que adorna. El lago la poesía que deslumbra. El hombre es el águila que vuela. La mujer el ruiseñor que canta. Volar es dominar el espacio. Cantar es conquistar el alma. En fin, el hombre está colocado donde termina la tierra. La mujer donde comienza el cielo".

175.   *¿Es usted un líder... o un jefe?* El líder trabaja en equipo... el jefe trabaja solo. El líder dice: "Nosotros". El jefe dice: "Yo". El líder felicita a sus trabajadores... el jefe se felicita por su trabajo. El líder tiene la solución del problema...el jefe es el problema sin solución. El líder guía, capacita, orienta, aconseja, resuelve. El jefe ordena, manda, exige, exaspera, domina. El líder toma tiempo para contestar la correspondencia... el jefe no la contesta. Contesta su secretaria... si tiene tiempo. El líder responde a las llamadas telefónicas y a los mensajes de su correo electrónico. El líder se olvida de todo. El líder es un promotor de acción...el jefe se cree seguro en su puesto y pierde la acción. El líder se concentra en el trabajo...el jefe solo piensa en su jubilación o retiro. El líder debe ser un facilitador...el jefe puede ser un obstaculizador. El líder es puntual...el jefe es impuntual. El líder cumple sus promesas... el jefe promete mucho y cumple poco. El líder dice: "Vamos" ...el jefe dice: "Vallan". El líder genera confianza...el jefe inspira temor. El líder muestra como se hace el trabajo... el jefe exige como se trabaja. El líder piensa en el futuro... el jefe piensa en el pasado. El líder se basa en la cooperación... el jefe en la autoridad. El líder sabe delegar y da seguimiento... el jefe delega, pero no da seguimiento. El líder guía...el jefe dirige. El líder tiene visión futurista...el jefe no tiene visión futurista. El líder soluciona los problemas y arregla los errores... el jefe culpa a los demás por los errores cometidos. El líder trabaja con un comprometido 90% de la fuerza laboral... el jefe ordena por sobre el problemático 10% de la fuerza laboral. El líder promueve que crezca el entusiasmo... el jefe suele hacer que crezca el resentimiento. El líder hace que el trabajo sea interesante... el jefe hace que el trabajo sea monótono. El líder ve el problema como una oportunidad para que el equipo de trabajo lo supere... el jefe ve el problema y lo posterga.

176. Podemos o no podemos. "Caleb hizo callar al pueblo ante Moisés, y dijo: "Subamos a conquistar esa tierra. Estoy seguro de que podremos hacerlo. Pero los que habían ido con él respondieron: No podremos combatir contra esa gente. ¡Son más fuertes que nosotros! Y comenzaron a esparcir entre los israelitas falsos rumores acerca de la tierra que habían explorado. "Es tierra que traga a sus moradores… son hombres de gran estatura" (Números 13:31-33). Los optimistas dicen: ¡podemos! Los pesimistas dicen: ¡No podemos! ¡Claro que se puede! ¡Si Dios está en marcha y al frente! ¡La Victoria ya está asegurada en la cruz del calvario! ¡Sé un optimista en el nombre del Señor! ¡Un vencedor!

177. Preguntas para meditar. ¿Te cuesta mucho esfuerzo olvidar las cosas malas que te hacen cuando no estás de acuerdo con tus amigos o familiares? ¿Acabas una discusión en forma acalorada? Cuando piensas en tu oponente, ¿sientes contracciones en el vientre y fuertes latidos en el corazón? ¿Te irritas mucho tener que hacer una cola larga? Si compras algo y llegas a tu casa y encuentras que lo que compraste no funciona, ¿te molestas al regresar a la tienda? ¿Te enojas contigo mismo cuando no puedes controlar tus emociones? ¿Te incomodas cuando otros no son puntuales o no hacen las cosas correctamente como tú las harías? Cuando te enojas, ¿tiendes a no recordar nada de lo que has dicho? ¿Has observado efectos adversos en tus relaciones con los demás por causa de tu comportamiento y mal genio? Después de haberte enfadado, ¿sientes fuertes deseos de comer, fumar o tomar bebidas alcohólicas, para compensar tu problema de mal genio? ¿Te has enojado alguna vez hasta tal punto de golpear a alguien o algún objeto? ¿Te molestas mucho cuando cometen injusticias contigo o con otras personas? Si has contestado si a la mayoría de las preguntas…tus relaciones personales están en serio peligro.

178. Seamos agradecidos con la vida. Si vamos a un hospital, comprenderemos que no hay nada más hermoso que la salud. Si vamos a una prisión veremos que la libertad es lo más preciado de la vida. Si vamos a un cementerio nos daremos cuenta de que la vida no vale nada. El terreno que caminemos hoy será nuestra vida del mañana. Es una triste verdad. Todos venimos sin nada y nada nos llevaremos. Por lo tanto, permanezcamos humildes y agradecidos con Dios y con la vida en todo momento y por todo lo que tenemos y lo que somos. Cuando nos sintamos afligidos, cansados, desanimados y sin fuerzas para vivir, es el momento de agradecer a Dios por el don tan precioso de la vida.

179. Un precioso regalo. El mejor regalo de bodas, con la bendición de Dios lo recibieron nuestros primeros padres Adán y Eva allí en el Jardín terrenal, cuando celebraron su boda edénica. Ese regalo ha sido la mejor herencia de la creación para nosotros. Ese hermoso regalo fue el sábado como día de alabanza y recordativo de la creación de Dios. Fue otorgado para su deleite y contemplación de la naturaleza, obra creadora de Dios. Este regalo especial es también para nosotros hoy. Es nuestro y para siempre...hasta la misma eternidad porque de mes en mes y de sábado en sábado adoraremos al Señor por siempre.

180. El sábado es un día muy especial. ¡Sí! Es un día muy especial, porque nos recuerda la obra creadora de Dios y la hermosa naturaleza. Es especial, porque nos brinda la linda oportunidad de adorar al Señor en espíritu y en verdad porque de tales adoradores el Señor se agrada. Es muy especial, porque participamos de ese hermoso encuentro fraternal anticipo del encuentro celestial. Es especial, por todo lo que significa para el cristiano como fiel hijo de Dios y creyente de su Palabra. Es especial, porque se experimenta el gozo y deleite de la salvación. Es especial porque es sinónimo de obediencia y lealtad al Creador de nuestras vidas y salvador de nuestras almas.

181. ¡Cómo no amar al Señor! El amor es el fruto de Espíritu Santo manifestado en la obediencia. El registro sagrado así lo señala: "Y a los extranjeros que se han unido al Señor para servirle, para amar el nombre de éste y adorarlo, a todos los que observan el sábado sin profanarlo y se mantienen firmes en mi pacto, los llevaré a mi monte santo; ¡los llenaré de alegría en mi casa de oración! (Isaías 56: 6-7). ¡Qué hermosa promesa de Dios! Es esta una promesa de su amor redentor. Es para ti, para mí, para todos nuestros amados hermanos en la fe y esperanza cristiana. Bienaventurado...feliz el hombre que hace del sábado una verdadera delicia y se abstiene de profanarlo.

182. Muy hermosos. Muy hermosos, los pies del que realiza un trabajo misionero de calidad, bueno, así lo presenta la declaración bíblica del profeta Isaías que dice: "Muy hermosos son sobre los montes los pies del que trae buenas nuevas, del que proclama la paz, del que anuncia buenas noticias, del que proclama salvación, del que dice a Sion tu Dios reina" (Isaías 52:7). ¡Sí! Muy hermosos son los pies de los que hoy llevan esperanza en un mundo de desesperanzas. Sanidad en un mundo de enfermedad. Buenas noticias de salvación en un mundo de incredulidad. Del que busca a Dios en oración y proclama al mundo que Cristo vive y permanece para siempre en aquellos que cada sábado le buscan de todo corazón. Y que saben que pronto, ha de venir para llevarnos como sus hijos al hogar celestial.

183.   *Un sabio consejo para hoy.* Este buen consejo nos lo brinda el rey sabio con las siguientes palabras: "Hijo mío, atiende a mis consejos; escucha atentamente lo que digo. No pierdas de vista mis palabras; guárdalas muy dentro de tu corazón. Ellas dan vida a quienes las hallan; son la salud del cuerpo. Por sobre todas las cosas cuida tu corazón, porque de él mana la vida" *(Proverbios 4:20-23)*. Si nos encontramos alegres o tristes, gozosos o apesadumbrados, hay un mensaje para todos nosotros, cada sábado en la casa de nuestro Dios. Un mensaje para ti y para mí. Es el Señor Jesús quien nos invita y debemos obedecer.

184.   *De tarde a tarde guardareis el sábado.* En el ocaso, a la puesta del sol, cuando el refulgente sol termina sus labores diarias. El pueblo de Dios en el mundo entero recibe la bendición de un nuevo día de reposo. Oraciones de gratitud por las bendiciones recibidas. Cánticos espirituales, alabanza y gozo son la nota tónica de la gran familia de Dios al dar la bienvenida al nuevo día de celebración. "Será para ustedes un sábado de solemne reposo. Este sábado lo observarán desde la tarde del día hasta la tarde siguiente" (Levíticos 23:32).

185.   *Son felices los que guardan los mandamientos.* El Salmista así lo declara: "Dichosos los que van por caminos perfectos, los que andan conforme a la ley del Señor. Dichosos los que guardan sus estatutos y de todo corazón lo buscan" (Salmos 119:1-2). ¡Si! son dichosos y felices los que observan los mandamientos de Dios. Los que honran al Creador del universo y le obedecen guardando los preceptos de la ley. Los que le buscan de todo corazón con el gozo de la salvación. ¡Qué hermosa promesa y oportunidad de buscarle en su santuario! ¡Somos bienaventurados y muy privilegiados! ¡A su Nombre Gloria!

186.   *El Dios de la esperanza.* Muchos dicen que la esperanza es lo último que se pierde. Pero esto no es así. Porque para el fiel creyente que vive con una esperanza, no ha perdido nada. Bueno, ese es el pensamiento positivo del apóstol Pablo y que Dios tiene para nosotros en cada sábado de nuestra vida. *"Este es el día de nuestra salvación". "Que el Dios de la esperanza los llene de toda alegría y paz a ustedes que creen en él, para que rebosen de esperanza por el poder del Espíritu Santo"* (Romanos 15:13). ¡Viva la esperanza! ¡Vivan las buenas nuevas del evangelio!

187.   *La palabra de Dios... para siempre.* La Santa Biblia ha sido objeto de persecución y de contradicciones. El profeta Isaías es quien nos da un sabio consejo cuando nos dice en el capítulo 40 el siguiente pensamiento: *"La hierba se seca. La flor* *se marchita, pero la palabra de nuestro Dios permanece para siempre"* (Isaías 40: 8). Recuerde, querido amigo y hermano, que cada sábado al asistir a la iglesia para escuchar el sermón, debes atender al mensaje de Dios, meditar en sus enseñanzas y si te es posible, subrayar el pensamiento bíblico que más te haya impactado. Porque la palabra de Dios debe permanecer... y para siempre.

188. *Seamos fieles a nuestro Dios.* La fidelidad se manifiesta en la obediencia. Cada sábado que transcurre en esta tierra es un acto de obediencia y lealtad para con Dios. Es una linda oportunidad para alabar su nombre. Para que como padres demos el ejemplo. Isaías nos dice: *"Los que viven, y solo los que viven, son los que te alaban, como hoy te alabo yo. Todo padre hablará a sus hijos acerca de tu fidelidad"* (Isaías 38:19). ¡Gracias, mi Dios, ¡porque tenemos vida para alabarte! ¡Gracias, Señor! porque nos dejaste, según tu Palabra, un día para la adoración ¡Gracias, mi Dios por los hijos que nos has dado! ¡Que ellos también glorifiquen tu nombre en obediencia a tus preceptos de amor!

189. *¡Señor... cuán imponentes son tus obras!* *La maravillosa obra de Dios es gloriosamente presentada en la Biblia. Nos dice el Salmo 66 en los primeros tres versos: "¡Aclamen alegres a Dios, habitantes de toda la tierra! Canten salmos a su glorioso nombre; ¡ríndanle gloriosas alabanzas! Díganle a Dios: ¡Cuán imponentes son tus obras!"* No tenemos otra forma que expresar nuestra gratitud a Dios por su creación y por su plan de salvación manifestado en la persona de Jesús nuestro gran Rey y Salvador.

190. *¡Aprobado!* Existen dos interpretaciones sobre esta palabra aprobado. Número 1. Hay que considerar que algo está bien, darlo por bueno, aceptarlo o expresar conformidad con ello." Los jugadores aprueban la decisión del árbitro". 2. Declarar a una persona apta en un examen, o una prueba. ¿Qué quiere decir la palabra aprobar? Calificar o dar por buena una acción; dar por buena una cosa producto de la acción. El Señor es quien nos aprueba. La palabra así lo señala en el capítulo 2 verso 15 de Timoteo. *"Esfuérzate por presentarte a Dios **aprobado,** como obrero que no tiene de qué avergonzarse y que interpreta rectamente la palabra de verdad"*. El sábado es la prueba de Dios que revela nuestra fidelidad, lealtad y compromiso. Es la oportunidad que tenemos para verdaderamente honrar a nuestro Dios. ¡Cada sábado de adoración, el Señor aprueba nuestro culto y nos confirma en su gran amor! ¡Gloria a su nombre santo!

191. *Nuestro Rey y Señor digno es de toda alabanza y gratitud.* Cada sábado, es un hermoso día que Dios nos regala para dar gracias por todas las bendiciones de la semana. Solo él merece nuestra gratitud, nuestro reconocimiento. Solo él es digno de nuestra adoración y alabanza. Cada sábado, es una lida oportunidad que el Señor nos ofrece. Porque *"Vale más pasar un día en tus atrios que mil fuera de ellos; prefiero cuidar la entrada de la casa de mi Dios que habitar entre los impíos"* (Salmo 84:10).

192. *La morada de Dios.* El templo es un lugar de adoración. Es la morada de Dios. El salmista así lo atestigua. *"Cuan hermosas son tus moradas, Señor Todopoderoso! Anhelo con el alma los atrios del Señor; casi agonizo por estar en ellos. Con el corazón, con todo el cuerpo, canto alegre al Dios de la vida".* Así se expresaba el salmista. Este era el deseo de su alma. Estar sábado tras sábado en los atrios del Señor, para contemplar la grandeza de su Creador y benefactor. Linda oportunidad que cada sábado de descanso y celebración el cielo nos ofrece. Vamos a la iglesia que es, casa de oración y puerta del cielo, a escuchar la palabra de Dios para la sanidad de nuestros corazones y para disfrutar de la bendición celestial.

193. El Salmo de la alabanza. El Salmo 84 es considerado el salmo de la alabanza. *"Te exaltaré, mi Dios y rey; por siempre bendeciré tu nombre. Todos los días te bendeciré; por siempre alabaré tu nombre. Grande es el Señor, y digno de toda alabanza; su grandeza es insondable. Cada generación celebrará tus obras y proclamará tus proezas. Se hablará del esplendor de tu Gloria y majestad, y yo meditaré en tus obras maravillosas. Se hablará del poder de tus portentos, y yo anunciaré la grandeza de tus obras"* (Salmo 145:1-6). Solo Dios es digno de toda alabanzas y reconocimiento como Creador y Redentor.

194. Grande es el Señor. Cada sábado, queridos amigos y hermanos en la bendita fe cristiana, es un día de celebración. Un día de testificación. Un día de regocijo. Un día de obediencia. Un día de bendición. De santa convocación, alabanza y gratitud. Dios quiere y espera que hagamos una diferencia entre el día prescrito por el Señor como día de adoración en contraste de cualquier otro día como día laboral. El señor se regocija en vernos en su santuario y nosotros en deleitarnos con Él y con nuestros hermanos en el santo día de Dios.

195. *Un hermoso salmo.* *"El Señor es mi luz y mi salvación; ¿a quién temeré? El Señor es el baluarte de mi vida; ¿quién podrá amedrentarme? Una sola cosa le pido al Señor, y es lo único que persigo: habitar en la casa del Señor todos los días de mi vida, para contemplar la hermosura del Señor y recrearme en su templo. Porque en el día de la aflicción él me resguardará en su morada; al amparo de su tabernáculo me protegerá, y me pondrá en alto, sobre una roca. Me hará prevalecer frente a los enemigos que me rodean; en su templo ofreceré sacrificios de alabanza y cantaré salmos al Señor"* (Salmo 27: 1-6 N.V.I.).

196. *El profeta Nehemías y el sábado.* Fue el profeta Nehemías quien por inspiración de Dios estableció ciertas reformas en cuanto a la observancia del sábado como día de reposo y de adoración. El profeta censuró al pueblo por no obedecer y respetar el sábado, declara: *"También los tirios que vivían en Jerusalén traían a la ciudad pescado y otras mercancías, y las vendían a los judíos en sábado. Así que censuré la actitud de los nobles de Judá, y les dije: ¡Ustedes están pecando al profanar el sábado! Lo mismo hicieron sus antepasados, y por eso nuestro Dios envió toda esta desgracia sobre nosotros y sobre esta ciudad. ¿Acaso quieren que aumente la ira de Dios sobre Israel por profanar el sábado?"* (Nehemías 13:16-18).

197. Una seria amonestación del profeta de Dios. Declara el registro sagrado: *"Ordené que cerraran las puertas de Jerusalén al caer la tarde, antes de que comenzara el sábado, y que no las abrieran hasta después de ese día. Puse a algunos de mis servidores para que no dejaran entrar ninguna carga en sábado. Una o dos veces, los comerciantes y los vendedores de toda clase de mercancías pasaron la noche fuera de Jerusalén. Así que les advertí: ¡no se queden junto a la muralla! Si vuelven a hacerlo, ¡los apresaré! Desde entonces no volvieron a aparecerse más en sábado. Luego ordené a los levitas que fueran a hacer guardia en las puertas, para que el sábado fuera respetado"* (Nehemías 13:19-22).

198. El sábado…es un día maravilloso. Un bello día para expresar nuestra gratitud y cariño para todos los que amamos. Un día para regocijarnos en el gran amor de Dios. Cada sábado es un nuevo día que el Señor nos regala para vivirlo a la altura de verdaderos representantes e hijos del Rey de Reyes y Señor de los Señores. Un día para hacer lo recto y lo correcto en adoración a Dios. Darle lo mejor de lo mejor y que mejor que nuestro corazón. ¡Un día para encomendar nuestras vidas al servicio de Dios de tal manera, que nuestras palabras, pensamientos y acciones glorifiquen a nuestro Dios y testifiquen de la grandeza de su eterno amor y poder…! ¡Que este sábado sea el mejor de todos, claro, con la bendición de Dios!

199. *Ante las dificultades y tentaciones.* A lo largo del camino de nuestras vidas siempre tendremos dificultades, luchas y tentaciones. A pesar de cualquier prueba que experimentemos, las podremos enfrentar siempre con valor y confiando y esperando en el Señor. Aun así, agradecerle por cada uno de nuestros problemas y sinsabores porque los trasformará en bendiciones. El apóstol Pablo nos dice en: 1 Corintios 10:13: *"Ustedes no han sufrido ninguna tentación que no sea común al género humano. Pero Dios es fiel, y no permitirá que ustedes sean tentados más allá de lo que puedan aguantar. Más bien, cuando llegue la tentación, él les dará también una salida a fin de que puedan resistir".*

200. La obra de Dios y su sábado. Declara el salmista: *"Esto ha sido obra del Señor, y nos deja maravillados. Este es el día en que el Señor actuó; regocijémonos y alegrémonos en él"* (Salmo 118: 24). Cada sábado es un día de alegría y de santo regocijo. Un día de gozosa confraternización. ¡Un día de júbilo, alabanza, adoración y gratitud! Gracias Señor, por las bendiciones de toda la semana que culmina con el sábado o séptimo día de la semana. ¡Gracias Señor por la bendición y el deleite de cada santo sábado!

201. *Cantar con júbilo.* El salmista nos invita a unirnos en el canto congregacional: *"Vengan, cantemos con júbilo al Señor; aclamemos a la roca de nuestra salvación. Lleguemos ante él con acción de gracias, aclamémoslo con cánticos. Porque el Señor es el gran Dios, el gran Rey sobre todos los dioses"* (Salmo 95: 1-3). Que lindo es cuando llegamos a la iglesia dispuestos para cantar y agradar al Señor en su santuario. El Señor se goza con nuestra alabanza y nosotros nos gozamos con su presencia. Los ángeles se unen al canto de los fieles adoradores y reconocen el buen deseo de glorificar a Dios con energía y entusiasmo.

202. *Muy importante... el culto familiar diario.* No debemos salir de nuestra casa, sin tener antes la seguridad de que el Señor conducirá nuestros pasos y nos protegerá de todo peligro y de toda tentación. Que gratificante y hermoso es ver a la familia cristiana muy temprano en la mañana reunida para dar gracias a Dios, leer un mensaje matutino y dejar todo en las amorosas manos de Dios. *"Por la mañana, Señor, escuchas mi clamor, por la mañana te presento mis ruegos, y quedo a la espera de tu respuesta"* (Salmo 5:3).

203. *A pesar de todo...cada sábado un día especial de alabanza y restauración.* El Señor reúne a sus hijos para sanar las heridas recibidas durante toda una semana no muy agradables por las pruebas de la vida. Un sábado para vendar las heridas lastimadas del que sufre las inclementes molestias de la incomprensión y sinsabores de la vida que deprimen al corazón contrito. La Palabra de Dios es clara al afirmar: *"¡Aleluya! ¡Alabado sea el Señor! ¡Cuán bueno es cantar salmos a nuestro Dios,* cuán agradable y justo es alabarlo! *El Señor reconstruye a Jerusalén y reúne a los exiliados de Israel; restaura a los de corazón quebrantado y cubre con vendas sus heridas"* (Salmo 147:1-3).

204. *Primer sábado celestial.* "Y será justo a las tres. Bajo el árbol de la vida ¡La gran familia cristiana, en un sábado reunida! Primer sábado glorioso en la ciudad celestial. Y allí a las tres de la tarde en la cita espiritual. Estaremos para siempre en el añorado hogar donde la paz y la dicha por los siglos han de estar. Pero no olviden la cita. Será un sábado a las tres. ¡Bajo el árbol de la vida, nos veremos otra vez!". Es la cita celestial del pueblo de Dios. Una cita donde de toda nación, tribu, lengua y pueblo, habrá de participar del abrazo celestial. Por favor, querido hermano, no olvides la cita: ¡Primer sábado glorioso! ¡A las tres de la tarde! ¡Junto al árbol de la vida! ¡No faltes... esfuérzate en ser puntual! ¡El Señor te ayudará!

205. *Cinco asuntos de gran importancia.* Número uno. En la solemnidad en que vivimos lea diariamente la Palabra de Dios. Número dos. Acérquese al Señor Jesús

66

en oración constante para recibir el sello del Dios vivo, Apocalipsis 7:1-4. Número tres. Sea regular en la asistencia a la iglesia. El autor de los hebreos nos lo recuerda, Hebreos 10:25. Número cuatro. No descuide su vida espiritual. Hebreos 2:1-4 y Número cinco, tome un papel activo en la difusión del mensaje de los tres ángeles para que tus familiares, amigos y vecinos salgan de la babilonia espiritual. Apocalipsis 18:4.

206. Hoy es un día maravilloso. Cada día que el Señor en su gran amor y misericordia nos regala, es la oportunidad de expresar nuestra gratitud y cariño para todos los que amamos. Un día para regocijarnos en el gran amor de Dios. Un nuevo día, que el Señor nos concede para vivirlo a la altura de verdaderos representantes e hijos del Rey de Reyes y Señor de los Señores. Recordemos siempre que cada día es una linda oportunidad para comenzar de nuevo. Un día para hacer lo recto y lo correcto. Un día para encomendar nuestras vidas al servicio de Dios de tal manera, que nuestras palabras, pensamientos y acciones glorifiquen a nuestro Dios y testifiquen de la grandeza de su eterno amor y poder. Que este día sea el mejor de todos, claro, con la bendición de Dios.

207. Vamos a adorar a Dios. El Señor nos dio el sábado para que lo recordemos como Creador y digno de toda adoración, reconocimiento y gratitud. Solo él es merecedor de alabanza y gratitud. Que nada ni nadie nos quite el gozo de la salvación y la oportunidad de adorar al Señor. Hemos de entregar nuestro corazón en consagración y servicio. Hemos de postrarnos ante su grandeza por lo que hizo en la cruz del calvario. Hemos de entregarle nuestro tributo por el pago realizado con sangre por la cuantiosa deuda de nuestra maldad. Hemos de rendirnos en obediencia y sumisión ante nuestro Creador y gran Salvador. ¡A su nombre Gloria*!*

208. La ofrenda de Carlitos. "Dar ofrendas es dar lo que tienes a Jesús. ¿No es así abuelo? Dijo Carlitos a su abuelo que viajaban hacia la iglesia. Carlitos tiene ocho años y vive temporalmente con su mamá cerca de sus abuelos. Él va con ellos a la iglesia cada sábado. La iglesia es una nueva experiencia para él, ya que le encanta la música, las historias y estar con los niños de su misma edad. Un sábado de mañana el abuelo notó que Carlitos tenía una bolsa con monedas. ¿Y esto qué es Carlitos? le preguntó. Son todas las monedas que he juntado para llevarlas a Jesús. Le dijo: ¡Pero eso es mucho! Carlitos le contestó: "Abuelo… yo quiero amar a Jesús como tú lo haces cuando preparas tu dinero para llevarlo a la iglesia".

209. Seamos agradecidos con Dios. Cierto hombre vio por la ventana a un pobre recogiendo una ropa que había botado a la basura. ¡Gracias Señor por todo lo que me has dado! El pobre miró a su alrededor y vio en la calle a un hombre semidesnudo gritando y vociferando y dijo: ¡Gracias a Dios, que no estoy loco! El loco miró hacia adelante y vio a una ambulancia que llevaba a un paciente al hospital y dijo: ¡Gracias a Dios, que no estoy enfermo! La persona enferma llegó al hospital y vio un carro que llevaba a un cadáver para la morgue y dijo: ¡Gracias a Dios, que no estoy muerto! ¡Solo una persona muerta, no puede dar gracias a Dios! ¿Por qué no agradecer a Dios por todas las bendiciones que nos da y por el precioso regalo de la vida? ¡Hoy es el día… mañana será demasiado tarde!

210. *La mejor receta para un día de bendiciones.* Cuando te sientas en el amanecer de un día, con pesares y tristezas, afligido, cansado, desanimado y sin fuerzas para cumplir los serios compromisos del diario batallar…levántate y resplandece… porque la gloria del Señor vendrá sobre ti. Entona cánticos de alabanza y exalta la majestad y el poderío del Señor. Notarás que de pronto, las fuerzas, el gozo y la paz que necesitabas, volverá a ti para lograr así vencer las dificultades para triunfar en la vida. Cada día es una oportunidad para dar la gloria a Dios por el don de la vida, y las bendiciones prometidas.

211. *Es muy importante la educación de nuestros hijos.* La mejor herencia que podemos dejar a nuestros hijos es una educación aprobada por el cielo. Esta representa una gran fortuna. El dinero se malgasta. La educación perdura. No eduque a tus hijos para que sean ricos en bienes gananciales. Edúquelos para ser felices y brindar felicidad a los demás. Edúquelos para que sean ricos en buenas obras y vidas de calidad. Edúquelos para cuando crezcan sepan el valor de las cosas y no el precio. Edúquelos para que sus valores y conocimientos sean de excelencia y para que mediante ellos logren grandes triunfos en la vida.

212. *Tu comida y tu medicina.* Tanta la una como la otra son muy importantes para la buena salud. La comida nos da las fuerzas necesarias para conservar la salud. Contiene las proteínas, vitaminas, minerales, carbohidratos y calorías que el cuerpo necesita para vivir vidas saludables y placenteras. Come tus comidas como si fueran medicinas para tu salud, de otra manera tendrás que comer tus medicinas como comida. Es muy aconsejable buscar cuales son los alimentos que nos ayudan a prevenir las enfermedades y en caso de enfermedad conocer que alimentos nos ayudan a superar nuestra condición de salud. Hipócrates, padre de la medicina, expresó esta gran verdad: *"Que tu medicina sea tu alimento y tu alimento sea tu medicina".*

213. *Amar para ser amados.* El amor es una gran necesidad. Eres amado cuando naces. Eres amado cuando mueres, pero entre ambos, tienes que aguantar y saber ganarle al amor. No podemos exigir que nos amen, si no hemos brindado un amor sincero y desinteresado. Para ser amados nos corresponde aprender a amar sin recibir nada a cambio. No podemos reclamar que nos amen cuando no hemos enseñado a amar y a aceptar a la persona tal cual. Es imperativo pensar que el que verdaderamente te ama jamás te dejará, porque, aunque haya cien razones para rendirse, él o ella encontrará una sola razón para quedarse y sostenerte. Y esa razón es el amor que todo lo sufre, todo lo espera y todo lo soporta ... El amor nunca dejará de ser... es la enseñanza bíblica.

214. *Diferencias entre el humano y el ser humanos.* El humano es la persona que vive por vivir. El ser humanos es la persona que vive para servir. El humano existe de por sí. El ser humanos existe para sentir y amar. El humano goza de simpatía. El ser humanos goza de empatía y entiende el dolor humano. El humano piensa en sí mismo, en el yo. El ser humanos piensa en los demás, en ayudar. El humano perdona, pero no olvida. El ser humanos perdonamos y olvidamos. El humano se compadece de sí mismo. El ser humanos se compadece de los demás. El humano vive para sí. El ser humanos vive para otros. El humano es justo y equitativo. El ser humanos es misericordioso y sabe perdonar. El humano estudia para ganar dinero. El ser humanos estudia para ayudar con su dinero. El humano se gloría en sí mismo, el ser humanos le da la gloria a Dios. Podemos ahora entender, que como humanos podemos ser... más humanos y glorificar así a nuestro Dios.

215. *Caminar solo o acompañado.* ¿Qué prefieres? ¿Caminar solo o caminar acompañado? Si quieres caminar muy rápido tienes que caminar solo. Si quieres caminar acompañado tienes que ir al paso de los que te acompañen. Si quieres caminar cerca puedes caminar acompañado, pero si quieres ir muy lejos es preferible ir solo. Sea como sea, solo o acompañado, lo importante es caminar. Es uno de los mejores ejercicios para ejercitar nuestro cuerpo. Las Sagradas Escrituras afirman que el fiel Enoc caminó con Dios y Dios se lo llevó al cielo. Si caminamos diariamente con Jesús como acompañante bien sea que vallamos cerca o lejos, con él llegaremos seguros al cielo.

216. *¿En dónde está tu mirada?* Si miras a la luna mirarás la hermosura de Dios. Si miras al sol mirarás el poder de Dios. Si miras al mar verás la grandeza de Dios. Si miras al pasado verás las bendiciones de Dios. Si miras el futuro verás la dirección de Dios en tu vida. Si miras las tormentas y huracanes verás la protección de Dios. Si miras al espejo mirarás lo mejor de la creación de Dios. Esa hermosa criatura que eres tú. Si miras atrás te puedes caer. Si miras a los otros podrás perder tu salvación. El mejor consejo que te puedo dar: "Por lo tanto, teniendo en derredor nuestro tan grande nubes de testigos... corramos con paciencia la carrera que tenemos por delante, puestos los ojos en Jesús el autor y consumador de nuestra fe" (Hebreos 12: 1-2). Tu mirada debe estar siempre en Jesús tu amigo, abogado, médico, confidente y gran Salvador.

217. *Disfruta tu viaje.* La vida con su corre corre es como un continuo viaje. Unos viajan más, otros viajan menos de acuerdo con su estilo de vida y normas presupuestarias. En el viaje de la vida todos somos turistas. Dios es nuestro agente de viajes quien ya ordenó, nuestras reservaciones y destinos. Todas nuestras rutas de vuelo, lugares que se visitarán, consejos especiales tales como la cantidad de equipaje, el cambio de moneda, el hotel y la comida disponible. A su paso por esta tierra todos somos peregrinos y extranjeros. Nuestra ciudadanía debe ser la celestial. Así que, con pasaporte y boleto en mano, confiemos en Dios y disfrutemos del viaje.

218.   El pasado, el presente y el futuro. Como su nombre lo indica el pasado ya pasó. El futuro no ha llegado y el presente es el que se vive. Algunas personas se preocupan del futuro, se olvidan del presente y viven en el pasado. Lo cierto es que no viven ni el presente ni el futuro. El presente es lo que cuenta. Nunca arruines tu presente por un pasado que no tiene futuro. Hay que vivir cada día como si fuera el mejor de todos. Hay personas que mueren como si nunca hubieran vivido y viven como si nunca fueran a morir. Aprovechemos cada día haciendo la voluntad de Dios en obediencia al Eterno y padre de todos nosotros y en amor y gratitud a quienes nos rodean. La vida es corta y hay que vivirla con optimismo, fe y esperanza. Hoy es el día, mañana será muy tarde.

219.   *Lo más valioso de la vida.* ¿Qué es lo más valioso de la vida? ¿Riquezas? ¿Fama? ¿Grandeza? ¿Posesiones? ¿Prestigio? ¿Un título universitario? Todo esto es bueno y reconfortante. No son las pocas o muchas cosas que tengamos. Son las personas que viven con nosotros. Nuestro hogar. Nuestros hijos. Nuestro cónyuge. Quien no valora lo que tiene algún día se lamentará por haberlo perdido. Hay que darle valor a lo que realmente es y significa para la persona. Una persona rica no es la que más dinero tenga en el banco. Es la persona que se admira y es apreciada por su familia, vecinos y comunidad donde vive. Es aquella en que se puede confiar plenamente tanto en las buenas como en las malas. Su riqueza está cimentada en el bien hacer. Porque el dinero lo puede comprar todo menos la felicidad. El dinero lo puede comprar todo menos una vida rica espiritualmente. El dinero lo puede comprar todo menos un hogar donde se respira un ambiente de paz y tranquilidad.

**220.   *Una personalidad física positiva.* **La personalidad de un individuo es ser lo que es. Su vida, su vestir o apariencia física. Es su forma de describir su persona. Su estilo de vida. Una persona para ser verdaderamente feliz en la vida debe hacer felices a los demás. Para recibir hay que dar. No podemos dar lo que no tenemos. Busquemos nuevas amistades. Tratemos de cultivar la cortesía, el cariño y la manifestación de aprecio y simpatía. Seamos personas optimistas y positivas dispuestas siempre a servir, ayudar y sobre todo a amar.

**221.   *La fortaleza de una persona.* **La fortaleza de una persona se reconoce cuando en los momentos de tristeza, aflicción o desaliento no se desespera. Antes bien, lucha con optimismo y confianza en el poderoso Dios que le fortalece y le da nuevas y victoriosas fuerzas para luchar y triunfar en la vida. Sabe cómo mantener el orden a pesar de las circunstancias y aun con lágrimas en los ojos se las arregla con una sonrisa a flor de labio al decir: "Estoy bien porque después de la tempestad viene la calma. Yo confío en mi Dios quien me sostiene y nunca me abandonará".

222. *Nacer, vivir y morir.* El tiempo es el mayor tesoro que tenemos. Hay tiempo para nacer. Nueve meses para dar el primer grito de independencia. Una vida larga o corta, según lo que hagamos con ella. Podemos producir más cada día, más dinero, pero no más tiempo. Todos tenemos las mismas 24 horas de cada día para vivir. Ocho horas para el trabajo, ocho para el descanso y las otras ocho para hacer con ellas lo que queramos. Cuando le dedicamos tiempo a Dios, a la familia, esposa e hijos, les estamos dando una porción de nuestra vida. El tiempo es una verdadera riqueza. El ser humano seguirá utilizando los saludables consejos que conozca y podrá ganarle tiempo al tiempo que avanza con rapidez. El hombre no sabe donde va a nacer y a morir. No sabe vivir, y morir, no quiere. Solo Dios puede darle sabiduría para vivir y morir en paz.

223. *La Biblia y tu celular.* El celular es muy importante. Si un buen día se nos olvida volveremos por él porque vamos a estar incomunicados durante todo el día. Si no está en nuestras manos o bolsillos estaríamos desesperados porque no sabemos dónde se nos quedó. Hay personas que la pasan parte del día con el celular hablando o viendo mensajes o videos que no tienen tiempo para otras cosas. Se convierten en adictos. No tienen tiempo para participar de las bendiciones de Dios que son muy grandes. No tienen tiempo de calidad para compartir con los hijos. Si tratáramos a la Biblia como tratamos al celular siempre la llevaríamos en la mente y en el corazón. Viviríamos en contacto celestial escuchando la voz de Dios. Estaríamos difundiendo los videos de Dios con sus mensajes positivos que son de gran ayuda para nuestros contactos y amigos.

224. *Los falsos maestros.* La palabra de Dios nos advierte y nos da a conocer como son y cómo actúan los falsos maestros. Según el apóstol Pedro en su segunda carta capítulo 2:1-3 Niegan a Cristo (v. 1). Enseñan una vida libertina (v. 10, 18). Se rebelan contra la autoridad (v. 10). Prometen libertad (v. 11). Niegan los santos mandamientos (v. 21). Pueden estar motivados por el dinero (v. 3), la lascivia (v. 18), o la obtención de poder sobre la feligresía (v. 19). Tú que eres una persona cuidadosa, sincera y positiva fácilmente con la dirección del Espíritu Santo que mora en ti, conocerás de esos falsos maestros que afectan nuestra vida espiritual y enseñan doctrinas erróneas.

225. *Los tres amigos.* Una señora muy apreciada en su comunidad vio a tres viejos con sus años de experiencia observando su jardín. Los invitó a pasar. Preferimos entrar cuando la familia esté reunida. Porque cada uno de nosotros tiene un regalo muy especial para todos. Mi nombre es éxito. Mi hermano se llama riqueza. Y yo, intervino el tercero me llamo amor. Cuando el marido llegó le contó lo sucedido.

Cuando los invitó a pasar le dijeron: ¿A cuál de los tres invitaría a su hogar? Decida con su marido quien podría ser. El marido le dijo, necesitamos salir de deudas, invitemos al de la riqueza. Ella prosiguió, si tenemos éxito tendremos riquezas, a la cual la hija contestó, yo prefiero el amor. ¡No! Es imposible perder esta gran oportunidad o riqueza o éxito. Pero necesitamos un hogar lleno de amor. Bienvenido el amor. Cuando llegó el amor los otros dos lo siguieron. Si hubiera invitado a cualquiera de los dos entraría solo… porque se tendría amor a la riqueza o al éxito. Donde vaya el amor nosotros le acompañaremos. ¡Qué sabia decisión! Porque donde hay amor no falta nada.

226. *Un después puede ser muy tarde.* No dejes para después lo que puedes hacer, ahora. Quizá ese después no llegue. Después te llamo y después se le olvida contestar la llamada. Después, la comida se enfría sino se come a tiempo. Después lo hago y pasan los días y no se hace. Después yo cambio y nunca cambia. Después se lo digo y jamás se lo dice. Como si hubiera tiempo para todo. Pero el tiempo se lo lleva el viento y no vuelve. Después la gente envejece y el encanto se pierde. Debemos disfrutar cada momento de cada día. Porque el temprano se convierte en tarde y después del día viene la noche cuando no se puede hacer gran cosa. El tiempo no se detiene. Sigue su marcha. Mañana…mañana… será demasiado tarde.

227. *El arte de hacer buenas decisiones.* En las decisiones de la vida depende todo de la actitud del pensamiento. Muchas personas, no quieren tomar decisiones por temor a equivocarse o a fracasar. La indecisión no es buena para nada, la indecisión es el obstáculo que te impide alcanzar ese resultado extraordinario en la vida, en el matrimonio, en las finanzas, en el trabajo. Es un hecho que todos los días tenemos que tomar decisiones, pero no nos gusta tomarlas y esperamos que alguien decida por nosotros. Es tiempo de hacer decisiones, no temas. La Biblia enseña en el Salmo 32:8 *"Tú me dijiste: "Yo te voy a instruir; te voy a enseñar cómo debes portarte. Voy a darte buenos consejos y a cuidar siempre de ti."* Theodore Roosevelt escribió: **"La mejor decisión que podemos tomar es la correcta, la segunda mejor es la incorrecta, y la peor de todas es ninguna."**

228. Enfrentando las crisis. Nunca faltan las dificultades. Estas son parte de la vida cotidiana. La crisis (del latín crisis, a su vez del griego κρίσις) es una coyuntura de cambios en cualquier aspecto de una realidad organizada, pero de cambios críticos, aunque previsibles. De una manera menos propia, se refieren con el nombre de crisis las emergencias o las épocas de dificultades. Se conoce también como una alteración importante del curso de los eventos, cuyo desenlace o forma de solución involucra importantes consecuencias para el futuro de una institución, sociedad o personal. Los eventos críticos pueden designar un cambio traumático. Ante cualquier crisis o dificultad o cambio es importante confiar siempre en Dios. Lo importante de todo es dejar todo en las manos de Dios que él pondrá su mano en todo.

72

229. *El cultivo de la felicidad.* Tenemos que aprender como cultivar la felicidad. La felicidad no depende del éxito que se alcance o de tu cuenta bancaria con muchos ceros a la derecha. La felicidad se encuentra muy cerca de cada persona. Se determina en lo que piensa y en lo que vive. ¿Cuánta gente exitosa que en teoría lo tienen todo, cae en una severa y terrible depresión que ni sabe por qué se encuentra triste? Pensamos que si tenemos éxito seremos más felices. Pero no ha sido siempre así; porque la felicidad no se busca, se cultiva. Por un momento, piensa que posees energías, vitalidad y entusiasmo. Nada más levántate pensando que va a ser un día grande para ti. Que vas a obtener una gran victoria reservadas por Dios para ese día. Vas a encontrar nuevas ideas de renovarte, de aprender de ese trabajo que te apasiona. Es la única manera de cultivar la felicidad con optimismo.

230. Cuando una puerta se cierra. Es doloroso y estresante cuando las cosas no suceden como queremos. Si no entendemos la realidad de lo que nos pasa podemos frustrarnos y vivir amargados, sin ánimo de marchar hacia adelante. De Alexander Graham Bell es el siguiente pensamiento: "Todos anhelamos tanto la felicidad, pero rara vez la encuentran debido a los métodos equivocados que usan al perseguirla en vez de luchar por ella. Debemos luchar ardientemente y combinar nuestros deseos con una fe genuina y reconfortante. Entonces la felicidad nos embargará casi sin pensarlo. Por desagradables e inoportunas que sean las circunstancias, reposemos confiadamente en Dios y en su gran amor. Descansemos apaciblemente en su ternura, y la sensación de su presencia nos motivará a un gozo apacible y sereno".

231. *Una pregunta para meditar*. ¿Salvo o perdido? ¿Qué prefieres... estar casi salvo o estar casi perdido? Es mejor estar casi perdido porque la persona que está casi perdida significa que casi se pierde, pero se salvó. Mientras que la persona que está casi salva, seguro que estuvo a punto de alcanzar la salvación, pero tristemente se perdió. Steven Lawson escribió el siguiente pensamiento: "*Usted puede ser religioso, pero estar perdido. Usted puede tener la Biblia en su cabeza, pero no tener a Cristo en el corazón. De hecho, la persona más difícil de alcanzar con el evangelio es aquel que es religioso, pero está perdido porque rara vez ve la necesidad del nuevo nacimiento*". No es lo mismo ser cristiano que ser religioso. Los religiosos como Anás y Caifás fueron los que llevaron al Señor Jesucristo a una ignominiosa muerte de cruz.

232. *Simpatía y empatía*. Empatía es tener la capacidad de ponerse en el lugar del otro. Tiene que ver con la compasión. Sentirse identificado con alguien. Saber comprender a los demás. Tener la capacidad de sentir lo que otros sienten, ya sea positivo como la alegría, o negativo, como la tristeza. Cuando tenemos empatía tenemos simpatía. El Señor Jesús siente empatía por todos nosotros. Sabe lo que sientes, lo que vives, lo que piensas, y se pone en nuestro lugar para ayudarnos. ¡Es maravilloso tener un Dios tan comprensivo! También quiere que te pongas en el lugar del otro, para que seas sensible con todo el mundo, para que aprendas a tratar bien a la gente y a estar a su lado cuando te necesiten. Esta es una característica muy importante en un cristiano.

233. *El propósito de la espera*. El que espera desespera. Quizás esperas tener pronto un buen empleo. Un hijo que deseas de corazón. Una pareja para compartir tu vida. Un preocupante diagnóstico médico. Disfrutar de salud emocional y física. La salvación de un ser querido. Quizás que mejoren tus finanzas para responder a tus compromisos. Recuerda que toda espera tiene un propósito. Aprovecha este periodo para mejorar tu relación con Dios. Que él quite de tu vida el exceso de equipaje y los dolores que ni siquiera sabes que tienes. No pierdas los ánimos. Tu Padre celestial te cuidará. Tu Padre celestial lo resolverá todo. Tu Padre celestial escuchará tus clamores, luchas y ansiedades. En el momento oportuno Dios actuará porque conoce nuestra necesidad y estará presto a socorrernos.

234. *La educación de los hijos*. La educación de los hijos comienza en el hogar, aun antes de la concepción. Es a la madre que le corresponde el forjar a sus hijos los principios que harán de ellos hombres y mujeres de éxito. Mi escritora favorita Elena de White, escribió el siguiente pensamiento: *"A los niños les gusta la compañía, y raras veces quieren estar solos. Anhelan simpatía y ternura. Lo que les gusta a ellos se les figura que le gustará también a la madre...En vez de despedir a sus hijos, para no verse molestada por el ruido que hacen ni por sus pequeñas quejas, idee la madre entretenimientos o labores fáciles que tengan ocupadas las manos y las inteligencias siempre activas. Entrando en los sentimientos de sus hijos, tomando la dirección de sus diversiones y ocupaciones, la madre ganará la confianza de ellos. Con amor paciente y vigilante, puede dar buena dirección a la inteligencia de sus hijos, cultivando en ellos hermosos y atractivos rasgos de carácter".*

235. *El sábado y los niños*. La escuela sabática y la reunión del culto ocupan solo una parte del sábado. *"Así el sábado no tiene para ellos significado sagrado. En el tiempo agradable, paseen los padres con sus hijos por los campos y huertos. En medio de las cosas hermosas de la naturaleza, háblenles de la razón de la institución del sábado. Descríbanles la gran obra creadora de Dios. Díganles que cuando la tierra salió de su mano era santa y hermosa. Cada flor, cada arbusto, cada árbol, respondía al propósito de su Creador. Todo aquello sobre lo cual el ojo descansaba era hermoso, y llenaba la mente de pensamientos sobre el amor de Dios. Todo sonido era música en armonía con la voz de Dios. Mostradles que fue el pecado lo que mancilló la obra perfecta de Dios; que las espinas y los cardos, la tristeza y el pesar y la muerte, son todos resultados de la desobediencia a Dios. Invitadlos a ver cómo la tierra, aunque mancillada por la maldición del pecado, sigue revelando la bondad de Dios. Los campos verdes, los altos árboles, la alegre luz del sol, las nubes, el rocío, la quietud solemne de la noche, la gloria del cielo estrellado, y la luna en su belleza, todo da testimonio del Creador. No cae una gota de lluvia, ni se derrama un rayo de sol sobre* *nuestro mundo desagradecido, que no testifique de la tolerancia y del amor de Dios"* (Testimonios para la iglesia, T 4 pág. 378.1).

236. *El postergar... y postergar... y postergar.* Algunas personas postergan las cosas porque no le dan la importancia a la relación que tienen o a la tarea que realizan. Viven aplazando las cosas que son cruciales en la familia o en el trabajo y como consecuencia viene el despido, la quiebra económica, la infidelidad, el divorcio, entre otras tantas. Son personas que fácilmente piensan en la derrota al postergar sus sueños, creyendo que habrá un mañana cuando las cosas cambien. Y es que la esperanza en un futuro mejor les dice: "mañana si tendré tiempo y dinero". El postergar las cosas, amigos, es un hábito que cuesta daños al organismo, ocasiona estrés y causa enfermedades. Y es que, muchas veces también se pospone hasta la visita al médico o al odontólogo. Hay quizás posibles razones para aplazar las cosas: La falta de dinero. No darle solución inmediata al problema. La mediocridad. La falta de iniciativa y entusiasmo. Falta de visión al esperar muy poco de la vida. Se han perdido los sueños por un futuro mejor. Esperan que llegue la hora cuando el viento se ponga a su favor. Ya es hora de dejar de posponer las cosas. Es hora ya de ir a la acción.

237. *Cuando* **una puerta se cierra, otra se abre.** Muy a menudo empleamos tanto tiempo mirando la puerta que se cerró que no vemos la puerta que está por abrirse. A veces perdemos oportunidades que se nos brindan esperando otras mejores y más tarde tenemos que reconocer que las oportunidades se nos fueron y ya es demasiado tarde. Hay un dicho que dice que *"la luz de frente es la que alumbra"*, y un refrán que nos dice: *"No dejes para mañana lo que puedes hacer hoy"*. Por eso es importante no aplazar las cosas porque nadie sabe lo que tiene hasta que lo pierde. Hay puertas que se nos abren y que debemos esforzarnos para mantener esa puerta abierta. Nuestra plegaria debe ser: "¡Dios mío! Ayúdame hacer lo que debo hacer para que no me pese no haberlo hecho en el momento oportuno.

238. *El ayudar a los demás.* Hay una ley de la vida que nos dice que todos necesitamos de todos. Cuando una persona ve la necesidad de servir y ayudar a los demás le permite disfrutar de una gran satisfacción y felicidad personal. Una felicidad que no se puede describir. Muy oportunas las palabras de Elena de White que dice: "Debemos olvidarnos de nosotros mismos y...tratar siempre de encontrar oportunidades de animar a los demás para aliviar sus penas y cargas mediante actos de afectuosa bondad y pequeñas muestras de amor. Estas atenciones y expresiones de solicitud que, comenzando en el seno del hogar se prolongan fuera del círculo de la familia, contribuyen a formar la suma de la felicidad de la vida" (T 3, págs. 539-540).

239. *A pesar de todo... ¡qué linda es la vida!* Si a veces nos suceden cosas que aún no entendemos, debemos reconocer que el Señor está trabajando en nuestro bienestar espiritual. La próxima vez que tengas un problema y te sientas triste, sin ánimo, sin motivación alguna no pierdas la fe. Puede ser ésta, una linda oportunidad que surge de la mano de Dios para que lo busques de todo corazón. Nuestro poderoso Dios tiene siempre una respuesta positiva para todas las cosas negativas. Cuando aprendemos a colocar todo delante del Señor en oración, la esperanza jamás se perderá y los momentos de dificultad pronto pasarán.

240. *Firmeza y cortesía.* Dos características muy importantes en nuestro diario vivir. Firmes en lo que hacemos y firmes en lo que decimos. Pero a su vez ser corteses en nuestro trato con los demás. Elena de White escribió: "Los cristianos más dignos de ese nombre son los más bondadosos, compasivos y corteses; sus convicciones son firmes y sus caracteres, fuertes; nada puede desviarlos de la fe ni alejarlos de la senda del deber. Un cristiano cultivará un espíritu manso y pacífico; será sereno, considerado con los demás y tendrá un temperamento alegre que no se volverá irritable a causa de la enfermedad, ni cambiará con el tiempo o las circunstancias...Los hijos de Dios nunca se olvidan de hacer el bien...Las buenas obras son espontáneas en su caso, porque Dios ha transformado su carácter con su gracia" (RH, 08-09-1885).

241. *La responsabilidad el mejor talento.* Ser responsables en el hogar, en el trabajo y aun consigo mismo es uno de los mejores talentos que el Señor nos ha dado. Elena de White nos presenta el siguiente pensamiento dirigido a los padres: "Muchos sienten el anhelo de poseer algún talento especial con qué hacer una obra maravillosa, mientras pierden de vista los deberes que tienen a mano, cuyo cumplimiento llenaría la vida de fragancia. Ejecuten los padres los deberes que se encuentran directamente en su camino. El éxito no depende tanto del talento como de la energía y de la buena voluntad. No es la posesión de talentos magníficos lo que nos habilita para prestar un servicio aceptable, sino el cumplimiento concienzudo de los deberes diarios, el espíritu contento, el interés sincero y sin afectación por el bienestar de los demás. En la suerte más humilde puede hallarse verdadera excelencia. Las tareas más comunes, realizadas con una fidelidad impregnada de amor, son hermosas a la vista de Dios" (La Historia de Profetas y Reyes, págs. 163-164).

242. *Gozosos en hacer el bien.* Debemos sentir una inmensa alegría en el servicio desinteresado a los demás. Especialmente si hay vínculos familiares. La tía Elena nos aconseja: "La religión de Cristo nos inducirá a hacer todo el bien que podamos tanto a los encumbrados como a los humildes, a ricos y pobres, a los dichosos y los oprimidos. Y sobre todo nos impulsará a manifestar nuestra bondad en el seno de nuestro propio hogar. Se revelará en actos de cortesía y amor hacia los padres, cónyuges e hijos. Debemos mirar a Jesús, captar su Espíritu, vivir a la luz de su bondad y amor y reflejar su gloria sobre los demás. Los que están unidos por los vínculos de la sangre tienen los más firmes derechos unos sobre otros. En las buenas relaciones del hogar se deben manifestar la bondad y el amor más tierno y desinteresado" (Mensajes Selectos pág. 18, año 1891).

243. *Para alcanzar el éxito en la vida.* Algunas personas fácilmente se desalientan ante cualquier breve problema. Otros son débiles, sin firmeza, desanimados y sin interés en responder con prontitud. Carecen de impulso y de los rasgos de carácter que dan fuerza para hacer algo. Les falta el espíritu y la energía que encienden la chispa del entusiasmo. Si queremos tener éxito hemos de ser entusiastas animosos y optimistas. Se han de cultivar no solo las virtudes pasivas, sino también las activas. Es necesario dar la suave respuesta que aplaca la ira, pero también hay que tener valor heroico para resistir el mal. *Con el amor que todo lo soporta,* según Pablo el apóstol a los gentiles, (1 Corintios. 13: 7), necesitamos la fuerza de carácter que hará de nuestra influencia un poder de vida para vida.

244. *La firmeza del carácter.* Se ha dicho y con razón que lo único que llevaremos al cielo es nuestro carácter. Es el único equipaje que se nos permite llevar al realizar el vuelo al reino celestial. Nuestras flaquezas, indecisiones e ineficacias deben vencerse. Los hombres y mujeres fieles son los que han sufrido oposición y contradicción. Por el hecho de que ponen en juego sus energías, los obstáculos con que tropiezan les resultan a la postre en gratas bendiciones. Llegan a valerse por sí mismos. Amigos, los conflictos y las perplejidades de la vida nos invitan a confiar más en Dios y en su Palabra. Determinan la firmeza que desarrolla el poder de Dios obrando eficazmente en favor de nuestro carácter.

245. *La oración constante.* La oración debe ser sincera y constante. Es el aliento del alma. Es el aire que necesitamos para vivir espiritualmente. Si dejamos de respirar o no inhalamos el aire correctamente estamos en serios y graves problemas. Esto quiere decir que buscar a Dios en oración debe sernos tan natural como el respirar. Es fácil buscar a Dios cuando hay una crisis en nuestra vida o en la de alguien que amamos. Pero si vivimos cada día con una mentalidad de oración, sin importar la situación, la persona, el evento o el lugar, la oración debiera sernos espontánea y muy fácil. *"Orad en todo tiempo con toda oración y súplica en el Espíritu, y velad en ello con toda perseverancia"* (Efe. 6:18). ¿Cómo podemos aplicar esto a nuestras vidas? Muy sencillo. Debemos practicarlo. Debemos aprender como acudir a Dios en oración en cualquier momento. Hemos de recordaros que Dios es la Fuente de toda sabiduría, respuesta, consuelo, fortaleza. Día a día necesitamos orar más. No solo por la mañana, por la tarde y antes de cada comida, sino en todo lugar, en todo momento. ¿Por qué? Porque Dios siempre está listo para escucharnos y bendecirnos. Él es "Dios con nosotros". "Toda persona que nos visite en el hogar debe saber que la hora de la oración es la más preciosa, la más sagrada y la más feliz del día. Estos momentos de devoción ejercen una influencia refinadora, elevadora sobre todos los que participan

77

de ellos. Producen un descanso y una paz gratos al espíritu" (Mensaje para los Jóvenes, pág. 346).

246. *Una oración de emergencia*. Existen números telefónicos a los que podemos llamar ante una emergencia. Las personas que atienden esos números telefónicos nos pueden dar solución a nuestros problemas, ya sea enviarnos a los bomberos para extinguir un incendio, a una ambulancia cuando estamos ante un riesgo de salud, o llamar a la policía, si estamos sufriendo algún accidente de auto. El 911 es el número de teléfono que se utiliza para las emergencias. En la mayoría de los países de la Unión Europea, es el 112. El salmista nos dice: *"¿Por qué voy a estar preocupado? Mi esperanza he puesto en Dios"* (Sal. 42:11). En esos momentos críticos o de crisis cuando estamos pasando por una urgencia o enfermedad necesitamos de una oración de emergencia. El Señor está presto a socorrernos. Nuestra esperanza viene de lo alto.

247. *Tiempo para meditar*. Recientemente leí acerca de un estudio que determinaba que cada persona promedio veía su celular más de 150 veces por día. Se usa para todo: Llamar como teléfono. Leer y enviar mensajes. Navegar en Internet. Buscar en las redes sociales a un amigo que hace algún tiempo no sabemos de su paradero. Utilizamos nuestro Facebook, Instagram, Messenger o Twitter. Escuchamos noticias y programas de alarmas o chistes para sonreír. Vemos películas o cortos videos del mundo actual. Revisamos el correo electrónico. Miramos fotos o consultamos la hora. Y así se nos pasa el tiempo y los días con el bendito celular. No hay tiempo para nuestros hijos o nietos. Debemos sacar tiempo de calidad para meditar. Para encontrarnos con nosotros mismos. Reflexionar en torno a nuestra vida física, mental, emocional o espiritual. La meditación, amigos, nos ayudará a poner un poco de pausa a este ritmo de vida acelerado. Nos ayudará a conectarnos con nuestro yo interior y vivir en el presente. La meditación es importante porque nos libera del estrés y la ansiedad. Nos ayuda a reducir el insomnio y la tristeza. Nos sentiremos con más energía, alegría y bienestar…Nuestro cerebro es la máquina más perfecta y poderosa que existe, por voluntad de Dios. Así que es nuestro deber alimentarla correctamente. Y precisamente, de eso se trata la meditación. Y a propósito… ¿te has conectado ya con tu Creador y salvador mediante la oración?

248. *La confianza en Dios*. Es importante confiar plenamente en Dios. Él es nuestro padre que siempre nos ha amado. Que nos busca para decirnos que nos ama y siempre está dispuesto a socorrernos. El problema es que el enemigo de las almas trata de menoscabar la confianza que poseemos en Dios y esto hace que nuestra fe se debilite en la confianza y seguridad que hemos tenido. En los momentos de alegrías como en los momentos de tristezas nuestra fe y confianza en el Altísimo nos fortalecerá. Aun en los momentos más críticos y adversos de la vida cuando la tribulación es desesperante, el Señor ha prometido que estará con todo aquel que lo busque en oración o clamor. En la buena salud que nos da, o en la enfermedad que padecemos, estará con nosotros siempre porque la presencia de Cristo en el corazón es una potencia vivificadora que fortalece todo nuestro ser. Necesitamos estrechar esa mano cálida y confiar en ese corazón lleno de ternura. La presencia de Cristo en el corazón es una potencia vivificadora que fortalece todo el ser pues está siempre atento a nuestras necesidades personales y concede las peticiones de cada corazón.

249. *Evitemos todo tipo de preocupación*. Una persona preocupada no es feliz. Entonces, ¿por qué nos preocupamos? Aunque no lo entendamos, con frecuencia nos preocupamos mucho más de lo que creemos. Si no hay solución o no está en nuestras manos, preocuparnos es una pérdida de tiempo. Analicemos la preocupación como algo positivo. Preocuparse por lo que pasó o pudo haber pasado, es un grave error, porque no podemos cambiar lo que ya sucedió. Debemos analizar concienzudamente la situación que nos preocupa. Aceptarla y confiar que ya Dios tiene la solución. Si es seguro que va a suceder o ya lo estamos viviendo, aceptemos la situación. No tenemos que enojarnos por lo que nos está pasando o tener sentimientos de culpabilidad. Cuando aceptamos la situación, la carga emocional disminuye y podremos entonces, enfocarnos en la solución con una mejor capacidad mental. No lo olvidemos... no tenemos por qué preocuparnos sino ocuparnos por encontrar la solución. Y con Cristo, como nuestro abogado y consejero personal, tenemos ya la respuesta a nuestra preocupación.

250. *La inteligencia emocional*. Desde niños adquirimos emociones básicas como el amor, el miedo, el temor, la ira, la alegría, el placer, la tristeza, el dolor, el fracaso. Cada individuo experimenta una emoción distinta en su forma particular, dependiendo de sus experiencias anteriores, del aprendizaje, el ambiente, el hogar materno, el carácter y otras diversas situaciones. Se entiende por Inteligencia emocional el conjunto de habilidades que sirven para expresar y controlar los sentimientos de la manera más adecuada en el terreno personal y social. Incluye el buen manejo de los sentimientos, motivación, perseverancia, empatía y agilidad mental para resolver los problemas. Somos inteligentes emocionalmente cuando reconocemos nuestros propios sentimientos. Poseemos un suficiente grado de autoestima, somos personas positivas, tenemos empatía (entender los sentimientos de los otros) y somos capaces de expresar nuestros sentimientos positivos como también los negativos. Tenemos inteligencia emocional cuando hemos aprendido a superar las dificultades y frustraciones de la vida. A encontrar equilibrio entre exigencia y tolerancia y a tener valores morales y espirituales de gran ayuda en nuestra vida diaria.

251. *El aprecio por la buena lectura*. La Dra. Miriam Hernández escribió para la revista *Hola Pueblo* lo siguiente: "Debemos desarrollar en nuestros estudiantes e hijos hábitos de lectura por el sólo hecho de verlos alcanzar grandes éxitos en su vida personal. Motivarlos a leer como una apreciación agradable que será de gran ayuda".

"Los grandes hombres se deben a la buena lectura" dice un conocido pensamiento. Y es muy cierto, los hombres de éxito se han superado en la vida gracias a la biblioteca de su casa, escuela o universidad. Conozco profesionales de éxito que siempre tienen en sus manos un libro o una revista. Lamentable y tristemente se está perdiendo el buen hábito de leer. Los estudiantes con sus celulares, internet, y juegos de la nueva tecnología, no tienen tiempo para leer un buen libro. Como padres y educadores asumamos la sagrada responsabilidad de motivar y organizar programas sobre la importancia de apreciar la lectura sana y edificante. Debemos desarrollar en nuestros estudiantes e hijos hábitos de lectura por el sólo hecho de verlos alcanzar grandes éxitos en la vida. Motivarlos a leer como una apreciación agradable que será de gran ayuda en su vida futura.

252. _Beneficios de la lectura sana._ Muchos son los beneficios de la buena lectura: Desarrolla el intelecto. No hay nada más efectivo para desarrollar la inteligencia como la lectura. Aumenta el conocimiento. Está comprobado que a medida que la persona lee su conocimiento es mayor en todos los aspectos de la vida. Se enaltece y se desarrolla el pensamiento crítico. La persona puede pensar por sí misma y puede emitir juicio porque tiene el conocimiento adquirido a través de la lectura y su experiencia personal. Se acrecienta el vocabulario. No hay nada mejor para conocer el significado de las palabras como la lectura. Ayuda a evitar la enfermedad del alemán. La mente estará siempre activa y el Alzheimer no lo encontrará desprevenido. Se aprecian y se enaltecen los valores. Se posee una mayor apreciación por los valores a medida que éstos se conocen por medio de la lectura eficaz. La persona se culturiza. No se tiene que viajar para conocer un país y su cultura. Basta con leer, para adquirir nuevos conocimientos sobre un país, sin tener que ir a visitarlo. Se adquiere facilidad en la expresión verbal y escrita. A medida que se lee las palabras se conocen y estas fluyen con facilidad por los conocimientos adquiridos. Se forjan los grandes hombres. Grandes personalidades han logrado triunfar en sus vidas porque han sido autodidácticos. Han logrado su éxito, gracias a las enseñanzas adquiridas en las buenas lecturas. Ayuda en las decisiones de la vida. A través de la lectura podemos conocer las malas decisiones hechas en el pasado. La historia nos revela los errores cometidos y esto nos ayudará a no cometer los mismos errores y hacer las decisiones correctas.

253. _Razones para la buena lectura._ La Dra. Miriam Hernández escribió para la revista _Hola Pueblo_ lo siguiente: "Debemos desarrollar en nuestros estudiantes e hijos hábitos de lectura por el solo hecho de verlos alcanzar grandes éxitos en su vida personal. Motivarlos a leer como una apreciación agradable que será de gran ayuda. He aquí amigos, algunas de las muchas razones de los beneficiosos de la lectura sana y edificante: Desarrolla el intelecto. No hay nada más efectivo para desarrollar la inteligencia como la lectura. Aumenta el conocimiento. Está comprobado que a medida que la persona lee su conocimiento es mayor en todos los aspectos de la vida.

Se enaltece y se desarrolla el pensamiento crítico. La persona puede pensar por sí misma y puede emitir juicio porque tiene el conocimiento adquirido a través de la lectura y su experiencia personal. Se acrecienta el vocabulario. No hay nada mejor para conocer el significado de las palabras como la lectura. A medida que se lee se aumenta el vocabulario. Ayuda a evitar la enfermedad del alemán. La mente estará siempre activa y el Alzheimer no lo encontrará desprevenido. Se aprecian y se enaltecen los valores. Se posee una mayor apreciación por los valores a medida que éstos se conocen por medio de la lectura poderosa. La persona se culturiza. No se tiene que viajar para conocer un país y su cultura. Basta con leer, para adquirir nuevos conocimientos sobre un país, sin tener que ir a visitarlo. Se adquiere facilidad en la expresión verbal y escrita. A medida que se lee las palabras se conocen y éstas fluyen con facilidad por los conocimientos adquiridos. Se forjan los grandes hombres. Grandes personalidades han logrado triunfar en sus vidas porque han sido autodidácticos, y han logrado su éxito, gracias a las enseñanzas adquiridas en las buenas lecturas. A través de la lectura conoceremos las malas o buenas decisiones de los grandes hombres. La historia nos revela los errores cometidos y esto nos ayudará a no cometer los mismos errores y hacer las decisiones correctas".

254. *La lectura de la Biblia.* Deberíamos proponernos la lectura diaria de la Biblia. Formar en nosotros y en nuestros hijos el buen hábito de leer, estudiar y conocer las hermosas enseñanzas de la Biblia. Y que mejor que regalar un ejemplar de las Sagradas Escrituras. Debemos ejercitar nuestra mente aprendiendo uno que otro mensaje bíblico y tratar de memorizarlos. Una gran educadora y consejera cristiana nos dice lo siguiente: "No hay ninguna cosa mejor para fortalecer la inteligencia que el estudio de las Santas Escrituras. Ningún libro es tan potente para elevar los pensamientos, para dar vigor a las facultades, como las grandes y ennoblecedoras verdades de la Biblia. Si se estudiara la Palabra de Dios como se debe, los hombres tendrían una grandeza de espíritu, una nobleza de carácter y una firmeza de propósito, que raramente consigue ver en estos tiempos" (El Camino a Cristo pág. 66). Por otra parte, declara el salmista: "Lámpara es a mis pies tu palabra y lumbrera a mi camino".

255. *La vida cristiana.* No se puede en breves palabras tratar de describir lo que significa la vida cristiana. Un cristiano genuino es un hijo de Dios cuya vida como creyente experimenta el gozo de la salvación. En la vida cristiana se controlan las emociones y se siente un poder restaurador y vivificante. Nos ofrece paz mental, emocional y espiritual. Nos motiva a un servicio desinteresado y reconfortante. Es una fuerza contra el rencor y el odio. Nos permite ser más optimistas. Produce grandes satisfacciones. Evita el temor. Con fe los enfermos son sanados. Nos brinda serenidad. Nos ayuda en las decisiones de la vida. Quita toda amargura e incredulidad. Aumenta nuestra fe y confianza en un Dios sabio y omnipotente. Obtendremos más fe, esperanza y amor. Nos brinda alegría para vivir. Nos mantiene más unidos y esperanzados. Fortifica nuestra débil fe. Cura todo tipo de ansiedad y temor. Nos da ánimo y fortaleza. De ninguna forma, ni de manera alguna cambiaría, mi vida cristiana de hoy, por la que tenía antes de conocer las verdades contenidas en la eterna Palabra de Dios.

256. *Para prevenir las enfermedades.* Todo depende del estilo de vida que lleve cada persona. Como todo en este mundo, hay leyes que rigen el universo, leyes que rigen la conducta de las personas, leyes civiles y eclesiásticas. Existen también normas, leyes o principios que son de gran ayuda para la buena salud. A renglón seguido quiero presentarles las leyes de la salud o los ocho remedios naturales como son también muy conocidos. Bajo la inspiración de la sierva de Dios y como un consejo para todos atendamos a las siguientes palabras dadas como una bendición de Dios. "El aire puro, el sol, la abstinencia, el descanso, el ejercicio, un régimen conveniente, el agua y la confianza en el poder de Dios son los verdaderos remedios. Todos debieran conocer los agentes que la naturaleza provee como remedios y saber practicarlos. Muy escasa atención suele darse a la conservación de la salud. Es mucho mejor prevenir la enfermedad que saber una vez contraída" (Ministerio de curación, pág. 89).

257. *Recreación y diversión.* Existe una clara distinción entre recreación y diversión. La recreación, como su nombre lo indica, es crear de nuevo, fortalecer, reparar. Es apartarse de los cuidados y ocupaciones más comunes de la vida. Es proveer un sano refrigerio para la mente y el cuerpo que nos permite volver con nuevo vigor y energía al trabajo. Por otra parte, la diversión es aprender a entretenerse sin tener en cuenta la salud y deterioro del cuerpo. Absorbe las energías requeridas para el trabajo útil y resulta de ese modo un obstáculo para el verdadero éxito de la vida. Se busca la diversión para experimentar placer y con frecuencia se la lleva al exceso. ¿No sería bueno que observáramos los días feriados como días de Dios, en que podemos revivir en nuestra mente el recuerdo de sus bondades hacia nosotros? El mundo tiene muchos días feriados, en los cuales los hombres se dedican a los deportes, las carreras de caballos, al juego, a la bebida y música bailable y de esta forma pierden la oportunidad de deleitarse en la obra del Creador.

258. *Frases positivas que siempre debemos decir.* Muchas veces pensamos que, enviando nuestros hijos a una buena escuela, terminaremos la gran tarea de la educación. Si deseamos su bienestar y queremos que siempre nos recuerden tenemos que pronunciar frases positivas y alegres que les ayuden a levantar su estima propia. Estas frases son: "Para mî eres un ser muy especial", "Te amamos y de corazón". "Eres una hermosa criatura de Dios". "Estamos orgullosos de ti". "Te felicitamos, vamos a ti". "Contigo siempre nos sentimos contentos". "Eres una persona estupenda". "Te admiramos por...". "Eres maravilloso". "Le agradezco a Dios por lo que eres". "Te extrañamos mucho". "Quisiera tenerte cada día cerca de mí". "Eres mi campeón de siempre" ... "Creo en ti, cuenta conmigo en las buenas y en las malas".

Estas frases deben estar siempre presentes en nuestro diario vivir. Si nos cuesta mucho expresarlas, porque nunca nos criaron así, escribámoslas y practiquemos este sano ejercicio. El primer día una frase, el segundo día otra, hasta completarlas. Más adelante vamos a darnos cuenta de lo fácil que es agregar más frases positivas de manera especial para nuestros familiares e hijos. Vamos a ver como gracias a ellas nuestras buenas relaciones cambiarán. Amigos, no es fácil en un principio, pero a la postre todos seremos beneficiados.

259. *El amor al trabajo.* El trabajo es una bendición y no una maldición. Hay quienes consideran que allí, en el jardín del edén, como un castigo de Dios, se le impuso al hombre, la penosa y difícil tarea de trabajar. Si la felicidad del hombre consistiera en no hacer nada, el Creador no le habría dado a Adán la obra que le señaló que hiciera. Le fue dado antes que pecara. Sabía que Adán no podía ser feliz sin un buen trabajo. Le dio una ocupación, la responsabilidad sagrada de labrar el jardín. Le dio manos, mente y corazón. Manos fuertes para trabajar, mente y corazón para admirar y contemplar la grandeza de Dios. Y mientras cuidaba las cosas creadas de belleza y utilidad que había a su alrededor, podía contemplar la bondad y la gloria de Dios en su obra creadora. Con el trabajo, amigos, el hombre no solo iba a encontrar satisfacción, alegría y felicidad sino también la meditación y contemplación de las cosas bellas de la naturaleza. Si bien es cierto, que el hombre "con el sudor de su frente" tendría que ganarse el sustento diario para él y para su familia, sin embargo, debemos reconocer también, que no hay mayor deleite y satisfacción grata que un trabajo bien realizado. El fiel desempeño de nuestro deber. La responsabilidad cumplida. El esfuerzo que hacemos diariamente en el cumplimiento de nuestro trabajo son los incentivos que nos llenan de complacencia y regocijo. ¡Feliz semana laboral!

260. *Llamados para hacer el bien.* Cada persona en esta tierra ha sido llamada con un propósito muy especial. Es hacer el bien sin a mirar a quien. Es servir sin recibir nada a cambio. Porque como dice un pensamiento, "El que no vive para servir no sirve para vivir. "El mismo Señor Jesucristo lo presenta en su enseñanza al decirnos que: *"El Hijo del hombre no vino para ser servido sino para servir."* Hagamos bien o dejemos de hacerlo, es lo que decide con tremendo poder nuestra vida y destino futuro. Dios pide que aprovechemos bien el tiempo en la oportunidad de ser útiles. Descuidar esto, es muy peligroso para nuestro crecimiento emocional y espiritual. Tenemos una gran obra por hacer. Los deberes que el Señor pone en nuestro camino deben ser cumplidos a cabalidad. No como una actividad fría y pesada, sino como un servicio de amor y gratitud. Debemos emplear nuestro tiempo y deber con las más elevadas facultades y sentimientos que el Señor nos ha dotado. Nuestro corazón rebosará de gozo y satisfacción. Estaremos así, en armonía con Dios, cumpliendo con nuestro trabajo y deber de lealtad, amor y fidelidad. Seremos reconocidos como personas responsables y de gratos elogios.

261. *La paciencia y la perseverancia.* Dos cualidades muy importantes en la vida de todo hijo de Dios. El inventor de la lamparilla eléctrica moderna no solo tenía inteligencia por sus muy "luminosas" ideas, sino que también tenía una bonita virtud, la paciencia acompañada de perseverancia. Tomas Edison era un hombre muy paciente. Para comprobar hasta qué punto era paciente, te contaré un detalle sobre el proceso de invención de la bombilla. Para hacer funcionar la primera bombilla eléctrica, Edison tuvo que hacer muchísimos intentos. No lo consiguió enseguida. De hecho, muchos fueron los fracasos de su intento, más de mil intentos antes de acertar. Después de tantos intentos fallidos, un día, uno de sus colaboradores en el taller le preguntó: - "Señor Edison, ¿no está usted desanimado después de que le haya fracasado el invento más de mil veces?" Ante esa desanimadora pregunta le contestó extrañado: "¿Fracasado? -. No sé de qué me habla usted. Aquí no ha habido ningún fracaso. En cada intento, me doy cuenta de una razón por la cual de esa manera la bombilla no funcionará. Así que, ahora ya conozco mil maneras de cómo no debo fabricar una bombilla. Solo me falta descubrir una manera en la que sí debo hacerla". Por fin, el 21 de octubre de 1879, después de cantidad de intentos fallidos, Tomas Edison hizo la primera demostración en público de la bombilla incandescente, ante tres mil personas reunidas en Menlo Park, California. No nos extraña que ese paciente hombre llamado Tomas Edison inventara más de 1.300 artilugios. La paciencia siempre da resultados excelentes. Especialmente, en nuestra relación con Jesús. A veces queremos resultados inmediatos. Casi todas requieren tiempo, esfuerzo, constancia, perseverancia y paciencia.

262. *Aprendamos a reciclar.* El reciclaje es un proceso cuyo objetivo es convertir en nuevos productos o en materia para su posterior utilización. Es interesante reconocer que gracias al reciclaje se previene el desuso de materiales potencialmente útiles, se reduce el consumo de nueva materia prima, además de reducir el uso de energía, evitando la contaminación del aire. El reciclaje, amigos, es un componente clave en la reducción de desechos contemporáneos y es el tercer componente de las 3R ("Reducir, Reciclar y Reutilizar"). Los materiales reciclables son muchos, e incluyen todo el papel y cartón, el vidrio, los metales ferrosos y no ferrosos, gomas o cauchos para los carros. Algunos plásticos, telas y textiles. Maderas y componentes electrónicos. También es posible realizar un salvamento de componentes de ciertos productos complejos, ya sea por su valor intrínseco o por su naturaleza peligrosa. Debemos promover y motivar a la gente a reciclar. En esta forma estamos en la mejor disposición de ayudar a cuidar lo que Dios creó. Es tarea de todos: niños, jóvenes, adultos y ancianos, cuidar el ambiente. El ambiente donde nos ha correspondido vivir.

263. *Consérvate puro.* Este fue el consejo del apóstol Pablo según 1 Timoteo 5:22. Un consejo presentado por Elena de White: "Saber lo que constituye pureza de la mente, el alma y el cuerpo, es parte importante de la educación. Cuando al carácter le falta pureza, cuando el pecado ha llegado a formar parte de él, tiene un poder hechizador que se asemeja al vaso de licor embriagante. El poder del dominio propio y la razón resulta sobrepujado por actos que contaminan el ser entero; y si se continúa con estas costumbres pecaminosas, el cerebro se debilita y enferma, y pierde su equilibrio. Los tales son una maldición para sí mismos y para los que se relacionan con ellos de alguna manera. Los malos hábitos se adquieren más fácilmente que los buenos, y son más difíciles de abandonar. La natural depravación del corazón explica este hecho bien conocido: ... los hábitos duraderos, puros e incorruptos, de justicia y verdad. La complacencia propia, el amor a los placeres, la enemistad, el orgullo, la estima propia, la envidia, los celos, se desarrollarán espontáneamente, sin ejemplo ni enseñanza. En nuestra actual situación de seres caídos, todo lo que tenemos que hacer es abandonar la mente y el carácter a sus tendencias naturales. En el mundo natural, si dejáis un campo abandonado, lo veréis cubrirse de espinas y cardos; pero para que produzca preciosa semilla o hermosas flores, hay que poner cuidado y labor incesantes" (En Lugares Celestiales, pág. 197).

264. *El discrimen racial.* Uno de los más serios y peligrosos problemas de nuestra sociedad es el racismo. La Convención Internacional sobre la eliminación de todas las formas de discriminación racial, define la discriminación racial, o xenofobia, como "toda distinción, exclusión, restricción o preferencia basada en motivos de raza, color, linaje u origen nacional o étnico, que tenga por objeto o por resultado anular o menoscabar el reconocimiento, goce o ejercicio, en condiciones de igualdad, de los derechos humanos. Aunque la mayoría de nosotros no porta un arma de fuego, vamos por la vida disparando prejuicios, escrúpulos, tabúes, aprensiones, arbitrariedades, recelos y suspicacias contra los demás. Debemos ser constructores de puentes y reparadores de brechas. En la discriminación reina el odio, pero el amor debería gobernar nuestra relación con los demás. El deseo de creernos superiores a otros puede conducirnos a la discriminación, mientras que el Señor, verdaderamente, nos comisionó a elevar y ayudar a crecer a nuestro prójimo. Sí, toda clase de discriminación lastima y destruye; y nosotros fuimos llamados a seguir el ejemplo de Cristo de sanar y salvar. Proponte destruir solamente tus propios prejuicios. Atrévete a ir más allá de las convenciones y ama de corazón, a todos los que te rodean.

265. *Felices y agradecidos a pesar de la edad.* Demasiadas personas se deprimen cuando ven que los años pasan y ya no son los mismos del pasado. No pueden trabajar con la misma energía y entusiasmo como antes lo hacían. Otros, dan gracias a Dios por contar con la vida muy a pesar de lo avanzado de la edad y los problemas de salud. A pesar de todo son alegres y felices. Mi querida madre decía a sus 95 años que "vivía como Dios quería" y cuando le preguntaban como le fue con su médico respondía: "El doctor me encontró como coco", muy a pesar de los años y de su fortaleza y vigor que sabíamos no se encontraba en óptimas condiciones. Todos tenemos el privilegio de desarrollar una relación cercana con nuestros familiares y amigos. Sus vidas, aunque avanzados en edad, tienen mucho que enseñarnos. A menudo son ellos quienes nos dan esa palabra de aliento que tanto necesitamos. Son personas quienes dejan ante nosotros gratos e imborrables recuerdos. Las familias que perpetúan a sus amados renovarán sus fuerzas y valor mediante este legado especial. Nunca lo olvides, los años no cuentan, lo que verdaderamente cuenta es nuestra actitud y experiencias de la vida.

266. *El carácter una hermosa cualidad del alma*. El carácter íntegro es una cualidad del alma que se manifiesta en la conducta. Un buen carácter es un capital de más valor que el oro o la plata. Es el único tesoro que podemos llevar como equipaje de este mundo al venidero. Los que en este universo andan de acuerdo con las instrucciones de Cristo, llevarán consigo a las mansiones celestiales toda adquisición divina. Y en el cielo mejoraremos continuamente… La capacidad mental y el genio no son el carácter, porque a menudo son posesión de quienes tienen justamente lo opuesto a lo que es un buen carácter. La reputación no es el carácter. No lo afectan las crisis ni los fracasos, y en aquel día en que serán barridas las posesiones terrenales, nos producirá ricos dividendos. La integridad, la firmeza y la perseverancia son cualidades que todos deben procurar cultivar fervorosamente; porque invisten a su poseedor con un poder irresistible, un poder que lo hará fuerte para hacer el bien, fuerte para resistir el mal y para soportar la adversidad.

267. *La crítica destruye, el amor construye*. No hay nada que tanto afecte y separe las buenas amistades como la crítica. Una persona que vive criticando no es feliz. Piensa que su crítica es constructiva y no quiere pasar por hipócrita. Se le reconoce entonces, por ser una persona muy criticona y ya nadie podrá confiar en ella. Si una persona, está acostumbrada a criticar siempre, los demás recapacitarán diciendo que, si así lo hace con todos, posiblemente hablará a su misma espalda. No debemos jamás hablar de manera despectiva de nadie, porque a los ojos de Dios es una ciencia el amor. Si la crítica destruye, el amor construye. Dios todo lo sabe y todo lo escucha. Nuestra única seguridad está en postrarnos a los pies de la cruz, considerándonos pequeños y confiando plenamente en nuestro Dios porque solo él tiene el poder de engrandecernos cuando otros nos critiquen.

268. *Seamos agradecidos*. El Creador y Dios de todos nosotros nos regala cada día una nueva y linda oportunidad para estar agradecidos. Cada vez que te ocurra algo nuevo y positivo durante el día… da gracias. No esperemos grandes cosas para expresar nuestra gratitud. Desde el momento que abrimos nuestros ojos debemos dar gracias a Dios por concedernos la vida y las bendiciones prometidas. Comienza tu día dando las gracias por estar vivo. Por el buen descanso de la noche y el buen día que nos regala. Por el sol o por la lluvia. Por el canto de los pájaros que expresan en esta forma su gratitud por aquel que los creó. A través del día continúa dando gracias en todo. No es fácil porque puede ser que con los compromisos y responsabilidades del día en ese corre corre diario te olvidaste de dar las gracias. Aun cuando las cosas no sean como esperabas que fueran. El ser agradecido elimina la negatividad de tu vida. Dietrich Bonhoeffer escribió: "En la vida cotidiana apenas somos conscientes de que recibimos mucho más de lo que damos, y de que la vida solo se enriquece con gratitud y la gratitud es el puente que te lleva desde los sentimientos negativos hasta aprovechar la fuerza del amor." En conclusión. En todo momento y en todas las circunstancias de la vida...seamos siempre agradecidos".

269. _Seamos asertivos_. Una persona asertiva sabe rechazar las peticiones que considera que no las puede cumplir a cabalidad y no se recarga de responsabilidades innecesarias. El término asertividad viene del vocablo latino assere que significa afirmar. Cuando la persona se pregunta qué es lo que quiere realmente y lo reafirma sin ser pasivo y mucho menos agresivo. Una persona asertiva es aquella que reconoce que hay productos que no son muy saludables y se abstiene de comprarlos para su consumo. Sabe elegir entre lo correcto e incorrecto. Entre lo bueno y lo malo. En lo que debe hacer y no debe hacer. Aunque escuche aquellas palabras de una vez al año no hace daño, sí, pero trae consigo sus propias consecuencias. Una persona asertiva dice la doctora Miriam Hernández, "Busca el bienestar de los demás y no el suyo propio. Sabe delegar con tiempo y da seguimiento al trabajo delegado. No improvisa ni tiene agendas escondidas ni debajo de la manga. Expresa con firmeza sus impresiones sin sentimientos de culpabilidad. Si sabe que no lo puede hacer lo reconoce y acierta en no hacerlo". El máximo ejemplo de asertividad lo fue nuestro Señor Jesucristo quien con aquellas solemnes palabras de "de cierto, de cierto os dijo que…" Con estos términos quiso presentar bien claro la verdad de sus aseveraciones. La doctora Teresa León, psicóloga y terapeuta familiar afirma lo siguiente: "La persona asertiva se respeta y respeta el punto de vista de la otra persona. Entiende que la otra persona es digna de respeto, aunque sus opiniones y argumentos sean contrarias a su forma de pensar. Mientras más vocifera y grita una persona para imponerse sin escuchar al otro, menos asertiva es".

270. _La mantequilla verde._ El aguacate, fruto traído de Guatemala y México, ha sido llamado el alimento más perfecto del mundo. La palabra aguacate proviene de la palabra azteca "ahuacatl". Mucha gente duda si el aguacate es una fruta o un vegetal ya que se consume habitualmente con vegetales. Es conocido también como Persea americana. Quizás conozcas al aguacate por alguno de los otros nombres comunes: palta, cura, avocado o abacate. El aguacate por ser fruta tiene la particularidad de estar compuesto principalmente por hidratos de carbono y ácidos grasos saludables. Por esta razón, el aguacate o palta, es una fruta empleada para preparar diferentes platos, debido a su suave y delicioso sabor como también su textura cremosa. Por ser rico en ácido oleico y potasio además de reducir el colesterol disminuye el riesgo de presentar hipertensión arterial. Disminuye los triglicéridos, el colesterol malo y aumenta el colesterol bueno. Controla la diabetes y finalmente produce un corazón sano, una mente brillante y una visión sana.

271. *Importancia de la familia*. La familia es la institución de mayor influencia en la sociedad actual. Es la columna fuerte de una nación. Es a los padres en el hogar, quienes les corresponden la gran tarea de cuidar, educar, disciplinar, transmitir valores, cultura y tradiciones a los integrantes de la familia. Participan también en la formación del carácter de cada uno sus miembros. El hogar es la primera escuela de aprendizaje emocional y cognoscitivo a que se enfrenta todo niño. Es allí en el hogar donde se recibe el primer modelaje de conducta. Criar a los hijos es la tarea más difícil y de más trascendencia social. Los hijos de hoy serán la sociedad del mañana *"Instruye al niño en el camino correcto y aún en su vejez no lo abandonará"* (Proverbios 22:6).

272. *Felices para siempre hasta que el juego los separe*. Para algunas personas el juego es considerado como una diversión y entretenimiento. Pero también se torna en una dependencia o adicción. Puede tornarse muy preocupante cuando se malgasta el dinero y tiempo en los casinos, tiempo y dinero que le corresponde disfrutarlo con la sagrada familia. El registro sagrado por intermedio del profeta Isaías, nos formula una pregunta: *¿Por qué gastan dinero en lo que no es pan, y su salario en lo que no satisface?* (Isaías 55:2). El doctor Saúl Alvarado médico, especialista en adicciones declara: "El perfil más clásico del que juega de modo patológico es el de una persona caprichosa con problemas de ansiedad, dificultades de adaptación social y escasa tolerancia de las frustraciones. El descontrol progresivo y los gastos desmesurados de dinero que lo llevan a problemas económicos y familiares, y a mucho estrés. Esta adicción causa estrés, depresión y ansiedad que muchas veces ponen en peligro la vida del adicto. Si no se controla a tiempo puede ser la causa de un futuro divorcio." Los juegos pueden ser dados, lotería, tragamonedas, ruleta, bingo, gallos, carreras de caballos y otros más. Con los juegos de azar fácilmente se puede perder el matrimonio, el dinero y la salud. Además de todo lo dicho, es un mal ejemplo para los hijos.

273. *Los anhelos de Dios*. Observa el siguiente pensamiento: "No necesitáis ir a hasta los confines de la tierra para buscar sabiduría, pues Dios está cerca. No son las capacidades que poséis hoy, o las que tendréis en el futuro, las que os darán éxito. Es lo que el Señor puede hacer por vosotros. Necesitamos tener una confianza mucho menor en lo que el hombre puede hacer, y una confianza mucho mayor en lo que Dios puede hacer por cada alma que cree. Él anhela que extendáis hacia él la mano de la fe. Anhela que esperéis grandes cosas de él. Anhela daros inteligencia así en las cosas materiales como en las espirituales" (Palabras de Vida del Gran Maestro, pág. 112). Caminar con Cristo diariamente es la experiencia más reconfortante del verdadero creyente. Para que los anhelos de Dios se logren alcanzar es necesario caminar y hablar con él todo el día. ¡Esta es una linda oportunidad para hoy, mañana y siempre! Que podamos caminar con Cristo nuestro Creador y Salvador en este su santo día de adoración y deleite espiritual.

274. *Un orgullo santo.* En cierta ocasión fui invitado a predicar a una iglesia muy querida para mí. En mi mensaje, hablé de la importancia de ser un verdadero cristiano y que debemos sentirnos orgullosos de la patria donde nacimos y de ser hijos de Dios perteneciente a un pueblo bendecido por la promesa de la patria celestial. Al salir y despedir a la hermandad una persona muy humilde me dijo: "Me sentí muy bendecida por su mensaje, solamente un pequeño detalle que no me gustó. Nosotros no debemos ser orgullosos ni sentir orgullo por nada ni por nadie. Sí, tiene sobrada razón, fue mi respuesta, pero el orgullo a que me referí es "un orgullo santo". Aprendí la lección. El orgullo es un pecado y muy grande. Borré esta palabra de mi diccionario, ahora uso el término bendecido, bienaventurado, honrado, contento, privilegiado, feliz por talentosos hijos. No debemos estar orgullosos por nuestros hijos, por lo que somos o lo que tenemos. El orgullo es darnos el crédito a nosotros mismos por algo que Dios ha hecho con nosotros. Una persona orgullosa no tiene amigos. El orgulloso toma la gloria que solo le corresponde a Dios. Podríamos pensar que es en esencia, una auto adoración. El orgullo por muy santo que sea es pecado.

275. *No podemos dejar de orar por los pecadores.* Una oración de fe puede mucho. El siguiente pensamiento positivo es de gran bendición para todos los que hemos aprendido la importancia del amor. Deseamos en lo más profundo de nuestro corazón poder amar a aquellos que se encuentran en nuestro entorno familiar. Deseamos con gran fervor que nuestros amados participen con nosotros de la bella y eterna felicidad celestial. Veamos este pensamiento en cuestión muy inspirador y a la vez animador: "En el medio de este diluvio de misericordias, de esta plenitud del amor divino, muchos corazones continúan en la indiferencia, despreocupados, y sin impresionarse por las provisiones de la gracia de Dios. ¿No haremos ningún esfuerzo nosotros que afirmamos ser cristianos para romper el hechizo que Satanás ha lanzado sobre esas almas? ¿Las dejaremos que continúen en la dureza de su corazón, sin Dios y sin esperanza en el mundo? No. Aunque cada llamado que les hagamos sea menospreciado y rechazado, no podemos dejar de orar por ellas, y suplicar con ternura por sus almas. Debemos hacer todo lo que podamos, por medio de la ayuda del Espíritu Santo de Dios, para quebrar las barreras por las cuales han intentado hacerse inexpugnables a la luz de la verdad de Dios. Debemos esforzarnos por abrirles sus ojos para que vean su ceguera, para que se liberen de la cautividad de Satanás" (Elena de White, 17 de julio de 1893).

276. *Aprendamos del águila.* Son muchas las lecciones que podemos aprender de esta ave tan peculiar. El siguiente pensamiento lo hemos compartido de una gran educadora que admiro mucho y que vívidamente expresa su sentir sobre una hermosa lección de las águilas, dice así: "El águila de los Alpes es a veces arrojada por la tempestad a los estrechos desfiladeros de las montañas. Las nubes tormentosas cercan a esta poderosa ave del bosque, y con su masa oscura la separan de las alturas

89

asoleadas donde ha construido su nido. Los esfuerzos que hace para escapar parecen infructuosos. Se precipita de aquí para allá, bate el aire con sus fuertes alas y despierta el eco de las montañas con sus gritos. Al fin se eleva con una nota de triunfo y, atravesando las nubes se encuentra una vez más en la claridad solar, por encima de la oscuridad y la tempestad. Nosotros también podemos hallarnos rodeados de dificultades, desaliento y oscuridad. Nos cerca la falsedad, la calamidad, la injusticia. Hay nubes que no podemos disipar. Luchamos en vano con las circunstancias. Hay una sola vía de escape. Las neblinas y brumas cubren la tierra; más allá de las nubes brilla la luz de Dios. Podemos elevarnos con las alas de la fe hasta la región de la luz de su presencia". Después de una noche intensa de oscuridad sale el sol irradiando luz y colorido. ¡Cristo Jesús… el sol de justicia! (Elena de White, La Educación, pág. 118).

277. *Para evitar la pérdida de la memoria.* El perder la memoria es una preocupación muy seria. Cuando somos jóvenes no nos preocupa para nada, pero al pasar los años las cosas cambian. Cada vez vivimos más, lo que supone un riesgo para nuestra salud en todos los sentidos y aunque la ciencia y la medicina han avanzado muchísimo en las últimas décadas, empezar a pensar en cuidarse es ya algo vital. ¿Y qué seríamos nosotros sin la memoria? En la memoria están atesorados nuestros recuerdos, los buenos y los malos momentos que nos hacen ser como somos. Y también muchas otras capacidades que nos permiten funcionar en el día a día. Por lo tanto, cuidemos nuestra mente con acciones positivas e intelectuales. La falta de ejercicio mental y memorístico puede afectar nuestra salud mental.

278. *Como conservar una buena memoria.* Como los músculos del cuerpo, nuestra mente se beneficia también y enormemente con un buen 'entrenamiento'. Escoge un libro al azar que nunca se te habría ocurrido ojear. Visita un museo de algo de lo que no sabes nada, o busca un concierto, recital u representación teatral local al que asistir. Estas pequeñas cosas no parecen muy significativas, pero mantienen tu mente despierta y lejos de la pesadez de la rutina, además son muy fáciles de implementar. Pero si realmente te lo quieres tomar en serio y dedicar tiempo a estimular tu memoria, existen varias técnicas y ejercicios con los que puedes empezar a practicar de forma diaria. El más importante la lectura diaria. Leer y retener. La lectura en gran manera nos beneficia. No te olvides de tu memoria…cuídala en todo momento de tu vida. Estudios recientes han demostrado que leer de forma asidua desde niños previene considerablemente la disminución de nuestras capacidades con la edad. Nunca lo olvides, el leer cada día refuerza tu memoria.

279. *Importancia de los agentes de la naturaleza.* Escribió el apóstol Juan: *"Amado, yo deseo que tú seas prosperado en todas las cosas, y que, tengas salud, así como tu alma está en prosperidad"* (3 Juan 2). Elena de White por otra parte escribió: "El Salvador, en sus milagros, manifestaba el poder que está siempre obrando en provecho del hombre, para sostenerlo y sanarlo. Por medio de los agentes naturales, Dios trabaja, día tras día, hora tras hora y cada momento, para conservarnos vivos, para levantarnos y restaurarnos. En cuanto alguna parte del cuerpo sufre perjuicio, empieza el proceso de curación; los agentes naturales son puestos a trabajar para restablecer la salud. Pero el poder que obra por medio de estos agentes es el poder de Dios. Todo poder capaz de dar vida procede de él. Cuando alguien se repone de su enfermedad, es Dios quien lo sana…Las palabras dirigidas a Israel se aplican hoy día a los que recuperan la salud del cuerpo o la del alma: "Yo soy Jehová tu Sanador" (Ministerio de curación, págs. 102-103).

280. *Los verdaderos remedios de la salud*. Todos somos conscientes del cuidado de observar las leyes en esta tierra. Si no se les da importancia que esta requiere se sufre las consecuencias de su desobediencia. Hay otras leyes importantes también, que tienen que ver con nuestro bienestar físico y mental. Se conocen como las leyes de la salud o los verdaderos remedios naturales. Están descritos en el siguiente pensamiento: "El aire puro, el sol, la abstinencia, el descanso, el ejercicio, un régimen alimenticio conveniente, el uso del agua la confianza en el poder divino; éstos son los verdaderos remedios" (Ministerio de Curación. Pág. 102). "Las cosas de la naturaleza son bendiciones de Dios destinadas a proporcionar salud al cuerpo, al espíritu y al alma. Son dadas al que goza de buena salud para que la conserve y al enfermo para curarlo" (Elena de White. Ministerio de Curación pág. 108).

281. *La naturaleza es el médico de Dios.* Decimos que Dios es nuestro médico. Pero algunas veces no seguimos sus sabias instrucciones. Una y otra vez nos muestra la importancia de una buena alimentación, evitando la comida chatarra, el ejercicio diario, la temperancia y el descanso. La importancia también, de vivir en el campo y del agua tanto por dentro como por fuera. Veamos el consejo de Dios en la palabra escrita del don profético: *"El aire puro, el alegre sol, las bellas flores y los grandes árboles, los vergeles, los viñedos y el ejercicio al aire libre en medio de esas cosas maravillosas, he aquí lo que comunica salud, he aquí el elixir de vida. Nada tiene mejor éxito para restablecer la salud y dar felicidad al enfermo crónico que vivir entre las cosas atrayentes de la campiña"* (Elena de White, Testimonio Selectos, págs. 36-37).

282. *Sin Cristo no valgo nada… sin Cristo yo nada soy.* La vida es efímera e incierta. Vivimos por fe. Cada día el Señor nos brinda la oportunidad de vivir para su gloria y alabanza. El salmista lo expresa con los siguientes términos: *"¿A quién tengo yo en los cielos sino a ti? Y fuera de ti nada deseo en la tierra"* (Salmo 73:25). "Sin ti no soy nada". "Nada deseo en la tierra". Esta convicción es la respuesta de una vida de fe y confianza en el Señor. El alma sufriente logra la victoria en Cristo Jesús. En un mundo incierto, podemos contemplar la grandeza de un Dios que hace de lo imposible algo posible. El amor de Dios es tan grande que no se puede medir. Solo el hecho de pensar que nos ama y como nos ama nos perdona. El rey David alcanza la visión eterna, de un futuro cuya esperanza está en Dios. Para alcanzar esa eternidad solo se necesita tener siempre a Cristo en el corazón. El mensaje de este pensamiento se encuentra en las palabras de Pedro: *"Señor, ¿a quién iremos? Tú tienes palabras de vida eterna"* (Juan 6:68).

283. *Tenemos un Dios grande y poderoso.* ¡Muy cierto! Un Dios poderoso que nos defiende. Un Dios grande y maravilloso que nos ama entrañablemente. Un padre cariñoso que nos busca para salvarnos. No somos nosotros los que lo buscamos, es Dios quien nos busca para salvarnos y llevarnos con él al reino celestial. Un Dios excelso y misericordioso que nos perdona cuando nos arrepentimos de nuestros pecados. Nuestro corazón no descansa hasta que respondamos al encuentro de ese Dios de amor y poder. Este anhelo por el Dios de amor nos hace verdaderos creyentes. Por otra parte, Cristo en el corazón, debilita los deseos efímeros y mundanos que nos cauterizan. Escuchemos su voz más profunda en nuestras conciencias y en nuestros corazones. Este es el deseo del Señor Jesús por el bienestar espiritual de todos nosotros. Lo que nos ayuda a vivir la vida que Dios nos imparte, es renunciar a las cosas de este mundo y volver nuestra mirada al cielo para contemplar a Cristo como nuestro amoroso, grande y poderoso Salvador.

284. *El padre en el hogar.* La figura paterna en el hogar es una fuente muy eficaz para el desarrollo intelectual y moral de los integrantes de la familia. EL padre como educador y modelo, debe fomentar en su familia las virtudes del esfuerzo, la integridad, la honradez, la paciencia, la diligencia y el sentido práctico. Y lo que exija de sus hijos ha de practicarlo él mismo, modelando dichas virtudes saludables con un comportamiento ejemplar. Los padres no deben desalentar a sus hijos. Deben combinar el cariño con la autoridad, la bondad y la empatía con una firme disciplina. "Dediquen a sus hijos algunas de sus horas libres para compartir amigablemente. Confraternicen con ellos en las diferentes actividades familiares. Participen con ellos en sus trabajos y juegos, y gánense su confianza. Cultiven su amistad, especialmente la de sus hijos varones. De este modo, ejercerán sobre ellos una poderosa influencia para el bien. El padre tiene que hacer cuanto esté de su parte en pro de la felicidad del hogar. Cualesquiera que sean las preocupaciones y dificultades que le ocasionen sus deberes laborales o profesionales, no debe permitir que arrojen sombra sobre su familia. Ha de volver siempre a casa con la sonrisa y la afabilidad a flor de labios" (Elena de White, Ministerio de Curación, cap. 33, págs. 273-274).

285. *La verdadera felicidad.* Cada persona tiene su propio concepto de la felicidad. Para algunos, la felicidad es tener buen dinero en el banco para gastar. Para otros, la felicidad representa un acontecimiento especial para celebrar. Quizás su graduación o poseer una brillante carrera... Pero para que cada persona pueda experimentar la verdadera felicidad, debe tratar de ser feliz con lo que se posee, bien tenga mucho o poco. Porque en la verdadera felicidad se aprende a disfrutar de la vida a pesar de los inconvenientes que se presenten. Es soñar y sonreír. Es compartir con la familia y vivir cercado de amor. Es sembrar y cultivar amistad. Ser verdaderamente feliz, es tener un cálido hogar, es escuchar la música que nos ofrece paz y alegría. Es una buena comida brindada con mucho amor. Pero, ante todo, la verdadera felicidad consiste en proceder bien en todo momento, experimentando la paz de Dios en el corazón porque amigos, Cristo Jesús, es la fuente suprema de la verdadera felicidad.

286. Como superar la timidez. La timidez o estima baja es un problema que afecta a muchas personas. La persona tímida se encuentra temerosa, se avergüenza de sí mismo y carece de entusiasmo para hacer decisiones apropiadas. No se atreve o siente vergüenza de sí mismo, es corto de ánimo, medroso o apocado, no actúa con naturalidad. Puede ser grave al hablar en público o al afrontar una posición que tenga que defender su punto de vista. Por esta razón, el tímido carece de buenas relaciones de índole social, laboral o familiar. Hay algunas estrategias que deseamos destacar para superar todo tipo de timidez: Confiar en nosotros mismos, seguros de que vamos a triunfar de la timidez, y muy importante dejar todo en las poderosas manos de Dios.

287. Dios siempre tiene la respuesta correcta. Ante cualquier situación por muy difícil que sea Dios tiene la mejor respuesta. Cuando nos parezca que todo nos sale mal y hemos intentado con todas las alternativas disponibles, no debemos preocuparnos y angustiarnos. Dios proveerá la solución del problema si lo ponemos en sus manos. Tenemos el mejor abogado. Ciertamente, que tenemos que ser probados para crecer espiritualmente y nuestra fe sea aumentada. Cuando nos encontremos tristes y desanimados por las tribulaciones de la vida, miremos al cielo de donde vendrá nuestro socorro. ¡Dios es grande y poderoso! ¡Él tiene la respuesta a todos nuestros problemas que son pequeños comparados con una obra tan grandiosa como es el cielo! Por lo tanto, no desistas de tus ideales. Lucha hasta el fin y serás de los vencedores que obtendrán la corona de la vida. Si estás triste…llora…pero jamás te rindas. Dios tiene la solución a todos tus problemas.

288. Cuando alguien nos ha herido o decepcionado. Si hay algo que afecte nuestra salud mental y espiritual es el momento, cuando un amigo o familiar muy querido por nosotros, nos ha herido o nos ha desencantado. No es fácil perdonar y mucho menos declararlo. Pensamos que, si perdonamos, estamos librando a la persona de la culpa, o que perdonarla sería reconocer que tiene la razón. O que posiblemente podría volvernos a lastimar. Pero nada de esto es la verdad. Por el contrario, perdonar significa que ya no llevamos resentimientos, ni odios, ni rencores por dentro. En su lugar, confiamos en que Dios se hará cargo de nuestra vida y de la vida de la otra persona. Dios nos ha perdonado por un montón de cosas, así que tenemos derecho nosotros de perdonar a los demás.

93

289. *Lo más importante de todo... nuestro carácter.* Lo único que llevaremos al cielo es nuestro carácter. Elena de White escribió: "El Señor nos coloca en diferentes situaciones para desarrollarnos. Si tenemos defectos de carácter que no conocemos, nos disciplina para que veamos esos defectos y podamos vencerlos. Él ha dispuesto que nos encontremos en diferentes circunstancias para que hagamos frente a diversas tentaciones. El contacto con las dificultades les dará músculo y fibra espirituales. Se harán fuertes en Cristo, si soportan el proceso probatorio. Pero si critican su situación y a cada uno a su alrededor, sólo se debilitarán. He visto a personas que siempre estaban criticando cada cosa y a todos a su alrededor, pero la falta estaba en ellos mismos. Tenían necesidad de caer sobre la Roca y ser quebrantados. Se sentían completos en su propia justicia propia. Las adversidades que nos suceden nos suceden para probarnos. El enemigo de nuestra alma está trabajando continuamente contra nosotros, pero se nos revelarán nuestros defectos de carácter, y cuando nos sean evidentes, en vez de criticar a otros, digamos: "Me levantaré e iré a mi Padre" (Elena G. de White, A Fin de Conocerle, pág. 284).

290. *Consejos para dormir mejor.* Se debe revisar los medicamentos que se está tomando con un médico. Considerar los cambios en su uso, que puedan estar afectando la calidad de sueño. Mantener el ambiente donde se duerme lo más oscuro posible. Para ello, se debe evitar las luces provenientes del televisor, la pantalla de la computadora o los dispositivos móviles. La luz altera el ritmo natural que tiene el cuerpo al momento de dormir. Limitar el consumo de cafeína y evitar el licor, en particular dentro de las ocho horas previas a acostarse. Si se nota que dormir durante el día le quita el sueño durante la noche, entonces evite las siestas por completo. Si le cuesta quedarse dormido, pruebe tomar de 1 a 2 miligramos de melatonina, la tableta de liberación prolongada. Tomar dos horas antes de acostarse. Es importante intentar dormir de siete a ocho horas por noche. El salmista nos aconseja: *"En paz me acostaré y así mismo dormiré".* Por lo tanto, es conveniente alejar de la mente todo pensamiento negativo rumiando los asuntos pendientes y tratar de mantenerse relajado.

291. *Modestos en el vestir y en el hablar.* La modestia es una cualidad que modera nuestros actos y pensamientos. Una sana virtud que nos impide considerarnos más que los demás. La persona modesta es humilde y no presumirá de sus virtudes o de sus logros. Evitará la presunción, la vanidad o el orgullo personal. Como también el individualismo, el egocentrismo y la búsqueda de placer. Se puede describir como la actitud que una persona posee y que es parte de su carácter. No manifestará una muy alta opinión de sí mismo, sino que le resta importancia a sus virtudes y sus logros. Tiene también la capacidad para reconocer sus errores y defectos. De allí que el principio fundamental de la modestia sea el evitar atraer la atención hacia uno mismo. Conoce el uso al que se recurre del pronombre personal *nosotros* o *nosotras* para evitar usar el *yo* en ciertas situaciones al hablar. Hay países donde la modestia es un valor importantísimo, y otros donde es considerada como demostración de debilidad, pues no se le da mucho valor al yo, a la autoestima propia y/o a la autoafirmación. Hay cuatro aspectos esenciales en la modestia, dos asociados a lo interior como la humildad y la presunción o satisfacción del propio ego, y dos a lo exterior como la modestia en el vestir y en el comportamiento. Tiene que ver con el uso de la máxima sencillez en el modo de vestir, comentada en (1Timoteo 2:9), y con cuidar los movimientos, gestos y lenguaje corporal de tal forma que sea ofensivo para los demás.

292. *Diferencias entre amar y querer.* Amar y querer son sentimientos muy similares. Una persona puede decirle a su pareja que la ama y que la quiere y ambas son fórmulas que sirven para demostrar el amor sincero por el otro. En cambio, para demostrar dicho afecto por los familiares o amigos se utiliza de forma más frecuente el mensaje "te quiero". En cambio, querer a alguien es un sentimiento, también muy intenso, pero que no se sitúa en un plano tan romántico como el del "amor". El verbo "querer" también puede relacionarse con un deseo más egoísta y personal ya que implica que tienes el deseo de poseer algo o a alguien: "Quiero un carro nuevo". Deseas el carro. Sin embargo, cuando lo usamos en un plano puramente amorosa, este verbo adquiere una connotación más amable y menos egoísta. Cuando queremos a una persona y tenemos un sentimiento de posesión, queremos que sea nuestra. Cuando amamos a esa persona, ya no queremos que sea nuestra, la necesitamos y nos entregamos a ella. Amar a alguien es tener un sentimiento muy profundo y sincero hacia esa persona.

293. *Podemos decidir amar o no amar.* Más que un sentimiento, el amor es una decisión. Normalmente, las emociones cambian constantemente; los sentimientos, si no son genuinos pueden variar, pero la decisión del compromiso de amar debe prevalecer aun con el tiempo por encima de lo que podamos sentir. Podemos decidir dar amor, dar compresión, ser detallistas, aunque nos cueste trabajo, aprender a escuchar, aunque no sea fácil, entre muchas cosas más, solo basta tomar la decisión de ser así, aunque no lo sintamos. Podemos decidir amar por encima de lo que podemos sentir, es una elección, quizás no fácil y que requiere mucha práctica, pero se puede lograr amar hasta el final de tus días, porque así lo has decidido.

294. *¿Qué significa querer?* Querer es un verbo que proviene del latín quaerĕre y que significa "tratar de obtener algo". El término tiene diversos usos y aplicaciones. Querer es, por ejemplo, tener cariño o amar a alguien o algo: "Hagas lo que hagas, siempre te voy a querer", "No te haces una idea de lo mucho que quiero a mi perro", "La primera vez que me dijo que me quería, cambió mi mundo". Los miembros de parejas que recién se forman suelen decirse que se quieren, mientras que, con el tiempo y mientras avanza la confianza mutua, pasa a hablarse de amar. Este verbo también hace referencia a apetecer o desear algo: "No quiero ningún regalo para mi cumpleaños". "Nunca quise que las cosas terminaran de esta forma".

295. *No juzguemos por las apariencias*. Por ejemplo, cuando los demás se toman tiempo para hacer algo, son muy lentos... cuando somos nosotros, es que somos cuidadosos. Cuando los demás se equivocan, "que muchos errores cometen" ... cuando somos nosotros los equivocados, es que todos podemos cometer errores. Cuando los demás hacen más de lo que se les piden se extralimitan. ... cuando somos nosotros, es que tenemos iniciativa. Cuando los demás dicen algo bueno de nosotros, son unos hipócritas... cuando nosotros lo hacemos es que somos sinceros. Cuando los demás no nos simpatizan, son unas personas antipáticas... cuando somos nosotros los antipáticos, es que somos veraces. Cuando los demás son unos problemáticos... nosotros somos responsables. Cuando no somos aceptados... es porque nos tienen envidia. Cuando los demás mantienen su punto de vista, son unos tercos y obstinados... si somos nosotros es que somos firmes. Cuando los demás critican, son unos criticones... si somos nosotros es que siempre decimos la verdad. Cuando los demás son ascendidos en el trabajo, son unos oportunistas... pero si nos ascienden a nosotros, es porque tenemos méritos suficientes para tal ascenso. Cuando los demás hablan demasiado son unos charlatanes... cuando somos nosotros los que hablamos, nosotros sabemos muy bien lo que decimos. Cuando los demás ayudan a alguien, algún interés tendrá... cuando somos nosotros, es que lo hacemos por solidaridad. Cuando los demás complacen al jefe, son unos jala mecates... si somos nosotros, somos buenos empleados. Cuando los demás fracasan son unos fracasados... cuando somos nosotros, es que no hemos tenido muy buena suerte. Si los demás pelean son unos agresivos... si somos nosotros los que peleamos, es que queremos hacer valer nuestros derechos. Amigos, debemos ponernos siempre en el lugar de los demás, esto se conoce como empatía. Debemos aprender a ser tolerantes y pensar bien de los demás... aunque estén equivocados.

296. La importancia de la empatía. La empatía es la capacidad de comprender los sentimientos y emociones de otra persona, e intentar experimentar de forma objetiva y racional lo que está sintiendo. La empatía hace que las personas se ayuden entre sí. Cuando una persona siente el dolor o el sufrimiento de los demás se pone en su lugar y se despierta el deseo de ayudar y actuar siguiendo sus principios morales. Una persona empática se caracteriza por identificarse con otra persona, por saber escuchar a los demás y entender sus problemas y emociones. Le permite establecer relaciones saludables, generando una mejor convivencia entre las demás personas.

297. *Crece cristiano*. Estamos llamados a crecer. No podemos permanecer estancados. Hoy mejores cristianos que lo que éramos ayer, mañana mejores cristianos que lo que somos hoy, y pasado mañana, con Cristo por la eternidad. Crecer es nuestra tarea para ser semejantes al manso y humilde de corazón. A pesar de los problemas de este mundo, de las luchas y contrariedades de la vida, el cristiano debe levantar su vista hacia el cielo para alcanzar el blanco propuesto. Mi escritora favorita escribió: "*El ideal que Dios tiene para sus hijos está por encima del alcance del más* *elevado pensamiento humano. La meta para alcanzar es la piedad, la semejanza a Dios"* (La Educación, cap. 1, pág. 17). Hay muchos que nunca podrán alcanzar el propósito del Creador porque nunca buscan la dirección y consejo de Dios. No fuimos creados para el fracaso, él desea que todos alcancemos la excelencia. Podemos avanzar hoy hacia el plan que el Señor tiene para cada uno de nosotros cuando pidamos su dirección y aprobación. Pablo el apóstol declara: *"Y el Señor os haga crecer y abundar en amor unos para con otros y para con todos, como también lo hacemos nosotros para con vosotros"* (1 de Tesalonicenses 3:12).

298. *Dios es el único que no cambia.* Todo cambia. El gobierno cambia. Los líderes cambian. Por un tiempo están en el poder y otro tiempo son otros los gobernantes. El mundo cambia. Las personas cambian, hoy son muy amigables mañana no son tan amigables como parecen. Hoy dicen una cosa, mañana nos dicen otra. El clima cambia, unas veces hace frío, otras un calor infernal. Las estaciones cambian. Las finanzas cambian. Hoy tenemos dinero de sobra, mañana nos hace falta. Incluso hasta la misma salud igualmente cambia. A veces nos levantamos muy adoloridos quejándonos y otras veces parecemos resortes y dinámicos para actuar. Aún nuestros sentimientos cambian. Si no dormimos bien quizás al día siguiente amanecemos malhumorados, pero luego nos pasa el malestar y renace el buen humor. Gracias a Dios que no todo cambia porque Dios no cambia. *"En verdad, el que es la Gloria de Israel no miente ni cambia de parecer, pues no es hombre para que se arrepienta"* (1 Samuel 15:29). Lo que nos sostiene nuestra fe es reconocer que *"El Señor Jesucristo es el mismo ayer, hoy y siempre"* (Hebreos 13:8). Nuestra fe permanecerá firme cuando logremos entender que nuestro Padre celestial permanece firme en su propósito y buenos deseos para con nosotros. La vida adquiere otro sentido cuando reconocemos la belleza del carácter de Dios que nunca cambia.

299. *La limpieza de Dios.* Es el deber de Dios como Creador limpiar esta tierra de todas las impurezas. Limpia las aguas cada día a través de las olas. Nadie entra en el océano a limpiarlo. El proceso es casi automático. Limpia la tierra a través de las aves de rapiña, los cerdos, los gusanos, e incluso la lluvia. Limpia la atmósfera por medio de los árboles, que emiten oxígeno para que podamos respirar aire puro, fresco y vital. También es parte del deber de Dios cuidar y limpiar a sus hijos de impurezas espirituales. Siempre está listo para comenzar el proceso en nuestras vidas si se lo permitimos. Muchas veces, somos rápidos para quejarnos cuando enfrentamos una tormenta en nuestra vida. Parece que el proceso de limpieza se vuelve tan doloroso para nosotros que no notamos que es para nuestro propio bien. Debemos estar dispuestos a agradecer al Señor por las sacudidas de la vida porque éstas están diseñadas para purificarnos. Entreguemos hoy nuestro corazón a Dios y digámosle: *"Examíname oh, Dios, e inquiere mi corazón; ponme a prueba y sondea mis pensamientos. Fíjate si voy por mal camino y guíame por el eterno"* (Salmo 139:23-24).

300. La naturaleza del cristianismo. Como cristianos y seguidores de Cristo tenemos una gran tarea por realizar en el lugar donde nos ha correspondido vivir. Debemos ser un testimonio vivo y edificante para los demás. El creyente en el Señor Jesucristo debe experimentar el gozo de la salvación. Logrará así ser feliz, hacer felices a los demás, a su familia y a la comunidad en general. Todo hombre y mujer que se halle imbuido del verdadero espíritu de Cristo evitará la discordia, el egoísmo y la disensión. Experimentará la paz de Cristo en su corazón y será un portavoz de las buenas nuevas de salvación. El verdadero cristiano vivirá en obediencia y lealtad a Dios. Será honrado en lo más íntimo de su ser. Se mantendrá de parte de la justicia y la veracidad. Florecerá como una persona mansa y humilde de corazón e irradiará un rostro alegre, contento porque se deleita en el amor de Dios.

301. Seamos disciplinados. Ser una persona disciplinada implica enfocarse en las metas que se desean alcanzar, ya sea, en el ámbito personal, laboral o académico. Admiro a mi esposa porque siempre ha sido una persona auto disciplinada en su trabajo y especialmente en el tiempo que le corresponde a Dios, esto es, en el culto devocional diario. La autodisciplina es la capacidad de seguir reglas impuestas personalmente. Es una virtud que se adquiere con perseverancia. La capacidad de auto disciplinarse requiere de la transformación de la disciplina en hábito. Para lograr ser una persona auto disciplinada es necesario tener determinación, constancia y firmeza, de tal forma que se convierta en un buen hábito. Para ello, es importante tener en cuenta algunos puntos para empezar a fortalecer esta virtud: Reconocer nuestras prioridades. Tomar decisiones correctas y no postergarlas. Planificar y actuar. Usar bien el tiempo. Tener fuerza de voluntad. Albert Einstein escribió: *"Hay una fuerza motriz más poderosa que el vapor, la electricidad y la energía atómica: la voluntad'.* *Poseer una fortaleza apropiada.* Rodearnos de personas que nos apoyen y nos motiven con paciencia. Dejar de ser perfeccionistas. El hábito de la autodisciplina necesita de tiempo, por lo tanto, si dejamos de ser perfeccionistas evitamos estar siempre estresados y actuaremos con prontitud.

302. El gran yo soy. Me llamó mucho la atención un pensamiento positivo escrito por Silvia, Ivette Rivera, con unos arreglos especiales de este servidor. *"Si ellos me preguntaren ¿Cuál es su nombre? ¿Qué les responderé? Y respondió Dios a Moisés yo soy el que soy y dijo: Así dirás a los hijos de Israel: yo soy me envió a vosotros"* *(Éxodo 3: 13). Cuando desaparezca el buen ánimo en tu vida para luchar contra las dificultades de este mundo sufriente y sientas que estás pronto a desfallecer... yo soy la fuerza capaz de remover las piedras de tu camino. Cuando sin clemencia te encontraras de suerte que no hallares donde reclinar tu cabeza... yo soy será tu refugio en cuyo seno encontrarás guaridas para tu cuerpo y tranquilidad para tu espíritu. Cuando te debatas ante los misterios de la vida y tengas el alma golpeada por los obstáculos del camino... yo soy el bálsamo que cicatrizará tus heridas y* *aliviará tus padecimientos. Cuando el mundo te haga solo falsas promesas y creas que ya nadie puede inspirarte confianza... **yo soy** quien te brindará sinceridad, y sabrá corresponder en la franqueza de tus actitudes y en la nobleza de tus ideales. Cuando la tristeza o la melancolía intenten albergarse en tu corazón... **yo soy quien** te brinde la alegría que infunde un aliento nuevo y te hará conocer los eventos de tu mundo exterior".*

303. *Pregunta por el gran yo soy.* Y cuando al fin quieras saber de mí... pregúntale al río que murmura, al pájaro que canta, a las estrellas titilantes... **yo soy** el remedio para todos los males que atormenten tu vida. Vamos, pon una sonrisa en tu rostro. Levanta tu cabeza y sigue de frente. Sentirás mi presencia porque **yo soy** el camino. Cuando te falte la calma en momentos de gran aflicción y te consideres incapaz de conservar la serenidad de espíritu **yo soy** la paciencia que te ayudará a vencer las dificultades más dolorosas y a triunfar en las situaciones más difíciles. Cuando se destruyan tus ideales más bellos y te sientas desamparado... **yo soy** la esperanza que te robustece la fe. Cuando la impiedad te revele tus faltas, y la dureza del corazón humano te tilden por tus errores cometidos... **yo soy** el perdón que te levanta el ánimo, promueve la rehabilitación de tu alma restaurando tu vida. Cuando todo parezca perdido y la esperanza como que desaparece **yo soy** quien te espera para que me veas, y lo perdido se pueda restaurar. Cuando las lágrimas insistan caer de tus ojos contémplame porque **yo soy** quien derramó mis lágrimas por ti para que seas salvo y feliz. Cuando las horas del desaliento te inunden el alma y las lágrimas afloren en tus ojos... **yo soy** el que sabe consolarte y pronto se detendrán tus lágrimas. Cuando te falte la calma en momentos de ansiedad y aflicción y te consideres incapaz de conservar la serenidad de espíritu... **yo soy** la paciencia que te ayudará a vencer las dificultades más dolorosas y triunfar en las situaciones más difíciles.

304. *El camino la verdad y la vida.* Cristo habló de sí mismo como el gran **yo soy**. **Yo soy** el camino, la verdad y la vida. Cristo es el camino y nos dice: *"Este es el camino andad por él y no torzáis ni a mano derecha ni a mano izquierda". **Yo soy la verdad** "Y conoceréis la verdad y ella te hará libre".* **Yo soy la vida:** *"Yo he venido para que tengan vida y vida en abundancia".* Cuando dudes de todo, hasta de tus propias convicciones y el escéptico aborde tu mente y tu alma, Cristo te dice: **yo soy** la fe que te inunda de entendimiento para que alcances la sabiduría que tanto necesitas. Cuando nadie te extienda una mano tierna y sincera, que tanto la necesitas, y te desilusiones de los sentimientos de tus semejantes... **yo soy** quien te enseñará a entender la ingratitud humana y la incomprensión del mundo. Cuando los desamores, la falta de fe, y desesperanza insistan en tomar cuenta de tu corazón... **yo soy** quien nunca te abandonará en los momentos más sombríos de tu vida. Cuando las tormentas de la vida afecten todo tu ser y pienses no poder resistir los embates del huracán furioso... **yo soy** la paz que dirá al viento: "Calla, enmudece". Ya no estarás desamparado.

305. *¿Por qué la familia debe ser fortalecida?* Satanás es el Dios de este mundo y está airado contra los hogares puertorriqueños. Es nuestro peor enemigo y quiere que toda la familia viva en constantes conflictos y peleas los unos contra los otros, por lo tanto, nuestros hogares deben ser fortalecidos por el Señor. Los ángeles huyen de un hogar donde se oyen palabras desagradables que causan irritación y contiendas. No permitamos en ninguna circunstancia que el enemigo nos robe la paz, la felicidad y la armonía que debe reinar en toda familia. Debemos interesarnos en cada aspecto del hogar y poner atención a los buenos sentimientos de cada uno de los que componen el hogar expresando palabras que conforten las buenas relaciones familiares.

306. **La importancia del elogio.** Es importante reconocer y entender que las palabras nos acercan o nos alejan de las personas. Debemos expresar palabras de elogio y de felicitación para beneficio de todos. La falta de bondad, las quejas y la ira destierran al Señor del hogar cristiano. Interesarnos en las actividades diarias de tal forma que haya unión, diálogo y comprensión. Dedicar tiempo para pasear o caminar en familia. Sobre todo, evitar pronunciar palabras bruscas o de mal sabor que afecten el bienestar del hogar. El consejo bíblico nos dice que: *"La respuesta amable calma el enojo, pero la agresiva echa leña al fuego"* (Proverbios *15:1*). Debemos cultivar la planta del amor. La bondad y la tolerancia harán del hogar un paraíso y atraerán a los ángeles. Jesús debe ser el centro del hogar. El apóstol Pablo declara*: "Por mi parte, hermanos míos, estoy seguro de que ustedes mismos rebosan de bondad, abundan en conocimiento y están capacitados para instruirse unos a otros"* (Romanos 14:12).

307. *Cuidado con la forma de hablar.* Muchas personas hablan sin pensar y dejan a los demás pensando. Antes de abrir la boca, debemos saber con exactitud lo que vamos a decir. Las palabras que vamos a utilizar. La forma como nos vamos a expresar. Hay palabras que son de bendición, pero hay también palabras que hieren y dejan ondas cicatrices. El consejo profético a través de Elena de White nos dice: ¡Cuan cuidadosos deberíamos ser para que nuestras palabras y actos estén en armonía con las sagradas verdades que Dios nos ha encomendado! Cuando se asocien entre sí, pongan en guardia sus palabras. Que su conversación sea de tal naturaleza, que no tengan necesidad de arrepentirse de ella… Si se pronuncia una palabra perjudicial para el carácter de un amigo o hermano, no estimule nunca, este perverso modo de hablar, porque esta es la obra del enemigo. ¡Recuerde al que habla, que la Palabra de Dios prohíbe esta clase de conversación! (La voz: su educación y uso correcto, pág. 138). Veamos lo que nos dice el sabio en Proverbios 29:20*: ¿Te has fijado en los que hablan sin pensar? ¡Más se puede esperar de un necio, que de gente así!*

308. *Importancia de la unión familiar.* Muchas personas fomentan la desunión en la familia. No se visitan, no llaman y poco a poco se van separando del núcleo familiar. Los corazones se llenan de amargura por la soledad en que se encuentran. Muchos cometen el error de derribar los puentes que después necesitarán volver a cruzar. Debemos entender que todos necesitamos del apoyo y de la ayuda de los demás. Si queremos ser familia tenemos que buscarnos, llamarnos, derribar los muros y construir puentes de amor. Veamos el consejo bíblico del libro de Ezequiel: *"Más valen dos que uno, porque obtienen más fruto de su esfuerzo. Si caen, el uno levanta al otro. ¡Ay del que cae y no tiene quien lo levante! Si dos se acuestan juntos, entrarán en calor; uno solo ¿cómo va a calentarse? Uno solo puede ser vencido, pero dos pueden resistir. ¡La cuerda de tres hilos no se rompe fácilmente!"* (Eclesiastés 4: 9-12).

309. *¿Qué entendemos por familia?* Un grupo de personas emparentadas entre sí que viven juntas o en lugares diferentes. Es la integración del padre y de la madre con sus hijos que conviven armoniosamente en el seno del hogar. El hogar es la base de la sociedad. Es la columna fuerte de una nación. Fue instituido por el mismo Dios. Es vivir juntos en armonía. Es tener un mismo apellido con el mismo tipo de sangre. Son las personas que nos aman y nos aceptan como somos. Es cierto que a todos nos gusta asistir a la graduación de un familiar. A la boda de un miembro de la familia. Al cumpleaños de un ser querido. Nos llama la atención acudir a un hospital o una cárcel para visitar un familiar. Visitar la casa de un familiar cuando está pasando momentos de escasez y de dolor. Amigos, no hay nada más lindo que sentirse apoyado por sus seres queridos y no hay nada más duro y triste que sentirse abandonado por la familia.

310. *Tiempo de calidad.* "Tus hijos necesitan tiempo de calidad". Esta es una frase que muchas personas han escuchado. En el agitado mundo en el que vivimos, con las responsabilidades y compromisos del diario vivir, debemos asegurarnos de poder compartir un tiempo de calidad con Dios, con nuestro esposo/a, con nuestros hijos y nietos. Ahora más que nunca es una tarea muy importante. Pasan los días y tendremos que experimentar entonces, lo que se conoce como el nido vacío. Es ahora cuando se necesitan esos momentos de calidad. Un niño cierto día le pregunta a su papá. Papi… ¿cuánto ganas? Me pagan por horas de trabajo hijo, fue la respuesta. Bueno… y ¿cuánto te pagan por cada hora? Me pagan a diez dólares la hora…ahora con los descuentos de rigor creo que cinco dólares por cada hora. Gracias a Dios porque tienes un buen trabajo, le contesta el niño. A la semana siguiente el niño le dice: mira papi reuní los cinco dólares que te pagan para que podamos ir al parque a jugar por una hora. Nuestros hijos y nuestra familia requieren tiempo de calidad.

311. *Las muchas responsabilidades.* Demasiado a menudo aceptamos excesivas responsabilidades. Descuidamos el ejercicio físico, el descanso o el tiempo en familia… todo, en nombre del servicio a Dios o a nuestro trabajo. Pero al hacer el hábito de acostarnos tarde, gratificar el apetito a costa de nuestra salud, descuidar el ejercicio físico o hacer trabajar la mente o el cuerpo en exceso, desequilibramos nuestro sistema nervioso. Ese desequilibrio puede dañar nuestras relaciones y hacernos menos capaces de orar y servir a Dios. También nuestras relaciones de familia se deterioran porque tenemos tantas y tantas responsabilidades que pueden afectar el tiempo que necesitamos para atender a los hijos y esto afectan nuestra felicidad familiar. Como dijo Salomón: *"hay un tiempo para todo lo que se hace bajo el cielo".* Un buen consejo: Todo tiene su tiempo.

312. *Habla poco y escucha más.* Un buen consejo positivo… escuchar… mucho y hablar poco. Sabiamente al crear al hombre Dios le dio dos oídos y una lengua. Nos da a entender, en esta forma, que debemos oír dos veces antes de hablar una sola vez. El Señor con esta premisa precisamente, nos quiere enseñar la importancia que debemos tener de no hablar sin escuchar. Cometamos muchos errores al pronunciar palabras desatinadas e injustas porque no hemos prestado la debida atención a lo que se nos informan correctamente. Hay que pensar antes de hablar y no hablar para dejar pensando. Medir nuestras palabras con ternura y finura. Muchas buenas amistades se pierden por este hecho trascendental. Son presurosos por hablar sin valorar a las demás personas. *"Por tus palabras serás juzgado o serás condenado",* afirman las Escrituras.

313. *Tenemos que sacar tiempo para escuchar.* No es que debemos sacar tiempo para escuchar, es que tenemos que buscar el tiempo necesario para aprender a escuchar. Este es en verdad, un tiempo de calidad. El tiempo de calidad precisamente consiste en escuchar con atención y premura lo que se nos requiere. Un diálogo saludable y una conversación edificante son la base para mantener la armonía que debe existir en las relaciones familiares. Si solo escuchamos con un oído y mantenemos el otro conectado al teléfono u a otra cosa, como una olla que está a punto de hervir, ese no es tiempo de calidad. Algunas veces no prestamos oído atento a lo que nuestra esposa o nuestros hijos nos dicen. Para mantener las buenas relaciones en el hogar necesitamos sacar el mejor tiempo posible para escuchar. Son esos gratos momentos especiales en la vida que forman parte de nuestra base emocional, aunque no recordemos cada detalle de ellos, evitaremos así la soledad y las frustraciones en nosotros, en nuestro cónyuge y en nuestros hijos.

314. *Expresemos frases positivas y optimistas.* Muchas personas piensan que, al enviar a sus hijos a una buena escuela, termina la gran tarea de la educación. Si deseamos el bienestar de nuestros hijos y queremos que siempre nos recuerden, tenemos que pronunciar frases positivas y alegres que les ayuden a levantar su estima propia. Estas frases pueden ser: "Para mi eres un ser muy especial. "Te amamos y de corazón". "Eres una hermosa criatura de Dios". "Somos privilegiados y bendecidos por ti." "Te felicitamos, vamos a ti". "Contigo siempre estamos contentos" … "Eres una persona estupenda". "Te admiramos por..." "Eres genial y maravilloso" ... "Le agradezco a Dios por lo que eres" ... "Te extrañamos mucho" ... "Quisiera tenerte cada día cerca de mí". "Eres mi campeón de siempre". "Creo en ti, cuenta conmigo en las buenas y en las malas". Estas frases deben estar siempre presentes en nuestro diario vivir. Si nos cuesta mucho expresarlas, porque nunca nos criaron así, escribámoslas y practiquémoslas. Más adelante vamos a darnos cuenta de lo fácil que es agregar más frases positivas de manera especial para nuestros familiares e hijos. Veremos como gracias a ellas nuestra buena relación cambiará. Amigos, no es fácil al principio, pero a la postre, todos seremos grandemente beneficiados.

315. *Un grato compartir con hijos y nietos.* Nuestros hijos y nietos requieren tiempo de calidad. El tiempo pasa rápidamente y los hijos crecen y se van del hogar. En la edad de la niñez, de la adolescencia y de la juventud, es donde nosotros como padres, conscientes de nuestra responsabilidad paterna, debemos sacar un tiempo especial para jugar, pasear, cantar, reír, viajar y disfrutar de todo momento alegre y grato con nuestros hijos y nietos. La esencia del tiempo de calidad es la unión del interés y la atención entre los participantes de la familia. Participar juntos en actividades al aire libre o actividades recreativas o sociales. Juntos también en la iglesia. Juntos en las experiencias de la vida. Juntos en el trabajo y quehaceres diarios. Los niños y jóvenes necesitan salir, tomar el sol y disfrutar de la vida en familia. Un día de paseo o un día de playa es esencial para la buena salud y armonía en el hogar.

316. *Los años no cuentan...lo que cuenta es nuestra actitud.* Demasiadas personas se deprimen cuando ven que los años pasan y ya no son los mismos del pasado. No pueden trabajar con la misma energía y entusiasmo como antes lo hacían. Otros dan gracias a Dios, por contar con vida a pesar de lo avanzado de la edad y de los problemas de salud. A pesar de todo, están alegres y son felices. Estas personas, dejan huellas ante nosotros, con gratos e imborrables recuerdos. Las familias que perpetúan a sus amados renovarán sus fuerzas y valor mediante este legado especial. Nunca lo olvides... los años no cuentan, lo que cuenta es nuestra actitud, nuestras experiencias de la vida y nuestros pasados momentos de calidad en familia y compañerismo. Aprovechemos bien cada día que el Señor nos da, dejando huellas de optimismo, paciencia y perseverancia.

317. *La musicoterapia una nueva alternativa de salud.* La escuela de medicina integral publicó la importancia de la música como un medio de superar la buena salud. Se utiliza como un medio para asistir a necesidades físicas, sociales y cognitivas del paciente. También como un medio de rehabilitación a quien padece de una afección. Algunos países así lo han reconocido y cuentan ya como una carrera académica. Diferentes pruebas señalan que la música favorece las buenas relaciones, estimula los sentidos, la mente y los procesos motores. Esta nueva técnica utiliza la música en todas sus formas. Todos sabemos como una simple canción nos pone tristes o alegres. Generalmente asociamos nuestro estado de ánimo a la melodía de numerosas obras de todo tipo. Precisamente la musicoterapia, recurre a estas melodías como método para curar o reducir diversos problemas de salud. Debemos reconocer que las enfermedades tienen su origen en el cerebro que luego transmite un estímulo a una parte del cuerpo con un estilo determinado que reproduce la enfermedad. Es valiosa para la depresión, el insomnio, la hipertensión, la ansiedad o el dolor de cabeza. Es excelente para las personas que se encuentran tristes o melancólicas, como un bálsamo para su salud.

318. *El milagro del matrimonio.* Todos hemos leído la historia del primer milagro realizado por nuestro amoroso Redentor. La transformación del agua en vino realizada por Jesús en las bodas de Caná de Galilea como se le conoce. El Señor con este milagro logra tres cosas importantes que son lecciones para nosotros: En aspecto social comparte con todas las clases. Participa de la alegría del momento. Este aspecto es muy importante en la comunidad de su reino. El compañerismo social se manifiesta en todo su ministerio. Con su presencia en esta boda, acepta el matrimonio como de gran valor para la sociedad. En el aspecto físico trata de suplir una necesidad, la falta de vino. En el aspecto espiritual, transforma el matrimonio como un símbolo de la falta de amor. Él ha transformado la misión del matrimonio como un acto de amor. El pecado perturbó su felicidad. En la persona de Jesús se restaura el matrimonio. La presencia de Cristo en el hogar es la nota tónica para la felicidad. En este relato Jesús es invitado a una boda porque querían contar con su presencia. Felices son las parejas que invitan al Señor a su boda y a su hogar. Solo él puede quitar la mancha del egoísmo que lo contamina todo. Solo él puede llevar la felicidad a los hogares como lo hizo con su primer milagro. Él debe ser el centro de todo hogar.

319. *¿Por qué las parejas no invitan a Jesús al hogar?* El hogar no está preparado para esta importante visita. Son hogares desordenados por los constantes conflictos. Se nota el polvo de la incomprensión. La cocina se encuentra salpicada por palabras ofensivas, bruscas o de mal sabor. La cama del amor y la comprensión está desarreglada. El piso carece del brillo de la ternura. Es entonces cuando surgen los conflictos entre parejas. No se puede admirar la limpieza espiritual por la suciedad del pecado. Solo por eso Jesús no es invitado al hogar. El vino era símbolo de alegría y abundancia. Si por ventura alguien ofrecía una fiesta en que el vino se acababa la familia pasaba una vergüenza sin medida. A la orden de Jesús se realiza un gran milagro. Se necesita la presencia de Jesús en cada hogar. Debe ser el invitado especial. El vino se puede acabar, pero con las enseñanzas de su Palabra se produce el milagro de la restauración. Sigamos sus enseñanzas y nuestros hogares serán bendecidos, prósperos y atractivos.

320. *El matrimonio la fusión de dos personalidades.* Todos nosotros crecimos bajo la influencia y las enseñanzas de modelos matrimoniales. Cuando una pareja se une en matrimonio… cada uno llega trayendo su propia personalidad, su cultura e idiosincrasia. Su propia historia con sus recuerdos gratos e ingratos del pasado. Las parejas se deben adaptar tanto el uno como el otro a las necesidades del hogar. Cada uno debe poner de su parte y adaptarse a la armonía, por el bienestar del hogar. Los mayores conflictos se deben precisamente a que cada uno, quiere ser el que manda, el que decide, el que piensa y determina las reglas a seguir. El Señor Jesucristo logrará que esas diferencias personales se fusionen en una sola.

321. *La escuela del matrimonio.* En esta escuela los alumnos nunca se gradúan. Es un aprendizaje continuo. El matrimonio es para toda la vida. Es una adaptación personal. Un proceso que a veces se acaba como el vino de la fiesta de Caná de Galilea. Un crecimiento que incluye renuncia y buena voluntad acompañada de perdón. Pueden surgir momentos críticos. Dará la impresión de que la embarcación por las tormentas de la vida va a naufragar. Pero si Jesús está presente, y es el maestro en la escuela del hogar, estará en el timón del hogar para que éste marche en una sabia dirección. El buen vino de la comprensión, la paz y la armonía realizará en cada hogar un verdadero milagro de amor. Problemas, todo el mundo los tiene. Las crisis son necesarias en el proceso de adaptación y comprensión. El Señor conducirá el barco matrimonial a puerto seguro. Solo el Señor Jesús puede lograr transformar los hogares para gloria de su nombre.

322. *El amor una excelente terapia.* Si el hogar no ha sido funcional es porque no todo es perfección. El amor se encargará de cubrir cualquier tipo de imperfección. El vino del milagro en la boda donde el Señor Jesús estuvo presente, nos indica que el vino que hemos experimentado en nuestras vidas, no se puede comparar con el vino del amor de Cristo. El vino que Jesús nos provee es mucho mejor, más sabroso y exquisito que nuestro propio vino. Él está esperando nuestra invitación para que con su presencia realice el milagro de nuestro matrimonio. Está esperando nuestra invitación para que con su presencia realice grandes milagros en el seno del hogar. El amor todo lo sufre...El amor todo lo espera...El amor todo lo soporta... El amor nunca deja de ser. Si el amor de Cristo reina en nuestros hogares, entonces nuestros matrimonios serán el ejemplo ideal para nuestros hijos, para la iglesia y para la sociedad que nos rodea. Que el cántaro de nuestra vida sea llenado por el mejor vino... El vino del amor de Dios y su gracia divina. Que podamos servir de ejemplo para otros, porque nuestra prioridad es Jesús.

323. *Una vida de calidad o calidad de vida.* Si queremos vivir una vida de calidad, óptima y exitosa, necesitamos tener un estilo de vida que nos permita conservar y disfrutar de la vida. La calidad de vida se refiere a las condiciones en que vive el ser humano y que determinan una vida digna y placentera, o una vida llena de aflicción. Según la Organización Mundial de la Salud (OMS), la calidad de vida es la percepción que un individuo tiene de su lugar en la existencia, en relación con la cultura y valores en los que vive en relación con sus expectativas, sus objetivos y sus inquietudes, influido por la salud física y psicológica, sus relaciones sociales, su nivel de independencia y su relación con el entorno. Es un concepto altamente subjetivo, ya que cada ser humano tiene un concepto propio sobre la calidad de vida y la felicidad. Además, está apoyado por la cultura en la que vive, los valores, la sociedad. Este concepto nos señala como disfrutar de un completo bienestar en todas las áreas del ser humano. Responde a la satisfacción de las necesidades físicas que incluyen seguridad y salud. Seguridad de vivienda, con techo propio o alquilado que le permita resguardase de la noche y guardar sus pertenencias. Incluye comida y transporte. En el aspecto social, debemos tener excelentes relaciones familiares, laborales y emocionales de afecto y autoestima, En el aspecto mental con una inteligencia emocional y espiritual satisfactoria. La calidad de vida sugiere un estado completo de bienestar, donde el nivel de vida no es suficiente. Por ejemplo, un individuo con alto nivel de vida, pero oprimido por el estrés laboral tiene una baja calidad de vida.

324. Inteligencia financiera. Se supone que una persona a una edad determinada debe tener un nivel de ingreso que le permita proveer para satisfacer las necesidades de la familia. La inteligencia financiera es la habilidad y conocimiento que le permite a la persona aprender y generar recursos y saber administrarlos conforme a sus necesidades personales. La inteligencia financiera le brinda a la persona la habilidad de generar dinero para atraer más dinero. Aprender como administrarlo logrando una seguridad económica. Abarca desde la educación universitaria hasta el conocimiento adquirido por la experiencia, los errores y aciertos en el manejo del dinero. Podemos decir que la inteligencia financiera busca generar ingresos a través del trabajo propio y obtener un beneficio. No consiste solo en ahorrar dinero sino en la manera que organiza los ingresos de tal forma que le permita incrementarlo y hacerlo más productivo y beneficioso. El dinero debe ser utilizado sabiamente pensando siempre en el bienestar familiar. Para tomar decisiones informadas y beneficiosas de tal forma que nuestras finanzas nos permitan una estabilidad económica exitosa.

325. Como mantenerse feliz. Hay ciertos principios que nos ayudan a ser felices. Ser feliz es una decisión que cada persona debe hacerse. Se sabe que para ayudar a otro es la mejor forma de ayudarse a sí mismo. Siempre recibimos al dar. Hay que tener un pasatiempo o pasión por algo. Eso que pareciera que no nos cuesta, porque nos encanta, ¿Pintar? ¿Tejer? ¿Caminar? ¿Tocar la guitarra? ¿Aprender un idioma? Descubre lo que te gusta hacer y disfrútalo. Hay que vivir el presente. Jugar con los hijos o nietos. Cuando hables con alguien disfruta la conversación. La felicidad para muchos es algo que se anhela, que se busca, sin tener en cuenta el tiempo. Piensa positivamente. Aprenda a callar cuando se debe hacer silencio y hablar cuando es oportuno. Disfruta las alegrías. Esos pequeños momentos de felicidad. ¡Deja de pensar en todo! No le des mil vueltas a un asunto que te salga de la rutina. Distráete con un buen ejercicio el más saludable... Caminar. Sé amable con todos. La amabilidad hacia los demás nos hace sentir mucho mejor. Dedica tiempo para tu familia y amigos. Busca una película de humor que no hayas visto. Coma en forma saludable. Revisa tus hábitos alimenticios. Sea puntual y libérese del estrés de última hora. Compra siempre lo mejor y lo más bonito. No te aflijas por nada ni por nadie.

326. *Mantén viva la chispa del amor*. Si se ha perdido la chispa del amor es hora ya de reavivarla. Muchas parejas declaran que la rutina diaria hizo que se perdiera por completo. Que el amor no es el mismo de antes. El tiempo, la rutina, la falta de actividades en conjunto, el desgaste de tener hijos... Muchas son las razones por las que una pareja puede empezar a sentir que se les está acabando la chispa, sin embargo, detrás de esa falta de 'ganas' de estar juntos no siempre hay motivos externos. Cuando ambos trabajan, desaparecen a primera hora de la mañana y vuelven a verse a la última hora de la tarde con el tiempo justo de dar de cenar a los nenes y llevarlos a dormir. Hace tiempo que se comunican poco, y cuando apagan la luz del dormitorio han comenzado a sentirse extraños el uno del otro. Lejos quedan aquellos años en los que con una sola mirada bastaba para entenderse, o cuando no había jornada laboral que impidiera encontrarse o mandarse mensajes cariñosos. ¿Qué les ha pasado? Otras parejas viven en momentos de 'desencuentro' en el que la pérdida de 'chispa' a nivel de química personal e incluso sexuales pasa factura a todos los niveles.

327. *Cinco buenos hábitos de las parejas felices*. Tomado de la revista Cromos de Colombia 29 enero 2018. Si crees que la felicidad con tu pareja te ronda en este momento, este pensamiento es para que: 1. Trabajen por objetivos en común. Es importante que sepas que cuando desarrollas ideas con tu pareja, pueden disfrutarse como unidad. Las proyecciones a largo plazo solo te indican que estás con la persona correcta. No lo dudes, si así lo sientes, así lo demuestras. 2. Juntos caminen de la mano. No es un mecanismo de prevención de libertad, al contrario, es una forma de demostrar que quieren recorrer el mundo, experiencias y momentos juntos, viendo lo mismo, con la certeza de no dar pasos en falso y de ser así con la capacidad de reconocer los mecanismos para superar cualquier conflicto. 3. Se demuestran afecto. Es importante avivar la llama del amor en todo momento. Un abrazo, un beso, o simplemente una caricia pueden ser factores determinantes de estabilidad emocional. 4. Se envían mensajes de buenos días o buenas noches. Las parejas no pueden perder este hábito, es importante que se manifieste la buena energía, a pesar de cualquier dificultad que se haya presentado durante el día. Al final solo queremos llegar a donde nuestro ser amado y expresarle cuán importante es para nosotros. 5. Se sienten admirados como pareja. No hay nada más gratificante y reconfortante que manifestar todas aquellas cosas positivas que tiene el otro. Es un alimento constante para el alma y para el corazón. En la medida que se manifiesta el sentimiento con distintos hechos, la transparencia y la certeza serán mucho más evidentes.

107

328. *Otros cinco buenos hábitos de las parejas felices* 1. Se comunican de corazón a corazón. Hablar no es decirse 'Compra el pan'. Hablar es darse los buenos días, es decir 'Te quiero' al salir por la puerta. Es llamarse a mitad del día laboral, para preguntar como ha pasado la mañana. Es cenar sin televisión ni teléfonos celulares. 2.Manifestan cariño y lo expresan. No faltan los abrazos, besos, una acaricia o un pellizco cariñoso. ¿Se te ha olvidado lo placentero que es disfrutar de esos momentos? No dejes que tu pareja piense que ya no puede seducirte. 3. Se sorprenden. Un regalo de sorpresa. Una salida de sorpresa. ¡Venga, sal de la rutina! ¡Haz algo que no se espera! 4. Se apoyan. Cuando tu pareja tenga un mal día, escúchala, apóyala. 5. Se comparte la risa. El humor es el mejor acto de amor. Si aportas humor y sonrisas en tu vida te ganarás su corazón. Disfruta del amor. Crea tus propios espacios intocables y sagrados para con tu pareja y no te rindas. ¡Para ser feliz también hay que esforzarse un poquito!

329. *Luzca bien sin que seas vanidosa*. Este mensaje es para damas y ¿por qué no… para caballeros? Lucir bien es parte de una sana apariencia. Nos preocupamos mucho de nuestra imagen y estética. Admiramos sobremanera a las personas dotadas de un físico espectacular, procuramos estar al día en cuestiones de moda y diseño vistiendo a la última moda. Convertir nuestro cuerpo en un dios, esto es vanidad. La vida y la salud física son bienes preciosos confiados por Dios. Debemos cuidar de ellos teniendo en cuenta nuestras necesidades y las necesidades de los demás. Hay que vestir con elegancia y pudor, sin escotes, ni faldas cortas, porque nuestro cuerpo está reservado para Dios, y debe ser tratado con dignidad. ¡Vistamos dignos al encuentro del Señor! Todos sabemos que a una iglesia no se va para lucir bien o aparentar. También sabemos que a la iglesia no se va para exhibir cierto estatus social. ¡Debemos pensar que si vamos a la iglesia es porque queremos encontrarnos con nuestro Dios!

330. *Mantente siempre al día.* Una persona educada está al día en asuntos concernientes a las actividades que se desarrollan en el diario vivir. Es ésta una persona que vive el día a día, bien informada y en las mejores condiciones para que nos escuchen y atiendan. Por otra parte, es interesante entender que una persona bien informada y al día, es una persona que se encuentra en las mejores condiciones para mantener una comunicación acertada y llamativa. Debemos estar al día y al instante, sobre el deporte, la economía, la política y la religión. Al día en el estudio de la Palabra de Dios para dar respuesta de nuestra razón como cristianos de nuestro estilo de vida y especialmente dar razón de lo que pensamos y de lo que creemos. El periódico, las noticias, el internet, los buenos libros, los diccionarios, las enciclopedias nos permiten crecer en el conocimiento y la información. Algunas personas sufren por ignorancia, en cuanto al cuidado de la salud y los beneficios de las frutas y los vegetales, para su consumo y bienestar personal. El consejo del apóstol Pablo es el de *"leerlo todo y retener lo bueno"* (1 Tesalonicenses 5:21). Es un buen consejo que debemos agradecer y poner en práctica.

331. **Respeta la opinión ajena.** Vivimos en un mundo donde todos quieren emitir su propia opinión y lo peor de todo que tratan de dar a conocer que esa es la que cuenta. Especialmente los jóvenes piensan que las personas mayores no saben nada, que están caducos y su opinión no es la más acertada. Ahora bien, para evitar serios problemas debemos tratar de no imponer nuestra propia opinión y respetar cada ponencia presentada. El tiempo se encargará con justicia de indicarnos quien tenía la respuesta correcta. Hablando con cierta persona que se cree un gran intelectual, sobre un tema en particular, me dijo en un tono acalorado, "Esto tenemos que discutirlo" serenamente y sin miedo alguno le contesté: "Amigo, no hay nada que debemos discutir… usted gana. Porque no estoy acostumbrado a discutir, me gusta el diálogo y conocer la forma de pensar de quien quiere contradecirme sin ningún problema de mi parte". Como punto final le demostré razonablemente mi opinión y así se pudo determinar en buena paz quien tenía la razón. Muchas veces una discusión se gana permaneciendo en silencio. Porque como dijera un pensamiento "el silencio es elocuente".

332. **Nunca uses el término "en mi tiempo".** Posiblemente conoces personas que usan dicha frase para indicar que el tiempo pasado era mejor. Pero no es lo correcto, el sabio Salomón dice que todo tiene su tiempo. Quizás para algunas personas el tiempo pasado fue el mejor. Para otras el presente y para algunas más el futuro. Lo importante de todo es que hay que vivir un día a la vez. Basta a cada día su propio afán. Cada momento cuenta. Vivámoslo de tal forma *"que traigamos al corazón sabiduría".* Es el consejo bíblico. Si queremos vivir con sabiduría es necesario, vivir en paz y en armonía cada día de nuestra existencia. Repita diariamente aquel pensamiento de "Solo por hoy quitaré todo pensamiento triste, no me lamentaré de nada. Me sentiré más alegre que nunca. Haré de este día el mejor de todos y mañana haré lo mismo".

333. **Solo por hoy.** Sibyl F. Partridge escribió: "Solo por hoy, seré feliz". La mayoría de las personas son tan felices como deciden serlo. La felicidad es algo interior; no es asunto de afuera. Solo por hoy, trataré de adaptarme a lo que es y no trataré de ajustar todas las cosas a mis propios deseos. Aceptaré a mi familia, mis negocios y mi suerte como son y procuraré encajar en todo ello. Solo por hoy, cuidaré de mi organismo. Lo ejercitaré, lo atenderé, lo alimentaré, no abusaré de él ni lo abandonaré, de forma que será una máquina perfecta para mis cosas. Solo por hoy, trataré de vigorizar mi espíritu. Aprenderé algo útil. No seré un haragán mental. Leeré algo que requiera esfuerzo, meditación y concentración. Solo por hoy, ejercitaré mi alma de tres modos. Haré a alguien algún bien sin que lo descubra. Y haré dos cosas que no me agraden hacer, solo para ejercitarme. Solo por hoy, seré agradable. Tendré el mejor aspecto que pueda, me vestiré con la mayor corrección a mi alcance, hablaré en voz baja, me mostraré cortés, seré generoso en la alabanza, no criticaré a nadie y no encontraré defectos en nada. Solo por hoy, trataré de vivir únicamente este día, sin abordar todo el problema de mi vida de una vez. Puedo hacer en doce horas cosas que me espantarían, si tuviera que mantenerlas durante una vida entera. Solo por hoy, tendré un programa. Pondré por escrito lo que espero hacer cada hora. Puede que no siga exactamente el programa, pero lo tendré. Eliminaré dos plagas: la prisa y la indecisión. Solo por hoy, tendré media hora tranquila de soledad y descanso. En esta media hora pensaré en Dios, a fin de conseguir una mayor perspectiva de mi vida. Solo por hoy, no tendré temor y especialmente no tendré temor de ser feliz, de disfrutar lo bello, de amar y de creer que los que amo, también me aman".

334.   ¿Qué es el miedo? Es uno de los peores males que puede existir en esta tierra. El miedo nos amenaza. Nos aniquila. Nos hace ver que somos muy cobardes para enfrentar los problemas de la vida. Nos lleva al fracaso y a la desesperación. Nos pone a pensar que no somos capaces de nada porque nos envuelve tan profundamente que parecería que somos adictos al miedo. El miedo nos traspasa y nos enferma. Y cuando creemos estar sanados, es cuando nos damos cuenta de que estamos más miedosos. Los miedos son como cadenas que nos tienen atados y nos impiden volar libres y crecer como personas, por eso es tan importante saber vencer todo tipo de miedo. Amigos, no permitamos que nada ni nadie nos inspire miedo, porque el miedo cuando nos atrapa nos hace suyos. Usemos el miedo como un motor para salir adelante airosamente y no como un freno que nos amedrente e impida que actuemos como posibles y felices vencedores. Pongamos todos nuestros miedos en las manos de Dios que él los usará como peldaños para crecer y triunfar. *"Busqué al Señor, y él me oyó, y me libró de todos mis temores. Los que le miraron fueron alumbrados y sus rostros no fueron avergonzados. Este pobre clamó, y el Señor le oyó, y lo libró de todas sus angustias"* (Salmo 34:5-7).

335.   *No caigas en la tentación de vivir con los hijos o con los nietos*. La frase de este pensamiento me llegó como un mensaje de un amigo de las redes sociales. El autor de este pensamiento quiere darnos a entender que el pasar un largo tiempo con los hijos y nietos es una tentación. Analicemos lo que quiso decirnos porque posiblemente no estemos de acuerdo. El estar con los hijos y los nietos es una gran satisfacción y no una tentación. El problema es vivir toda una vida con ellos porque se pierde la intimidad del hogar. Hay gastos extras en comida y los servicios de agua y de luz. Se llega un momento cuando ya los viejos cansan y los yernos se molestan con ellos. Esto me recuerda un jocoso pensamiento: "Que viva mi suegra...pero que viva bien lejos". Podemos programar pasar con ellos un día si viven cerca o unas vacaciones, si viven lejos, pero vivir con ellos siempre, hay que pensarlo dos veces.

110

336. ***Guarda silencio...el silencio es elocuente.*** Estamos tan acostumbrados al ruido, y a las palabras, que olvidamos la importancia del silencio. El silencio es la ausencia total del sonido. También significa abstención de hablar. Sin embargo, que no haya sonido alguno no siempre quiere decir que no haya comunicación. El silencio ayuda a pausar. Estudios han comprobado que el silencio es muy importante para el cerebro y para las emociones. El mundo se vuelve más ruidoso cada día, pero el silencio nos da la opción de meditar, de pensar y cuestionarnos si estamos haciendo bien o mal las cosas. De reflexionar y recapacitar para tener claridad de los pensamientos y por ende de los actos. El silencio nos ayuda analizar si estamos tomando buenas decisiones en nuestras vidas. El silencio es una bendición, un bálsamo. Es saludable reconocer cuando debemos hablar y cuando debemos callar. No muchos saben atender las reglas de cortesía muy necesarias en una buena conversación en cuanto al diálogo, la tertulia o el debate. Dicho en otras palabras, el silencio es elocuente.

337. ***Como vencer la tentación.*** En un mundo donde a cada instante se respiran las miasmas del pecado no es fácil para el ser humano vencer cualquier tipo de tentación. Se necesita un poder de lo alto para vencer al maligno. Veamos el siguiente pensamiento positivo de Elena de White: "Puesto que el hombre caído no podía vencer a Satanás con su fortaleza humana, Cristo vino de las reales cortes del cielo para ayudarlo con su fortaleza humana y divina combinadas. Cristo sabía que Adán en el Edén, con sus excelentes ventajas, podía haber resistido la tentación de Satanás y podía haber vencido. Sabía también que no era posible que el hombre, fuera del Edén, separado de la luz y del amor de Dios, desde la caída, resistiera con su propia fuerza las tentaciones de Satanás. A fin de proporcionar esperanza al hombre y salvarlo de su completa ruina, se humilló a sí mismo al tomar la naturaleza humana, para que, con su poder divino combinado con el humano, pudiera alcanzar al hombre donde éste está. Obtuvo para los caídos hijos e hijas de Adán aquella fortaleza que es imposible que logren por sí mismos, para que en el nombre de Cristo puedan vencer las tentaciones de Satanás" (Mensajes Selectos, Tomo 1 pág. 327).

338. ***Participa con las personas de tu edad.*** Muchos estudios concernientes a la edad y su calidad de vida recomiendan que, si queremos poseer una mejor calidad de vida debemos compartir y salir con personas de la misma edad. Generalmente hay asuntos que conciernen a determinada edad. Por ejemplo, las personas de mayor edad suelen hablar de enfermedades y de los medicamentos que están usando o que les ha servido de mucho. A los jóvenes les gusta hablar de deportes, de política o de chicos, y chicas de su misma edad. Están al tanto de los últimos acontecimientos de su país o de todo aquello que tiene que ver con su bienestar físico o con la política del país donde se encuentren. Cuando se comparten momentos especiales con personas de la misma edad, son comunes los intereses personales y se adquiere un nivel de

111

vida mejor en el logro de una alegría sana, edificante y permanente. Y si pasan los años y se encuentran de nuevo la felicidad es contagiosa.

339. *Mantén una afición en tu vida.* Para evitar la depresión, la soledad o el aburrimiento no hay nada mejor que tener un buen hobby o afición. Es una actividad que se suele practicar para desconectarse de la rutina diaria y otras preocupaciones de la vida. Es muy beneficioso para nuestra salud, ya que nos aleja del estrés. Mientras que aprendemos algo, desarrollamos una faceta personal o, simplemente, estamos prestando atención a algo placentero. El hacer algo con las manos nos entretiene. Leer, escribir, tejer, tocar la guitarra, escuchar buena música o caminar, son pasatiempos muy beneficiosos… y si de caminar se trata puedes combinar ese acto en una ruta que te guste cerca de tu casa en un horario refrescante. Además, se pueden hallar muchas cosas positivas como meditar, reflexionar, hacer planes, conversar, hablar de algo que te agrade mientras se camina. El asunto es distraerse, entretenerse, hacer algo de preferencia mientras transitamos por la vida. Te pregunto: ¿Tienes un buen hobby?, ¡Sácalo para lucirlo!

340. *Se aceptan invitaciones para comer.* Comer es una necesidad y también un grato placer. Los mejores momentos se encuentran en la hora de comer. Y los buenos negocios se hacen después de una excelente cena. Deseo compartir unos pensamientos positivos en torno al comer. "El amor es tan importante como la comida, pero no alimenta" (García Márquez). "Dios ha hecho los alimentos y el diablo, la sal y las salsas" (James Joyce). "No vivo para comer; como para vivir (Marco Fabio Quintiliano). "El rico come; el pobre se alimenta" (Francisco de Quevedo). "Mejor es la comida de legumbres donde hay amor, que de ternero cebado donde hay odio" (Salomón). "No hay amor más sincero que el que sentimos hacia la comida" (George Bernard Shaw). "La sociedad está dividida en dos grandes clases: la de los que tienen más comida que apetito y la de los que tienen más apetito que comida" (Nicolás Sebastien Roch Chamfort). "El placer de los banquetes debe medirse no por la abundancia de los manjares, sino por la reunión de los amigos y por su conversación" (Cicerón). "El hombre que come mucho debe ser bueno, pues para comer mucho se necesita una buena digestión, y la buena digestión depende de una conciencia tranquila" (*Jean Jacques Rousseau*).

341. *Se aceptan invitaciones para viajar.* No hay nada más reconfortante y a la vez satisfactorio como el viajar. He aquí algunas frases muy positivas. "El mundo es un libro y aquellos que no viajan solo leen una página" (Autor anónimo). "Viajar y cambiar de lugar revitaliza la mente" (Séneca). "Viajar es la única cosa que pagas y te hace más rico" (Autor desconocido). "Nadie se da cuenta de lo hermoso que es viajar hasta que vuelve a casa y descansa sobre su almohada vieja y conocida". "Todos los viajes tienen sus ventajas. Si el viajero visita países que están en mejores condiciones, él puede aprender cómo mejorar el propio. Y si la fortuna lo lleva hacia peores lugares, quizás aprenda a disfrutar de lo que tiene en casa" (Samuel_Johnson). "La cuestión es movernos" (Robert_Louis_Stevenson). "Nuestro destino nunca es un lugar, sino una nueva forma de ver las cosas" (Henry_Miller). "Despertar en soledad en un pueblo extraño es una de las sensaciones más placenteras de este mundo". "Dentro de veinte años estarás más decepcionado de las cosas que no hiciste que de las que hiciste. Así que desata amarras y navega alejándote de los puertos conocidos. Aprovecha los vientos alisios en tus velas. Explora. Sueña. Descubre" (Mark_Twain). "He llegado a la conclusión que la forma más segura para descubrir si ciertas personas te agradan o las odias es viajar con ellas" (Mark_Twain). "Viajar es descubrir que todos están equivocados sobre los otros países" (Aldous_Huxley). "Un viajero sabio nunca desprecia a su propio país" (Carlo Goldon). "Los turistas no saben dónde han estado, los viajeros no saben hacia donde están yendo" (Paul Hiperlin) .

342. *Cristo Jesús debe ser el centro en todo hogar*. La mayor necesidad del mundo actual es un conocimiento de Cristo para lograr que reine el amor, la paz la armonía y seguridad del hogar. El Señor Jesús debe ser reconocido como médico, consejero familiar, y sobre todo como el gran salvador y amigo de la humanidad. Elena de White declara: "La gracia de Cristo es lo único que puede hacer de esta institución lo que Dios quiso que fuera: un medio de bendecir y elevar a la humanidad. Así pueden las familias de la tierra, en su unidad, paz y amor, representar la familia del cielo... La condición de la sociedad ofrece un triste comentario acerca del ideal que tiene el Cielo para esta relación sagrada. Sin embargo, aun a aquellos que encontraron amargura y chasco donde habían esperado obtener compañerismo y gozo, el Evangelio de Cristo ofrece solaz. La familia es la ilustración terrenal de la Unidad de Dios" (El Hogar Cristiano, pág. 85).

343. *Necesitamos tiempo para agradecer*. Cada día el Señor nos regala una linda oportunidad para estar agradecidos. Cada vez que se te ocurra algo nuevo y positivo, da las gracias a Dios. No esperemos grades cosas para expresar nuestra gratitud al Creador. Desde el momento que abrimos nuestros ojos debemos dar gracias a Dios por concedernos la vida, la salud y las bendiciones prometidas para cada nuevo día. Comienza tu día, dando gracias a tu Creador por estar vivo. Tenemos que tomar cada situación en forma positiva y con gratitud. Por la nueva oportunidad de vivir. Por el sol o por la lluvia. Por el canto de los pájaros que expresan en esta forma su gratitud a aquél que los creó. A través del día continuemos dando gracias constantemente. No es fácil. Puede ser que, por los muchos compromisos y variadas responsabilidades del día, en ese correcorre diario nos olvidemos de dar las gracias. Es esta una oportunidad para que nuestro día hoy, sea mejor que el de ayer. El ser agradecido elimina la negatividad de la vida. A través de todo el año hay que practicar el arte de la gratitud. Dietrich Bonhoeffer escribió: "En la vida cotidiana, apenas somos conscientes de que recibimos mucho más de lo que damos, y de que la vida solo se enriquece con la gratitud. Ella es el puente que te lleva desde los sentimientos negativos hasta aprovechar la fuerza del amor.

344. *Tengamos tiempo para realizar actos de bondad*. No hay otro lugar más importante para expresar actos de bondad como en el hogar. Los niños aprenden de sus padres las palabras de bondad y cariño expresadas con amor en el seno del hogar. Una gran educadora que admiro mucho nos dejó escrito el siguiente consejo: "Cada mañana debiéramos preguntarnos: ¿Qué acto bondadoso puedo realizar hoy? ¿Qué palabra tierna puedo pronunciar? Las palabras bondadosas en la intimidad del hogar son como los rayos del sol. El esposo necesita de ellas, como también las necesitan la esposa y los niños. Todo el mundo debiera aspirar a conseguir que exista en su hogar el ambiente del cielo tanto como sea posible. Debiéramos ser justos antes de ser generosos. Necesitamos hogares espirituales, hogares agradecidos" (Review and Herald, 23 de diciembre de 1884).

345. *Busca siempre la paz y vívela.* Vivimos en una sociedad donde el ritmo de vida de alta velocidad que llevamos nos impide disfrutar de paz y tranquilidad. Por otra parte, el no disfrutar de un momento de calidad emocional y espiritual, ya que constantemente estamos luchando por todo, por insignificante que eso sea, posiblemente nos haya hecho pensar en muchas cosas. Por ejemplo, que nuestro trabajo y vida social nos absorbe todo momento de la vida. Que carecemos de la verdadera paz que solo Cristo nos puede dar. *"Mi paz os dejo mi paz os doy".* Podemos decir, sin riesgo a equivocarnos, que la paz interior es una sensación de bienestar o felicidad, que nos llena de una profunda tranquilidad. Es un estado en el que la mente se aísla y saca los miedos, las preocupaciones y los dolores de cabeza. Cualquier sensación, pensamiento y emoción negativa que nos pudiera perturbar queda fuera de la burbuja de calma que obtenemos con este estado de reflexión. Decir tener paz espiritual, es sentir que la conexión de la mente y espíritu de Dios es total.

346. *Una mente positiva.* La mente ocupa un papel maravilloso y extraordinario. Mahatma Gandhi escribió el siguiente pensamiento: "Cuida tus pensamientos porque se volverán palabras. Cuida tus palabras porque se volverán actos. Cuida tus actos porque se volverán costumbres. Cuida tus costumbres porque forjarán tu carácter. Cuida tu carácter porque forjará tu destino. Y tu destino será tu vida". Una mente positiva lo es todo en nuestro crecimiento personal y por supuesto en nuestro sendero hacia la tranquilidad personal, hacia nuestra calma interior. No hay nada mejor para sentirnos bien que imaginarlo. Por ejemplo, si nuestra mente nos lleva a imaginarnos en una playa recibiendo la frescura del mar, libres de las preocupaciones y de los problemas y contratiempos de nuestra rutina diaria, seguro que nuestra paz mental ha de permanecer en nuestra vida a pesar de los sin sabores que hayamos tenido. ¡Cuán importante es tener siempre una mente llena de pensamientos positivos y optimistas!

347. *Cada día es navidad.* Recordemos siempre que cada día que vivimos en esta vida, es la celebración de la navidad en nuestros corazones. A mis manos llegó el siguiente pensamiento poético de autor anónimo que me permito transcribir: "Con cuanto anhelo se espera la época de navidad. Hay que comenzar la fiesta, es tiempo de celebrar. Sin saber por qué festejan, sin conocer la verdad, comienza la algarabía de lo que no es navidad. Qué triste la condición que vive la sociedad. Al mundo dan pleitesía, los que en tinieblas están. Buscan llenar un vacío que con nada llenarán. ¡Jesús es la navidad! La tradición con su engaño a muchos quiere atrapar. Hacen todo por costumbre sin siquiera razonar. El que está en Cristo gozará en espíritu y verdad. Hay gratitud en el alma. ¡Cada día es navidad! Es navidad vida nueva, es dejar lo viejo atrás. Es empezar sin reservas con Jesús una amistad. Si en verdad quieres gozarte, si anhelas un cambio ya, dile que sí a Jesucristo. ¡Haz de él tu navidad!" ¡Sí… Amigos! Cada día es navidad con Cristo en nuestra mente y corazón.

348. ***Ría, canta, llora… llora de felicidad.*** La felicidad no solo es cantar y reír. También se llora de felicidad. Cuando recibimos una gran noticia que esperábamos con gran anhelo lloramos de la alegría. Cuando celebramos con regocijo un triunfo que lo veíamos casi perdido lo celebramos con lágrimas de emoción. Se nos conmueve el corazón con alegría y lágrimas de conmoción, cuando vemos el desenlace de una actividad deportiva que se gana con destreza y entusiasmo, cuando asistimos al acto de graduación de un hijo o de un nieto se nos conmueve el corazón y emotivamente observamos con mucha atención la entrega de su diploma. Cuando los estudiantes escuchan las palabras conmovedoras que los declara: ¡Graduados! Es tanta y tanta la emoción que lanzan sus birretes a lo alto y los abrazos entre compañeros se encuentran, aunque no encuentren el propio birrete. Cuando vemos participar efusivamente a una persona que amamos en gran manera ya sea en un canto o en un discurso. Cuando vemos el desenlace de una película cuyos protagonistas sufren una serie de problemas y obstáculos pero que felizmente el complot concluye…y fueron felices para siempre. Hay que cantar. Hay que reír. Hay que llorar cuando se encuentran las gratas y reconfortantes emociones conjugadas en un momento de alegría.

349. ***Vive cada instante de tu vida.*** La vida está llena de pequeños y cortos instantes que debemos vivir y compartir. Solo se necesita de un breve momento para cambiar. Es por eso por lo que hay que sonreír todos los días. Cada día está lleno de intervalos mágicos de la vida y solo se necesita de pequeños momentos para cambiar su curso, en momentos para alcanzar la felicidad cuando se cumplan nuestros sueños. Esos cortos momentos son muy importantes ¡vívalos! Ama con alma, vida y corazón. Disfruta de cada segundo, de cada minuto o de cada hora. Si existe el dolor, piensa que en un instante pasará. Nunca perdamos ese rayo de fe, esperanza y optimismo. Nunca sabemos cuándo será el último intervalo que la vida nos ofrece. Con cada segundo crecemos. Las personas optimistas nunca se dejan vencer por las dificultades de la vida porque confían en Dios.

350. *Palabras necias oídos sordos.* Este es un pensamiento que nos ayuda a evitar muchos contratiempos en nuestra vida y que fácilmente pueden robar nuestra felicidad. Hay personas que hablan por hablar. No piensan en el mal que hacen, sencillamente porque no toman a bien el tener empatía con los demás. Denigran sin darse cuenta. Si no es verdad lo que dicen, no debemos preocuparnos. Dejemos todo en las manos de Dios que Dios pone su mano en todo. No hay que hacer caso de lo que digan, hagan o critiquen y mucho menos de lo que piensan de nosotros o de nuestra familia. Estas personas tóxicas son reconocidas por la forma de exagerar las cosas o de criticar a los demás. Los que nos conocen bien no darán crédito a sus palabras y ellos serán los que pasarán como ridículos, mal informados y quisquillosos.

351. *La envidia mata.* La envidia es una emoción negativa y muy destructiva que siempre ha existido. Es un deseo desenfrenado de algo que no se posee, por eso la persona se enferma más rápidamente. Los envidiosos suelen tener el ceño siempre fruncido. Viven siempre frustrados y amargados. Les gusta solo lo de los demás, no disfrutan su propia vida. Generalmente son depresivos. Se comparan siempre con los que tienen talento y dinero. Puede surgir también por escasez de cosas materiales, por liderazgo en algunas posiciones labores y en el caso de las mujeres por la belleza. Las mujeres suelen envidiar a las bonitas, delgadas, elegantes, ricas, o famosas. Una persona envidiosa suele ser insegura, se siente menos que los demás, no tolera ver triunfar a las demás personas, por eso tiende a emitir críticas sobre lo que hacen o tienen los otros. Los envidiosos son un peligro para muchos. Son personas obsesivas u hostiles. Suelen tener actitudes agresivas, físicas y verbales. La envidia forma parte de una autoestima baja que tiene la persona de sí misma. Ten cuidado de los envidiosos, recuerda que recurren a todo para obtener lo que tu posees. Son capaces de acudir a la llamada "magia negra", fluye la maldad por sus poros y se convierten en personas socialmente peligrosas. Aparentan lo que no son. Se vanaglorian de cosas ficticias. Se fijan en las marcas y en las cosas superfluas. El envidioso es infeliz, hostil, amargado y frustrado. Lo oculta de mil maneras; es hipócrita, adulador y oportunista.

352. *Evita a los envidiosos.* Los envidiosos suelen ser hipócritas y se muestran como personas amables y simpáticas. Tratan de mantener esta máscara para ocultar sus verdaderos sentimientos. Ante la más mínima equivocación que tengas, tratarán de herirte porque les gusta ver a los demás fracasar. El éxito de las demás personas es algo que no soportan. Puedes confundirte y tener a los envidiosos muy cerca haciéndose pasar por tu amigo, pero puedes identificarlo cuando les comentas algo en lo que te fue bien. Ven una oportunidad para opacarte y minimizar tu éxito o cambiar de tema para no prestar atención. El éxito de los demás lo empequeñecen tratando de que pase desapercibido, en cambio las fallas y el fracaso lo señalan y lo celebran. Cuando hay algo en lo que te tienen que felicitar porque es algo bueno, se les dificulta hacerlo porque al hacerlo tienen que esforzarse mucho. Si logras ser una persona exitosa en tu trabajo o en algún aspecto de tu vida tratará de insinuar que te has valido de malas prácticas para llegar a dónde estás. Desean lo que los demás tienen, y constantemente se comparan con otras personas.

353. *A pesar de todo... se fuerte.* No importan los problemas por los que tengas que pasar. No importa las dificultades que te aprisionen. No importa las vicisitudes que tengas en tu vida. Tú puedes hacer de cada día lo que quieras o todo lo que tengas que afrontar con hidalguía, valor y mucha fortaleza. En algún momento de tu vida todo cambiará para tu propio bienestar. No te deprimas, pues puedes hacer contigo y con los que amas, lo que Dios quiera hacer. Cada día debe ser aprovechado al máximo. Tú puedes hacer de cada día lo que te hayas propuesto o quieras alcanzar. Cada día debe ser vivido con intensidad, valentía y entusiasmo. Sonríele a la vida. Vence tus temores. Llora si tienes que llorar. Saca lo que llevas dentro de ti, pero jamás te rindas. Pues en esta vida no hay carga mayor que no se pueda soportar. Se fuerte... tus sueños se lograrán.

354. Vive tu propia vida y no la vida de los demás. No faltan individuos que viven entrometiéndose en la vida de los demás. No son personas discretas. No permiten que sus amigos y familiares ya sea el hijo, la hija, la nuera o el yerno, hagan sus propias decisiones. Porque ellas así lo quieren. Y se molestan cuando no hacen las cosas como ellas lo han determinado. No aceptan que cada persona haga sus propias decisiones. Son las que tratan de dar solución a los problemas de los demás. Quieren enterarse de todo lo que sucede en su alrededor. Toman el control de todo y de todos. Suelen ser chismosas e imprudentes. Se creen sabias según su propia opinión. Viven fisgoneando a los demás, como visten, que comen, adonde van y que hacen. En cambio, de ayudar en la solución de un problema, ellos son el problema en sí que no permite ninguna solución. Son un verdadero estorbo y por tal razón no son personas gratas en quienes se pueden confiar plenamente. Nuestro consejo positivo es que vivamos nuestra propia vida y no la vida de los demás. Nuestro mayor deseo es vivir felices y ver felices a los demás como crecen por sí mismo.

355. *Se una persona optimista...los pesimistas no triunfan.* Optimismo significa enfrentar los problemas de la vida, sabiendo que, con el esfuerzo necesario, vamos a poder solucionarlos y marchar adelante, lograr nuestros objetivos y deseos. Es una actitud que se basa en la manera de percibir y evaluar una situación y sus probables resultados. Es saber sobreponernos, porque tenemos la fuerza y capacidad necesaria, para cualquier dificultad y lograr una vida plena y feliz. Por otra parte, el término pesimista es un adjetivo calificativo que se utiliza para designar a un tipo de personas que mantienen una mirada negativa o pesimista sobre la vida y las situaciones que suceden a su alrededor. Khalil Gibran escribió: "El optimista ve del rosal, la rosa y el pesimista la espina". Había una vez un hombre tan, pero tan optimista, que cuando le dio un infarto dijo que era una corazonada. Y había un hombre tan pesimista, tan pesimista, tan pesimista, que un día se desmayó y en vez de volver en sí volvió en no. Amigo, los pesimistas no llegan a ninguna parte.

356. *Saca tiempo para leer, aprender y crecer.* Son muchas las obligaciones y ajetreos de la vida moderna que hacen que no haya tiempo suficiente para leer, aprender y crecer. Debemos sacarle tiempo al tiempo. Las personas que triunfan en la vida son aquellas que se han esforzado y valientemente hacen planes que le permitirán alcanzar el éxito. Hacen de la lectura su hobby por excelencia y marcan pautas para su crecimiento intelectual y emocional. Debemos proponernos una meta para alcanzarla. Existe una grata y feliz emoción cuando los objetivos son alcanzados a pesar de los obstáculos presentados para llegar a la meta propuesta. Cuando asistimos a una graduación nos llena de emoción el triunfo alcanzado por los felices graduandos.

357. *Ejercita tu cuerpo... un buen ejercicio... caminar*. Todo el cuerpo, corazón, músculos, huesos, articulaciones, nervios necesitan del ejercicio. Si el cuerpo no se ejercita las funciones vitales pierden su estabilidad y surgen serios problemas. El mejor de todos los ejercicios, caminar. Se les recomienda a los enfermos levantarse de la cama y dar cortos pasos como medio para sentirse mejor. Los beneficios del caminar son muchos. Al caminar se quema más grasas y ayuda para que el sistema cardiovascular se active y fortifique. Ayuda con el colesterol perjudicial. Se recomienda caminar con la barbilla en alto y los hombros un poco hacia atrás, mover los brazos en forma natural.

358. *No critiques para que no te critiquen.* Se conoce como crítica la reprobación, ataque o censura que se hace de una persona o cosa determinada. Es una acción desmedida y cotidiana que se ofrece, sin pensarlo mucho. Se convierte a veces en comentarios negativos y agresivos con frases despectivas o racistas. La crítica es una información fundada muchas veces en comentarios sucios y prácticamente inútiles. La murmuración afecta las buenas relaciones y logra aislar el buen concepto que se tiene de las personas. Es muy perjudicial para la salud emocional porque separa a las personas. Quienes continuamente se la pasan criticando no respetan a nada ni a nadie. Y con la misma medida serán medidos, ya para ese entonces tenemos un grave problema emocional y físico, difícil de sanar. Por eso es mejor no criticar porque seremos también nosotros criticados.

359. *No vivas del pasado, el presente es lo que cuenta.* Muchas personas piensan que los tiempos pasados fueron los mejores y quieren vivir siempre en su pasado. Como el nombre lo indica. El pasado ya pasó y solo quedan sus gratos o ingratos recuerdos. Lo que cuenta es el presente y debemos vivirlo con alegría y sin nostalgia. Olvidar el pasado, con sus problemas, penurias y fracasos es lo más importante para una buena salud mental. Los recuerdos del pasado pueden fácilmente afectarnos nostálgicamente y llevarnos a sentimientos de culpabilidad o amargura. El apóstol nos aconseja en Filipenses 3:13 y 14 *"Más bien, una cosa hago: olvidando lo que queda atrás y esforzándome por alcanzar lo que está delante, sigo avanzando hacia la meta..."* Las personas que viven en el pasado por lo general no son alegres, manifiestan emociones de melancolía y tienden a vivir en soledad.

360. *Confía en Dios más que en los hombres.* El ser humano, como humano, puede cometer errores. Dios en su deidad no puede cometer errores porque es Dios. Según el profeta Jeremías existe una seria maldición, para aquellos que confían en el ser humano. Pero esa maldición se convierte en bendición cuando confiamos solo en Dios. Veámoslo: *"Así dice el Señor: ¡Maldito el hombre que confía en el hombre! ¡Maldito el que se apoya en su propia fuerza y aparta su corazón del Señor!"* (Jeremías 17:5). El hombre es un ser cambiante, hoy piensa una cosa y quizás mañana piensa otra completamente diferente. Solo Dios no cambia, (Malaquías 3:6) es el mismo ayer, hoy y siempre. No hay mudanza de variación. Nuestra confianza no debe estar fundada en hombres, solamente en Dios nuestro poderoso libertador. *"Bendito el hombre que confía en el Señor y pone su confianza en él. Será como un árbol plantado junto al agua, que extiende sus raíces hacia la corriente; no teme que llegue el calor, y sus hojas están siempre verdes. En época de sequía no se angustia, y nunca deja de dar fruto"*, continúa diciendo el profeta Jeremías.

361. *Mantén la alegría, la paz y la armonía del hogar.* Bastan unas cuantas palabras mal escogidas y dichas en un mal momento para causar mucha tensión. Lo que comienza como una conversación cordial y tranquila puede convertirse fácilmente en una fuerte discusión. La verdad es que todos nos equivocamos y a veces decimos cosas que no deberíamos decir. Por eso es tan fácil malinterpretar lo que otros dicen y también sus motivos. Aun así, es posible llevarse bien y disfrutar de cierto grado de tranquilidad en el hogar. Se necesitan dos para que haya una discusión. Si uno de los dos empieza a escuchar y deja que el otro hable, se calmarán los ánimos. Por eso, resista la tentación de responder. Mantenga la calma y no pierda la dignidad. Recuerde que la paz, la alegría y la armonía del hogar es mucho más importante que ganar una discusión.

362. *La irritabilidad un problema de muchos.* Muchas personas se irritan fácilmente. No son tolerantes ante las circunstancias de la vida o del ambiente. Se irritan si llueve mucho o si no llueve nada. Si hace frío o si hace mucho calor. Les molestan los niños inquietos o traviesos. Les molesta si no son muy admirados o apreciados. Es una tendencia a irritarse por cualquier cosa por muy insignificante que sea. La irritabilidad es la capacidad del organismo para identificar un cambio negativo en el medio ambiente y poder reaccionar ante estos cambios. Se logra definir como la capacidad de reaccionar a un estímulo que puede dañar el bienestar de la persona y la capacidad intelectual o emocional.

119

363. *Como evitar la irritabilidad.* La falta de una buena alimentación, una práctica del sano ejercicio y un buen descanso afectan la salud de nuestro cerebro. Esta perspectiva pone de relieve la necesidad de cuidar el cerebro. El cerebro, al igual que otros órganos del cuerpo, se ve afectado por nuestro estilo de vida. Como tal, lo que comemos, como nos movemos y la calidad de nuestro sueño afecta el buen funcionamiento del cerebro. Además, la forma en que manejamos el estrés y otras emociones, la calidad de nuestras relaciones y nuestro sentido de propósito, todos juegan un papel para una buena salud mental. Si queremos cuidar nuestro cerebro y evitar todo tipo de irritabilidad es conveniente respirar lentamente, la lenta exhalación ayuda a relajar el cuerpo. Mover el esqueleto. Disfrutar de la naturaleza. Conseguir un sueño regular, tranquilo y reparador. Pasar tiempo de calidad con amigos y familiares. Aceptar que no todos somos perfectos. Comer alimentos nutritivos y funcionales. Beber mucha agua, evitar los licores y los refrescos. Practicar el perdón y el agradecimiento. Estos pequeños detalles nos ayudan a evitar la irritabilidad en nuestras vidas.

364. *El veneno del rencor.* El rencor es un recuerdo que nos envenena. Esta palabra proviene del latín cuyo significado es: rencor, queja, querella, demanda, que a su vez se deriva de la raíz latina "rencidus" y según el Diccionario de la Real Academia Española, significa "un resentimiento arraigado y tenaz". El resentimiento "se define como el amargo y crónico recuerdo de una injuria particular, de la cual desea uno satisfacerse". Una persona rencorosa no es feliz, siempre piensa en la herida profunda que ha recibido y que no se logra sanar por sí misma. Su deseo es encontrar el momento apropiado para el desquite. La venganza, para los rencorosos es dulce y satisfactoria. La medicina y antídoto para este veneno es el perdón. No es fácil el reconocer la situación que no cicatriza y que hace la vida triste y miserable, sin paz recordando siempre la ofensa cometida. *"Perdónanos nuestras deudas, como también nosotros perdonamos a nuestros deudores"* (Mateo 6:12). Este es un sabio consejo del Señor Jesucristo. Hay que perdonar y olvidar como el Señor lo hizo con nosotros. La única terapia aceptada y disponible es el perdón y el olvido. Si no perdonamos y olvidamos la herida aun no cicatriza.

365. *Evitemos todo prejuicio.* Un prejuicio es una opinión preconcebida, generalmente negativa, acerca de algo o de alguien. El prejuicio nos lleva a opinar de lo que no conocemos. Es una actitud suspicaz u hostil hacia una persona o grupo particular. Antes de ver, oír, tocar o conocer, se hace un juicio precipitado e incorrecto. Eso provoca que la persona prejuiciosa se inhabilite para aceptar la opinión de aquel de quien se tiene el prejuicio. Es una actitud errónea y contraria a la voluntad de Dios. Muchas veces se logra evitar todo tipo de prejuicios cuando se conoce o se comparte con la persona que posee este rasgo negativo. Podemos evitar el perjuicio si así lo queremos.

120

366. *Educarte... es lo más importante.* Quien no estudia es porque no quiere. Hay muchas excelentes oportunidades para estudiar. Los que estudian son personas de visión que ven grandes oportunidades para un futuro victorioso y feliz. No hay nada más gratificante que obtener un diploma o un título universitario. No hay nada peor que ver a un joven perder los mejores momentos de su juventud. Muchos jóvenes viven atrapados en la indisciplina, la frustración, la inconstancia, la desmotivación y el pesimismo. Todos esos vicios destruyen cualquier proyecto en la vida y acarrean desánimos perjudiciales para su bienestar futuro. Además, sepultan las esperanzas de aprovechar el paso fugaz por este mundo. Pero para eso está la educación, esa bendita herramienta con que el cielo ha dotado a los seres humanos para disfrutar de la felicidad que Dios nos da cada día de nuestra existencia.

367. *Los fieles y obedientes hijos de Dios.* Piensa por un momento que un buen día te enfrentas para defender los principios de tu fe.... ¿Qué harías? ¿Estarías dispuesto de parte de Dios a renunciar a tu trabajo y no a tus principios cristianos? Que pensarías si después de estar en una posición económica y cómoda, con un buen trabajo y con todas las oportunidades de crecimiento por delante, de repente te ves en una situación totalmente contraria a la que vivías. ¿Qué harías mientras tanto?, que después de muchos días en busca de un buen trabajo, que te den el sábado libre para tus compromisos con Dios, de repente, te llegan ofertas tentadoras, con salarios muy cómodos y con oportunidades de crecimiento bastante buenas, pero que atentan contra tus principios cristianos y contra tus creencias. ¿Cómo te sentirías al ver que oportunidad tras oportunidad se te escurren de las manos? ¿Serías capaz de mantenerte firme en tu decisión de honrar a Dios aun en esa adversidad? Lo más importante es "poner todo en las manos de Dios que el pondrá su mano en todo". Él te dará la respuesta.

368. El milagro de la vida. Cada criatura que nace es un milagro de Dios. Y celebramos con alegría y regocijo ese acto como algo especial. Milagros Hernández, directora del Ministerio Provida, en el Oeste de Puerto Rico nos dice: "La vida es un regalo de Dios, y cada nuevo ser es una muestra de su gran amor. Cuidarla, protegerla y celebrarla es honrar al Creador. Cuando defendemos la vida, sembramos esperanza y dejamos que el amor de Dios siga latiendo en este mundo".

369. *La felicidad, ante todo.* No es fácil ser feliz ante los problemas y situaciones desesperantes y difíciles de la vida. Cada problema tiene su propia solución. Nuestro Señor Jesucristo quiere y desea que seamos totalmente felices. Nuestras luchas y preocupaciones deben ser colocadas en las manos de Dios. Hay que experimentar como algo apacible y delicado el gozo de la salvación. Nadie, solo Dios, puede quitarnos la alegría de vivir y estar en paz con nosotros mismos y también con nuestros semejantes. Shakespeare decía: "Siempre me siento feliz. ¿Sabes por qué...? Porque no espero nada de nadie. Esperar siempre duele. Los problemas no son eternos siempre tienen solución. Lo único que no se resuelve es la muerte. La vida es corta, por eso... ámala. Sé feliz y siempre sonríe. Vive intensamente. Recuerda: Antes de hablar...escucha. Antes de escribir... piensa. Antes de criticar... examínate. Antes de herir...sana. Antes de orar... perdona. Antes de odiar...ama. Antes de gastar...gana. Antes de rendirte...intenta. Antes de morir...vive."

370. *El verdadero amigo.* Es muy fácil reconocer quien es un amigo verdadero. El verdadero amigo se conoce en los días más difíciles de la vida. No solamente en los momentos de festividades, alegrías y algarabías. El verdadero amigo es aquel que, en los momentos de enfermedad, tristeza o pesar, está allí para decirte que se puede contar con él en esos momentos de incertidumbre y pesar. El amigo verdadero no te pregunta si está bien, sino que te abraza y se alegra de verte bien. Quizás no te ha visto llorar porque llora contigo. No te manda flores o una tarjeta porque está allí contigo y si fuera necesario pasaría toda la noche para cuidarte. No te ofrece el sofá para que duermas, te ofrece la mejor cama para que duermas bien. No toca a tu puerta para que abras, sino que entra y dice estoy aquí porque vine a verte. Un amigo puede ser por un tiempo, pero el verdadero amigo es para toda la vida. Esos verdaderos amigos hay que conservarlos siempre porque son difíciles de encontrar y ya tu lo encontraste.

371. *La vida es maravillosa.* Dale gracias a Dios por tu vida, tu hogar y tu familia. Expresa tu gratitud, porque tienes vida, salud, fe y esperanza. Tienes un trabajo estable para alcanzar tus metas y desafíos y para continuar alcanzando mayores triunfos. Que el Señor bendiga tu pedacito de cielo que es tu hogar. Naciste para ser feliz y disfrutar las bendiciones de tu Padre celestial. Cada día con su bello amanecer, es la parte más hermosa del día, porque es Dios quien te despierta para regalarte otra nueva oportunidad de vida. Disfrutar de esos buenos días que te dan felicidad, mientras los días malos te proporcionan experiencia. Lo que intentes cada día te mantendrá fuerte. Las pruebas te mantienen humano. Las caídas te mantienen humilde, pero solo Dios te mantendrá de pie. Cada día con sus horas, minutos y segundos, es la oportunidad de Dios para bendecirte siempre y cuando camines con tu Creador y amigo de todos los días, bien sean estos buenos o malos.

372. *Las amarguras de la vida.* Conocemos el término amargura como el sabor poco agradable, que se percibe como amargo muy similar a la hiel. Se detecta por las papilas gustativas que se encuentran en la región posterior de la lengua. Se conoce también como las vivencias más o menos dolorosas que provocan un sentimiento de amargura o de malestar. Es una angustia del alma que nos lleva al desánimo, a la melancolía. Una tristeza profunda de desesperación e intranquilidad. Es un fruto malo producido muchas veces por la falta de voluntad para perdonar las ofensas que nos causan cuando hemos sido rechazados. A medida que la raíz de amargura crece más fuerte por los rechazos repetidos, alimenta las heridas y produce: venganzas, rencor y resentimientos de ira... y hasta deseos de matar. No debemos permitir que vivamos vidas amargadas que perturban nuestro bienestar, felicidad y pidamos la ayuda del cielo para vencer todo tipo de amargura.

373. *Como controlar la amargura.* Con la llegada de la pubertad, surgen las primeras amarguras. Los primeros encontronazos con esta sociedad, negativa por las condiciones amargas de la humanidad que nos rodea. A partir de esta percepción negativa de la vida, la amargura aplica a todo aquello, que provoca tristeza, llanto, dolor, preocupación, malestar o desazón. La amargura comienza con una ofensa que crea la falta de perdón. Luego se convierte en resentimiento, más tarde en odio y termina cauterizando la conciencia. Por lo tanto, no debemos actuar siguiendo nuestros propios impulsos. Debemos esperar estar más tranquilos y recuperar el control sobre nuestro cuerpo y nuestras emociones. Si hemos decidido hablar con la persona causante de nuestra herida o dolor, cuidemos bien las palabras. No le digamos nada de lo que más tarde podamos arrepentirnos en ese momento de dolor o rencor. Preparémonos para estar dispuestos, si fuere necesario, para pedir perdón o para aprender a perdonar. Si obtenemos el perdón o aprendemos a perdonar desaparecerán los sentimientos de amargura. Solo Dios nos concede el buen deseo de aprender a perdonar o a ser perdonados. *"Asegúrense de que nadie deje de alcanzar la gracia de Dios; de que ninguna raíz amarga brote y cause dificultades y corrompa a muchos" (Hebreos 12:15).*

374. *Momentos de nostalgia.* Muchos de nosotros en algún momento de nuestras vidas, hemos experimentado, aunque sea por un breve lapso, momentos de nostalgia. Es decir, nos hemos sentido nostálgicos. La nostalgia (del griego clásico nóstos regreso al hogar y algo de dolor) es descrita como un sentimiento de anhelo por un momento, situación o acontecimiento del pasado. Llega a ser como un sentimiento de pena, tristeza y melancolía provocado, por la lejanía de la patria, la ausencia de los seres queridos, la pérdida de un ser muy recordado o la pérdida de un bien o posesión. Hay momentos de nostalgia cuando recordamos cuando éramos niños y fuimos a la escuela. Pueden ser momentos del pasado cuando nos enamoramos o participamos de algún evento como nuestra graduación. Se considera como un sentimiento que cualquier persona puede atravesar en cualquier etapa de la vida recordando su pasado. Por eso debemos pensar siempre en el presente olvidándonos de todo pasado nostálgico.

375. *Momentos de melancolía.* La melancolía, según el diccionario, es "la tendencia que tiene una persona a una tristeza permanente". La persona se siente melancólica o está propensa a la melancolía cuando recuerda un pasado triste, o un episodio de la vida. Hay personas que dicen sentir un poco de melancolía, por ejemplo "la orquesta tocaba canciones mexicanas que conseguían ponernos más melancólicos

123

o tristes". ¿Qué implica o denota la melancolía? Se dice que una persona puede tener una "mirada melancólica o un aspecto melancólico" que no es otra cosa que "una mirada o un semblante triste". Por otra parte, se conoce como un temperamento melancólico como el más rico y complejo de todos los temperamentos. Suele producir personas analíticas, abnegadas, dotados como perfeccionistas. Esta suele ser una de naturaleza emocional muy sensible, predispuesta a veces a la depresión. Si poseemos un temperamento melancólico debemos evitar todo sentimiento de tristeza o de pesar.

376. La mentira...negación de la verdad. La mentira es una afirmación que hace una persona siendo consciente de que no es verdad. En nuestras vidas, todos hemos dicho alguna mentira que, por pequeña que fuera, no tenía otro objetivo que maquillar la realidad o parte de ésta. Generalmente, decir mentiras, está asociado con el comportamiento, es decir, se utiliza para mejorar la imagen que otras personas puedan tener de nosotros mismos. Asimismo, la vergüenza o el mantenimiento de nuestra reputación pueden llegar a ser claves a la hora de utilizar mentiras. Sin embargo, debemos tener en cuenta que éstas, nos pueden llevar a que los demás generen una impresión de nosotros mismos que poco tiene que ver con la realidad. A nadie le gusta que le mientan. La mayoría de las veces, cuando nos cercioramos de que una persona muy cercana a nosotros nos ha mentido nos sentimos traicionados. Este sentimiento normalmente nos lleva a que empecemos a desconfiar de la persona que nos ha hecho daño mintiendo. En consecuencia, debemos de valorar la gravedad de ésta para poder tomar una determinación. Como vemos, la mentira está asociada con sentimientos de traición, desconfianza, engaño, recelos y disgusto.

377. La mentira y la comunicación. La mentira puede formar parte de nuestra comunicación. Irremediablemente, nos guste o no nos guste, todos hemos mentido alguna vez en la vida. Muchas veces, mentir nos pone en situaciones en las que nuestra moralidad es cuestionada. Como bien lo sabemos, mentir para proteger a las personas que queremos, se piensa que está permitido. Sin embargo, no es así. Debemos intentar en nuestro diario vivir, ser sinceros con las personas y decir siempre la verdad...cueste lo que cueste. De esta forma, evitaremos herir a las personas ocultándoles información y nos sentiremos mucho más a gusto con nosotros mismos. Porque la verdad siempre triunfará. Es por esto por lo que queremos presentar lo que se debe evitar, en este caso mentir, para darnos cuenta, que de este modo solo se agravará el problema. Enfrentarnos a los miedos para afrontar las situaciones que nos ayudarán a no necesitar de ninguna manera la mentira como medio para quedar bien ante los demás. Diciendo la verdad nos sentiremos más fuertes y capaces de afrontar cualquier situación que antes nos parecía imposible de asumir. Sería bueno y necesario, analizar las consecuencias negativas de mentir, así como las positivas de decir la verdad. En definitiva, darse cuenta de que decir la verdad tiene mayores beneficios a largo plazo que los que se tienen por mentir a corto plazo.

378. *¿Lo que es la ignorancia?* Con esta pegunta se quiere describir que muchas personas cometen errores por su ignorancia. Como dice un pensamiento conocido: "La ignorancia es atrevida". La ignorancia, amigos, se prueba con inteligencia. Cuando se investiga y se adquiere el conocimiento para salir de esta situación de ignorancia, se logra entender bien clara la verdad. Lo digo por mi experiencia personal. Fui criado en un hogar católico. Estudié con sacerdotes como maestros. Todos los días tenía que asistir a la misa. Pero, gracias a la bendición y dirección del Espíritu Santo, pude salir de la ignorancia sobre las verdades contenidas en la Palabra de Dios, que por ignorancia no conocía, tales como observancia del sábado como día de reposo y los ritos copiados del paganismo romano. Señala el registro sagrado: *"Como hijos obedientes, no se amolden a los malos deseos que tenían antes, cuando vivían en la ignorancia. Más bien, sean ustedes santos en todo lo que hagan, como también es santo quien los llamó" (*1 Pedro 1:14-15). Alabo a mi Dios porque hoy, no soy un ignorante en asuntos religiosos, y como un hijo obediente y sincero, procuro, con la ayuda de mi amado Señor, hacer su voluntad con obediencia y santidad. Y claro... disfrutar de sus constantes bendiciones. ¡A Dios sea la gloria y la alabanza!

379. *Modestos en el vestir y en el hablar*. La modestia es aquella virtud que la persona desarrolla a lo largo de su vida. Es una cualidad que modera nuestros actos y pensamientos. Una sana virtud que nos impide considerarnos más que los demás. La persona modesta es humilde y no presumirá de sus virtudes o de sus logros. Evitará la presunción, la vanidad o el orgullo personal. Como también el individualismo, el egocentrismo y la búsqueda de placer. Se puede describir como la actitud que una persona posee y que es parte de su carácter. No manifestará una muy alta opinión de sí mismo, sino que le resta importancia a sus virtudes y sus logros. Tiene también la capacidad para reconocer sus errores y defectos. De allí que el principio fundamental de la modestia sea el evitar atraer la atención hacia uno mismo. Conoce el uso al que se recurre del pronombre personal nosotros o nosotras para evitar usar el *yo* en ciertas situaciones al hablar. Hay países donde la modestia es un valor importantísimo, y otros donde es considerada como demostración de debilidad, pues no se le da mucho valor al yo, a la autoestima propia y a la autoafirmación.

380. *Como ser una mujer elegante*. Yoselyn Ortega especialista en la elegancia dice: "La elegancia va más allá de usar ropa y accesorios de marcas de lujo, es sinónimo de buen gusto, actitud, educación y clase. Es un estilo de vida que solo algunas mujeres deciden adoptar, pero ser elegante no es tan complicado como parece y todas podemos llegar a serlo si así queremos. De nada sirve que te veas guapísima si estás encorvada o sacando la panza. Intenta mantener tu espalda erguida cuando estés parada, pero también cuando camines y te sientes. Es importante que tu postura sea natural y estés cómoda con ella, de lo contrario, lucirás falsa. Una mujer elegante no necesita de maquillaje para sobresalir. Identifica cuales son los tonos que van mejor con tu tono de piel y cuales son las prendas que le

125

favorecen más a tu cuerpo, sin que se vea vulgar. También es importante que identifiques tu estilo personal y que le seas fiel. Evita seguir tendencias, que no van contigo solo porque están de moda. Evita los descuidos. La ropa sucia, arrugada o con aspecto viejo proyecta una mala imagen. Lo mismo aplica con tu higiene y cuidado personal, desde tu cabello y tu olor, hasta tus uñas deben tener buena apariencia. Un perfume sofisticado que vaya con tu personalidad también es una gran inversión. Cuida tu lenguaje. Evita usar groserías y gritar al hablar, las mujeres más elegantes se destacan por su amabilidad y educación. Además, suelen ser cultas e inteligentes, por lo que siempre tienen un tema de conversación interesante. Asegúrate de que la ropa y los zapatos que usas sean de tu talla. Algo que te quede muy grande o apretado nunca se verá bien ¡y menos elegante! También debes ser acertada para adaptarte al clima y la ocasión, respeta los códigos de etiqueta de los eventos a los que vayas. Las mujeres elegantes suelen ser más discretas y no necesitan usar la ropa más cara para destacar su clase, pues saben que la elegancia tiene que ver con su buen gusto y no con su dinero."

381. *Elegancia masculina.* Algunos piensan que no se puede ser elegante sin invertir una gran cantidad de dinero. Aunque es cierto que adquirir ropa de buena calidad ayudará a que dure más. Se recomienda comprar ropa que entalle bien. Si la camisa no es de tu talla, los botones parecen que están a punto de atacarte y que el pantalón o que el traje se lo prestó el primo flaco. Nunca andes en chancletas o zapatos sin medias. Los zapatos siempre han de estar limpios y las medias no deben ser blancas a menos que salgas a caminar. No uses botas vaqueras a menos que salgas al rancho el fin de semana. Usar siempre cinturón es lo ideal y debe ser del mismo color de los zapatos. Un caballero elegante evita hablar a voces y ser discreto para no llamar la atención. La forma de expresarse tiene que ver también con la elegancia. Practica la cortesía y la buena educación. El cabello siempre limpio y bien peinado. El vestido debe ser adecuado para el trabajo que desempeña. Si va a una reunión o a la iglesia no se debe usar camisas de manga corta, aunque haga mucho calor. El uso de la sudadera debe quedar solo para hacer deporte o pasear por el campo. Un hombre elegante tiene un gran porte. Imagínate un hombre muy bien vestido que luce impecable, pero está encorvado. Y, por último, uno de mis mejores secretos de la elegancia, utilizar siempre una amigable sonrisa, aunque el día no haya sido el mejor.

382. *Normas de cortesía.* La cortesía es un término que procede de **cortés**, un adjetivo que permite nombrar a las personas atentas, afables y comedidas. Las cortes eran los núcleos más importantes a nivel político y social. Estaban a las órdenes de los reyes, donde se encontraban también oficiales y vasallos. La cortesía es un código. Un lenguaje particular, que facilita las relaciones sociales. Las reglas de cortesía varían entre familias, ciudades y naciones. La cortesía o los buenos modales son, ante todo, el respeto a un código que permite establecer las buenas relaciones. Los buenos modales manifiestan valores profundos, como la comprensión, la mutua tolerancia, el trato entre compañeros, superiores y compañeros. La cortesía requiere algunas normas básicas: Tratar a los demás como queremos que nos traten. Estar siempre dispuestos a sonreír. Ser gentiles y agradables al hablar. Saber escuchar. Opinar sin discutir. Ser cordiales, agradables, joviales y dinámicos. No prometer nada sino podemos cumplir. Pedir "por favor" y no olvidarnos de decir "gracias".

383. ***¿Cómo superar los obstáculos?*** La mejor manera de superar los obstáculos es prepararse para el momento cuando lleguen. Hay que reconocer las metas que nos hemos propuesto. Preguntarnos: ¿Qué obstáculos pueden impedirnos para que se logren esas metas propuestas? Hay obstáculos fáciles de eliminar. Por ejemplo, si tu meta es hacer ejercicio y no tienes los zapatos adecuados, ese es un obstáculo, pero puedes eliminarlo ¡comprando otros zapatos! Sin embargo, algunos obstáculos no son tan fáciles de superar. Hay limitaciones económicas, físicas, educativas o sociales que no pueden ser eliminadas fácilmente. En esos casos debemos recordar que "la perseverancia logra lo que la dicha no alcanza".

384. Perseverantes hasta el fin. La perseverancia no significa que podemos eliminar los obstáculos fácilmente sino continuar buscando la meta a pesar de las dificultades. El apóstol Pablo es un ejemplo perfecto que ilustra esta verdad. Tenía numerosas limitaciones que lo hubieran desanimado de proseguir con su propósito, como ser mensajero a los gentiles. Era judío, tenía limitaciones físicas, 2 Corintios 10:10 y la mayor de ellas, su "aguijón en la carne" que nunca se especifica en qué consistía. La mayoría de los eruditos coinciden en que debe hacer sido alguna enfermedad. Pero sin importar lo que fuera, esto no impedía la predicación de Pablo. Por eso rogó a Dios que se lo quitara (2 corintios 12:8-9)**. ¿Qué aprendemos de Pablo? Pablo siempre vio el obstáculo desde la perspectiva divina. Consideraba sus impedimentos insuperables como una motivación para confiar en Dios, en vez de depender de sus habilidades propias y tranquilidad. Todos enfrentamos circunstancias que no podemos cambiar que tratarán de impedir que alcancemos nuestras metas. Podemos darnos por vencidos, o podemos a ver esos problemas como oportunidades para confiar más en el Señor.

385. ***¿Cuán necesaria es la fortaleza?*** Se entiende por fortaleza la capacidad de una persona para sostener, soportar o resistir algo que pueda trastornar su felicidad. Es un sinónimo de fuerza o vigor muy necesarios para resistir las situaciones o problemas y dificultades que se presentan en la vida de cada persona. Se dice que una persona posee fortaleza cuando ha superado, por ejemplo, una terrible enfermedad, ha afrontado una desgracia o situación crítica o desesperante. Es una virtud cardinal que consiste en vencer el temor y huir de la temeridad. Una capacidad moral que posee una persona para resistir o sobrellevar sufrimientos o penalidades. Por ejemplo, "mostrar fortaleza ante la muerte". Podemos decir, "admiro la fortaleza

127

de José para sobreponerse a tan duro golpe" o "Luisa necesitará mucha fortaleza para salir adelante". Supone firmeza ante las dificultades críticas de la vida. La fortaleza, amigos, nos da esperanza para obtener la victoria final. Nos ayuda ante nuestras debilidades humanas. Nos lleva a hacia una conquista segura manteniéndonos firmes y leales ante las circunstancias que se presenten.

386. ¿Cuán importante es la lealtad? El término de lealtad puede situarse en diferentes contextos como trabajo, relaciones de amistad, amor en parejas, amor hacia Dios o hacia la patria. Expresa sentimientos de respeto y fidelidad a los principios morales a hacia una persona, comunidad, entidad u organización. El término lealtad proviene del latín *"legalis"* que significa "respeto a la ley". Es un adjetivo usado para identificar a un individuo fiel, en base a sus acciones o comportamientos y compromisos. Es por ello, que una persona leal es aquella que se caracteriza por ser dedicada y cumplidora, e inclusive cuando las circunstancias son adversas, así como defender en lo que cree. Es sinónimo de nobleza, rectitud, honradez, honestidad, devoción personal hacia una persona o hacia un ciudadano. Es un motivo de respeto hacia una persona o hacia así mismo. La lealtad a los principios de la verdad expresada en la Palabra de Dios es motivo de grandeza para el sincero creyente.

387. ¡A caminar se ha dicho! El caminar diariamente es uno de los tipos de actividad física más practicados en todo el mundo porque sigue siendo uno de los ejercicios más completos para beneficiar el organismo. No es ninguna novedad, que el practicar una actividad física nos ayuda a tener un organismo más sano y productivo. Es muy cierto que no hace falta pasar horas y horas en un gimnasio para lograr estar saludables y tonificar el cuerpo. Lo que muchos no saben es que caminar es una de las formas más completas de ejercitarse. El caminar al aire libre es una excelente alternativa ya que el cuerpo absorbe vitamina D tan necesaria para los huesos. Salga a caminar con su esposa o con sus hijos para mantener la cordialidad en el hogar.

388. ¿Cuáles son los beneficios de una caminata diaria? Son muchos los beneficios: Disminuye el riesgo de ser hipertensos y en los que ya presentan este cuadro estabiliza la presión arterial. Se activan enzimas que disminuyen el colesterol malo y generalmente elevan el bueno. Además, quienes padecen de diabetes les ayuda a disminuir su peso y finalmente se evita el sobrepeso. Mantiene irrigado los músculos porque al haber movimiento mantiene un mayor flujo de sangre hacia los músculos que están trabajando y que requieren de energía. Genera secreciones hormonales muy fundamentales para el correcto funcionamiento del cuerpo. Una seria investigación reveló que el caminar diariamente nos ayuda a tener un menor riesgo de padecer de enfermedades cardiovasculares. Reduce los niveles de insulina, de colesterol y de los niveles de presión arterial. Evita la depresión y alivia el estrés.

389. *La pereza un mal moderno.* La pereza conocida también, como ociosidad, vagancia, holgazanería, haraganería, zanganería, desidia, negligencia. Suele estar perfectamente alimentada con la facilidad de los medios de comunicación y las pantallas digitales, las cuales son antagónicas a cualquier esfuerzo que haya que hacer. Por eso los perezosos se pasan mucho tiempo en esos medios que les permiten hacer discurrir el día, sin hacer ningún esfuerzo, ni físico ni mental. La capacidad de trabajar, disfrutar o prosperar, queda absorbida por el vicio de la pereza. La pereza les convierte en esclavos de la televisión o del celular lo cual deja de ser un entretenimiento para convertirse en una obsesión o en un vicio.

390. *La pereza madre de todos los vicios.* El perezoso admite, e incluso fomenta otros vicios y miserias, justificándose con la excusa de que "yo soy así y nadie me puede cambiar". La pereza no lleva a nada bueno. Impide intentar cada día ser más honestos, generosos y fieles. Hace falta valor para llamar a las cosas por su nombre y sin tapujos semánticos. La pereza es un vicio muy grave y por lo tanto hay que actuar contra ella con inteligencia, energía y diligencia. La pereza al estar relacionada con la educación de la voluntad constituye una de las más dolorosas formas de pobreza, pues se paga muy cara, ya que no se hacen las cosas cuando se deben hacer. Mientras unos se están despertando, otros ya han ido y han vuelto de buscar y encontrar las oportunidades. La pereza nos impide reflexionar cual es el camino más seguro para cumplir los objetivos o enfrentarse con los problemas para solucionarlos. El decir o pensar, "mañana, mañana", es la vieja táctica del que se esconde pensando que así se aleja el peligro, para no enfrentarse con los problemas que le vienen encima. La pereza impide cuidar la salud física y mental de nuestro cuerpo, estudiar y trabajar con eficiencia y productividad, y desarrollar al máximo nuestras capacidades intelectuales y físicas. Cuando la pereza se incrusta en nuestra mente, se nos hace muy difícil realizar ciertas actividades que requieren aprendizaje, esfuerzo y valentía. Origina que ante ciertas actividades el cuerpo se sienta mal, desmotivado y sin energía, por lo que alarga el momento de empezar. *"La mano de los diligentes señoreará; más la negligencia será tributaria"* (Proverbios 12:24).

391. *Un estilo de vida sedentario o inactivo.* En los Estados Unidos y en todo el mundo, la gente pasa más y más tiempo en forma inmóvil. Muchos de nuestros trabajos se han vuelto más inactivos, con largos días sentados en un escritorio. La manera de transportarnos al trabajo no nos ayuda. Durante nuestro tiempo libre estamos a menudo sentados, ya sea frente a la computadora u otro dispositivo, viendo la televisión o jugando videojuegos. El sedentarismo origina muchas enfermedades, tales como la obesidad, la pérdida de memoria, enfermedades cardiovasculares. La diabetes, el estrés y otras más. El problema es la pereza o modelo de vida, normalmente desorganizado. No se han organizado en el tiempo y sencillamente no tienen tiempo para el ejercicio. Algunos necesitan una desintoxicación de su pereza para vencer desde la mañana su indolencia. Poco va a hacer durante el día, si no se

129

ha ganado la primera batalla. La pereza hace a las personas crearse su propio mundo, donde el "mañana hago mi caminata programada" y llega mañana y nada, son justificaciones para no hacer lo que se tiene que hacer.

392. *El descanso versus la pereza*. El cuerpo necesita del descanso. Sabiamente el Dios Creador instituyó el día de 24 horas. De las cuales, ocho son para descansar de las actividades del diario vivir. Un sueño placentero es una buena medicina natural provista por el Creador para nuestra salud y bienestar. Descansar no es practicar el vicio de la pereza para no ejercitarnos que es también otra medicina natural como el descanso. Descansar no es no hacer nada, puede ser una distracción en actividades que exigen menos esfuerzo. La ociosidad que continúa, esa sí actuar, sin confundirlo con la pereza para actuar. No es censurable tomarse el tiempo necesario para hacer sabias decisiones en beneficio de nuestra salud. Todos los seres vivos que se mueven tienden a no malgastar energías si no hay un beneficio. Y nosotros sabemos de los beneficios del ejercicio. Los seres humanos y otros animales, tenemos un cerebro muy grande que consume mucha energía 20 % del total que necesita el cuerpo, tanto si se usa, como si no se usa. No utilizarlo supone un desperdicio de energía. La salud mental recomienda revertir la pereza mental. Ya que esta es una de las causas primordiales de los trastornos mentales diagnosticados en los últimos años.

393. *Un buen remedio casero*. La risa o el buen sentido del humor, es un remedio casero que no requiere de ingredientes materiales y que, por lo tanto, todos podemos preparar y utilizar tanto como así lo deseemos. Su eficacia ha sido ampliamente comprobada en la lucha contra todo tipo de males. Es la sabia actitud que adopta una persona en la conquista de su felicidad. Es la mejor filosofía para enfrentar la vida con sus problemas y vicisitudes. La persona que sabe utilizar este remedio de la risa alcanzará el éxito fácilmente en la vida práctica. Tendrá buenas relaciones con los demás. Será siempre apreciado y recordado por su optimismo y buen humor. Tendrá un chiste o una risible anécdota para cada momento y para cada actividad. La risa es contagiosa y gratificante. Contagiemos a los demás en este sabio y sano estilo de vida.

394. *Es satisfactorio practicar un pasatiempo*. El cerebro realiza más actividades mientras dormimos que cuando miramos televisión, especialmente si consumimos programas solo para pasar el rato. En lugar de dejarnos llevar por el entretenimiento barato, siempre podemos hacer caso a ese llamado que todos tenemos dentro, de utilizar la mente para nuestro bienestar. Consuelo Hernández, Editora de Salud180.com, nos dice: "Muchos piensan que el pasatiempo sirve para matar el tiempo, pero en realidad es una actividad con múltiples beneficios para la salud física y mental, gracias a que generan una mayor segregación de hormonas del buen humor como la endorfina, serotonina. Esta acción ayuda a fortalecer el sistema inmune de las personas, lo que protege de todo tipo de enfermedades. Los pasatiempos nos ayudan a relajarnos ante las preocupaciones de la vida. Nos ayuda también, a mantener buenas relaciones con personas que tienen como nosotros, el mismo pasatiempo. Tenemos algo en común para compartir. Es bueno para cambiar la rutina. Promueve el mantenernos con cierta emoción ante la posibilidad de cambiar de rutina un poco. Hay pasatiempos para todos los gustos y colores. Estos nos permiten que nuestros hobbies se adapten a nuestros gustos y a lo que necesitamos en esos momentos de la vida".

395. *El pensamiento crítico.* Todos conocemos a personas de diferentes características: Unas son más impulsivas. Otras más creativas. Otras más meditativas. Otras más activas y otras más pasivas. Pero… ¿qué es lo que les hace a unas ser distintas de las otras? … es en su forma de pensar y analizar las cosas. Existe lo que conocemos como el pensamiento crítico que es la capacidad muy compleja que se basa en el razonamiento. Analizar, deliberar, ordenar, reaccionar, expresar el sentir personal. Envuelve a una serie de capacidades con las que las personas reciben datos, los analizan y responden según su criterio. Argumentan, razonan, juzgan, y luego emiten su juicio personal, conforme a su criterio. Las personas tratan de entender una información concreta, procurando dar un sentido a cada momento o situación. Se organizan los hechos y finalmente se quedan con aquello que más les interesa o más les conviene. Una vez hecho todo esto, se tratan de buscar conclusiones o cuestionar las hipótesis correspondientes. Esto nos sirve para llegar a un punto en el que lo más importante es aprender a deliberar, es decir, ver los pros y los contras que nos suponen esos razonamientos o conclusiones y ver hasta que punto nos convienen.

396. *El pensamiento creativo.* Al igual que en el proceso crítico, el creativo también pasa por una serie de etapas para desarrollarse con plenitud. De modo similar al proceso crítico, el pensamiento creativo, también trata de alguna manera de solucionar un problema, es decir, al presentar una situación que requiere una alternativa. Se pretende conseguir, recopilar una serie de datos e informaciones mediante la observación, reflexión o selección, para no dejarnos engañar por las apariencias iniciales que puedan despistarnos. Aquí empiezan a concebir los primeros conceptos de ideas, gracias a la activación de capacidades específicas de inferencia, análisis, relación, establecimiento de metáforas o analogías, etc. La idea entonces coge forma ahora, pero el asunto es, ¿cómo llevarla a la práctica? Gracias a distintas capacidades como la imaginación, la intuición, la organización, el pensamiento, etc. llevamos a cabo este proceso. Una vez elaborada y construida la idea, o claro el pensamiento, tenemos que ejecutarla para posteriormente, evaluarla y ver hasta qué punto estamos satisfechos con lo ocurrido. Este proceso del pensamiento no solo busca ser novedoso e innovador, si no también que todo tenga un poco de coherencia y sentido, que sea oportuno. Desarrollarla es muy importante en casi todos los aspectos de nuestra vida. Como bien decía Picasso, "la inspiración existe, pero hay que buscarla trabajando".

397. *Afuera con la congoja*. La falta de alegría produce congoja. La congoja es una emoción común que surge de terminadas situaciones de momentos críticos de aflicción. Llegan en el momento no esperado produciendo tristeza, angustia, dolor o sufrimiento. Este sentimiento negativo puede exteriorizarse a través del llanto y la melancolía. Por lo general aparece ante el pesar, y la incertidumbre. La congoja está vinculada con la ansiedad. Esta carga negativa puede traducirse en emociones negativas que llevan al desgano y a la fatiga. Hace que la persona no quiera salir a ningún lugar sino quedarse en la cama o en la casa la mayor parte del tiempo. En determinadas circunstancias este sentimiento puede ser normal. Si se extiende demasiado la persona puede requerir asistencia psicológica para salir adelante. Mediante la oración y el poder de Cristo la persona puede lograr sacar afuera su congoja y obtener sobreponerse ante esta difícil situación.

398. *La apnea del sueño*. Este serio problema de salud ocurre cuando la respiración es interrumpida mientras se duerme. Las personas que sufren de apnea del sueño sufren de pausas en su respiración a través del sueño, en algunos casos más de cien veces en una noche. Algunas condiciones de aptena del sueño han sido asociadas con varios problemas de salud como: hipertensión, diabetes, obesidad, depresión y hasta ataques al corazón. Fácilmente se reconoce por algunos episodios de interrupción en la forma de respirar mientras se duerme, notados por otra persona. Despertarse repentinamente, muchas veces fatigado. Problemas de concentración. Irritabilidad durante el día. Roncar. Despertarse con una molestia en la garganta o con la boca reseca. Dolores de cabeza mañaneros. Insomnio o problemas para quedarse dormido. Hipersomnia o cansancio durante el día. Si se nota estos tipos de síntomas, lo ideal es ver al especialista. Posiblemente indicará a la persona afectada, realizar un examen ambulatorio mientras duerme. De manera especial su esposa se lo agradecerá porque se acabarán los ronquidos.

399. *El resentimiento un problema de salud*. Algunos profesionales de la salud sostienen que el resentimiento, puede afectar la salud. Con problemas en los huesos como la osteoporosis. Con el corazón, la digestión o problemas de movimiento. Si usted es una de las personas que tiene ese tipo de problema y guarda rencor contra alguien porque le han dejado con una herida que no ha podido sanar, tal vez sufra de resentimiento. Si el resentimiento acentúa la ira, va a tener problemas hepáticos. Si se encarna de determinada manera va a tener problemas de gastritis, úlceras o quizás colon irritable. Para el resentimiento no hay más remedio que el perdón. Otra forma de superar el resentimiento es a través de detalles muy sencillos, como mandarle una tarjeta o saludo breve por el cumpleaños a la persona causante del problema. Una receta para superar cualquier complejo es aprender a amarse a uno mismo. También se recomienda dar gracias a Dios por lo que se tiene. Cuando la persona se va sanando, empieza a sentirse mejor. La sanidad interior es sanidad para los sentimientos. Es la capacidad de vivir la vida con entusiasmo, optimismo, siendo felices sin rencores ni resentimientos. Esa paz interior la otorga Cristo Jesús "*Mi paz os dejo mi paz o doy no como el mundo la da yo os la doy*". Cuando se medita contemplando las bellezas de la naturaleza hay descanso para el alma. Las consecuencias de una persona que guarda resentimientos son afectadas por la capacidad de comunicación. Tendrá dificultad en la comunicación con los demás. Y quizás tenga dificultad para comunicarse con su Creador y Salvador.

400.   La ira un serio problema. La ira es un término de origen latino que se refiere a la furia y la violencia. Se trata de una conjunción de sentimientos negativos que generan rabia, enojo o furia. Una emoción y que se expresa a través del resentimiento o de la irritabilidad. Cuando usted se enfada su mente y emociones son también afectadas. Cuando se pierde el control se vuelve nociva y puede ocasionar muchos problemas en el trabajo, en las relaciones personales y en la calidad de la vida. Puede hacerlo sentir como si estuviera a merced de una emoción impredecible y poderosa. El enojo es un estado emocional que varía en intensidad. Varía desde una irritación leve hasta una furia e ira intensa. Cuando usted se enoja, su frecuencia cardíaca y presión arterial se elevan y lo mismo sucede con su nivel de hormonas de energía, adrenalina. La ira puede ser causada por sucesos externos o internos. Usted puede enojarse con una persona específica (como un compañero de trabajo o supervisor) o por algo ocurrido (embotellamiento de tránsito, un vuelo cancelado), o su enojo puede ser causado por estar preocupado o taciturno debido a sus problemas personales.

401.   La ira bajo control. La ira es una emoción que nos acompañará a lo largo de toda nuestra vida. No en vano siempre está presente en situaciones de conflicto. Tenemos que aprender a controlar el enojo que nos puede llevar a la ira o la indignación. Algunas personas tienden a enfadarse y desatan su agresividad. Estar enojado es solo una parte de la amplia gama de emociones humanas. Por eso debemos controlar nuestras emociones. La ira altera la visión, envenena la sangre, es la causa de enfermedades y de decisiones que conducen al desastre. Es una emoción de sentimientos negativos. Por lo tanto, lo más acertado es reducir los sentimientos emocionales. Evitar las cosas o personas que provocan enojo. Si no logra aprender a manejar sus reacciones de enojo, fatalmente lo llevarán a una ira intensa. Existen muchas posibilidades de que, si se tienen problemas con la ira, y esta lo lleva a un punto que no logra controlar necesita de un especialista. Mientras tanto que es atendido por el profesional de la salud mental, descargue su ira con el ejercicio. Camine, corra o practique un deporte. Escuche música (con los auriculares). Escriba pensamientos positivos o dibuje. Exprese sus sentimientos con alguien en quien pueda confiar plenamente. Trate de controlar su ira de lo contrario la ira lo controlará a usted.

133

402. La obediencia como ejemplo. La obediencia comienza para todos desde muy temprano en la vida. Los padres son los primeros en dar órdenes a sus hijos. Se espera que los niños obedezcan. Todo padre ama más al hijo obediente que al desobediente. Pronto el niño sabe que la obediencia es la llave que abre la puerta de ganancia y bendición. La desobediencia resulta en pérdida o castigo. El tema de la obediencia se halla en toda la Biblia. Por cierto, el problema del pecado que hoy sufrimos tuvo su origen en la desobediencia a Dios referente al árbol en el huerto de Edén. Puede ser que algunos casos de desobediencia no resulten en consecuencias tan catastróficas. Sin embargo, desobedecer a Dios trae serias consecuencias mientras obedecerle trae mucha bendición. El guardar el verdadero día de descanso es una gran bendición que no podemos perder. El desobedecer la orden de Dios trae graves consecuencias. El Señor Jesús es el ejemplo máximo de la obediencia pues fue obediente hasta la muerte y muerte de cruz. El profeta Samuel le dijo a Saúl: "*Ciertamente el obedecer es mejor que los sacrificios" (*1 Samuel 15:22).

403. Evitemos todo tipo de usura. La usura es un mal aceptado por algunas personas o entidades. La usura es un término que viene del latín y se refiere al interés que alguien cobra cuando presta dinero como ganancia o utilidad del mismo y consiste en cobrar un interés excesivamente alto por un préstamo. Se dice de alguien que "había acumulado un considerable capital mediante la usura". Hoy en día el concepto de usura suele ser utilizado para hacer mención de lo que los bancos ponen en práctica; es decir a las relaciones que se establecen entre éstos y diversos individuos, cuando los que desean acceder a la compra de una propiedad solicitan un préstamo a una determinada entidad bancaria. Los acuerdos establecidos en los contratos suelen ser considerablemente favorables para dicha compañía en detrimento de los derechos y necesidades de los clientes, siendo así que muchas familias hoy en día son dejadas en la calle al no poder pagar los elevados intereses que les supone la hipoteca de sus casas y, dado el incumplimiento de sus pagos, los bancos proceden a expropiarlos quedándose con los inmuebles. El consejo bíblico: "*Hijo mío, si salieres fiador por tu amigo, si has empeñado tu palabra a un extraño, te has enlazado con las palabras de tu boca, y has quedado preso en los dichos de tus labios. Haz esto ahora, hijo mío, y líbrate, ya que has caído en la mano de tu prójimo"*(Proverbios 6:1-3).

404. Traumas en la niñez... depresión en el adulto. Los traumas vividos en la infancia, e incluso las situaciones de estrés, pueden ocasionar huellas en el cerebro. Marcas invisibles que el día de mañana, se vuelven más intensas. La infancia traumática suele desarrollarse en una familia altamente conflictiva. Un contexto en el que los desacuerdos y las agresiones son la norma. Cualquier palabra o acto podría desencadenar una serie de problemas que se tornan constantes. Se nota en la forma de manipular los objetos o en el tono de la voz. Se ve tensión en los gestos y en la forma de hablar. Hay soberbia en la forma de actuar, aunque no sea una persona agresiva. Los traumas de la infancia no se resuelven porque sí, o al menos rara vez se logra. Un especialista en sicología puede ser de gran ayuda. Es necesario trabajar con esos traumas para que no terminen invadiendo la personalidad y hacer de la vida un infierno. Algo siempre queda de todo lo que vivimos en la infancia. Pero una vez que somos adultos, estamos en disposición de conocer nuestros traumas, trabajar con ellos de tal forma que nos no nos perjudique. Solo el espíritu de Dios nos puede ayudar a hacer los cambios necesarios y llegar a ser nuevas criaturas porque las cosas viajas pasaron ya, lo que nos permite ser hombres nuevos. Nacidos de nuevo a la imagen de Dios" (2 Corintios 5: 14 al 17 y Romanos capítulo 6: 1-6).

405. *La paciencia y los impacientes.* La paciencia es la actitud que lleva al ser humano a poder soportar contratiempos y dificultades para conseguir algún bien. Según la tradición filosófica, podría ser definida como: "la constancia valerosa que se opone al mal, y a pesar de lo que sufra el ser humano no se deja dominar por él". La paciencia está relacionada con aguantar, soportar o tolerar. Se trata de la actitud que ayuda a la persona a sobrellevar las dificultades y los problemas hasta que logra alcanzar el objetivo propuesto. La gente piensa que la paciencia es la capacidad de esperar, pero no es así. La paciencia consiste en reconocer como nos comportamos mientras esperamos. La persona impaciente es aquella que carece de paciencia, esto quiere decir que el impaciente no tiene la capacidad de saber esperar. Se pone nervioso ante las acciones que requieren de calma y tranquilidad. Los impacientes no tienen paciencia. Nuestra oración debe ser, Señor "no te pedimos paciencia" ... porque el Señor va a permitirnos pasar por ciertas experiencias y dificultades para que podamos ejercitar la paciencia que le hemos pedido. Quizás nuestra oración debe ser Señor "ayúdanos para no ser impacientes" y el Señor nos va a ayudar en esos momentos de impaciencia, lo que nos permitirá obtener *"la paciencia de los santos"*. (Apocalipsis 14:12).

406. *La soberbia y como vencerla.* La soberbia u orgullo personal es un sentimiento de valoración de uno mismo por encima de los demás. Otros sinónimos son: altivez, altanería, arrogancia, vanidad. Como antónimos podemos citar: humildad, modestia, sencillez. La persona soberbia o arrogante, es aquella que tiene un exceso de autoestima. Alardea incluso de características que él mismo carece. Generalmente es la gente que tiene más, es decir, posee un alto honor en su trabajo, goza de una economía abundante y se les olvida que la vida los ha llevado a obtener todo eso. Consideran que lo han logrado todo por sí solos. En cierto modo, se creen dioses y menosprecian a los demás. No reconocen que Dios, ha sido la fuente de energía y es quien les ha dado una vida próspera, pues es dueño del oro y de la plata. La soberbia y la vanidad no sirven de nada. Bien dijo Salomón que *"donde hay soberbia, allí habrá ignorancia; pero donde hay humildad, habrá sabiduría".* Si se quiere vencer la soberbia se necesita, sobre todo, ser humildes y reconocer que hay soberbia en el corazón y que solo Dios lo puede cambiar. Cada vez que alguien, generalmente la esposa que nos conoce bien nos dice que somos soberbios por los motivos ya expuestos,

135

entonces reaccionemos para afrontar la situación y cambiar nuestra actitud. Si somos de verdad personas soberbias, este tipo de interacciones se nos presentará frecuentemente, pero la buena noticia es que tenemos muchas ocasiones para entrenarnos, combatir y felizmente cambiar nuestra debilidad, y con la ayuda de Dios y con humildad se puede vencer.

407. *Las mentiras blancas.* La mentira es una expresión que resulta contraria a lo que se sabe, se piensa o se cree. Se suele utilizar en oposición a lo que se considera verdad. La mentira por lo tanto indica falsedad. Quien pronuncia una mentira espera que la otra persona tome su palabra como cierta, aunque no lo sea. La persona que miente sabe que está incurriendo en algo que no es verdadero y se le conoce como embustero. Cuando se descubre la vedad tal y como es, la persona se molesta porque ha sido tristemente engañada. Se habla de decir una mentira piadosa o mentira blanca cuando se piensa que la mentira tiene la intención de ser buena o benevolente. El problema es que con una sola mentira se ponen en duda todas las verdades. Deja heridas en situaciones cuando la veracidad de nuestras palabras no tiene un gran peso. La mentira es mentira y no tiene color. Lo peor de todo es que los mentirosos no llegarán al cielo (Apocalipsis 21:8). *"Por lo tanto, dejando la mentira, hable cada uno a su prójimo con la verdad"* (Efesios 4:25). Cuán importante es andar en la verdad, vivir la verdad y proclamar la verdad. "por la verdad murió Cristo" dicen en mi tierra. "La mayor necesidad del mundo es la de hombres que se mantengan de parte de la verdad como la brújula al polo" escribe mi escritora predilecta en su libro La Educación pág. 54.

408. *La benevolencia una hermosa cualidad.* La benevolencia o benignidad, es conocida también, como generosidad, gracia, perdón, tolerancia, comprensión afabilidad, mansedumbre, simpatía, y ternura. Está relacionada principalmente con una facilidad de perdonar, de disculpar o disimular las faltas ajenas al conceder el perdón y gracia por la falta cometida. La benevolencia es una bella cualidad del ser humano que se demuestra en su entorno, bien sea en su hogar o en su trabajo. Según su etimología, Benevolencia se compone de los términos "Bene" significa "Bueno" y "Voló" quiere decir "Querer". Es decir, que una persona que es benevolente siempre quiere ser buena con los demás. Sus sentimientos, indican que las acciones que tiene que tomar deben beneficiar. Filosóficamente, la benevolencia es un valor positivo que aporta con sus acciones en el bien hacer. La persona benevolente, piensa siempre en el bienestar de quienes lo rodean. Es una persona diferente que se destaca por hacer el bien aun a sus mismos enemigos. El consejo del apóstol es bien claro y oportuno, *"Más bien, sean bondadosos y compasivos unos con otros, y perdónense mutuamente, así como Dios los perdonó a ustedes en Cristo"* (Efesios 4:32). No es fácil, pero se logra, si seguimos nuestro modelo perfecto Cristo el Señor y guiador de nuestras vidas, quien siempre ha estado dispuesto a perdonarnos por su gran amor y benevolencia.

409. _Cuidado con la adición al consumismo._ Una persona consumista es aquella que compra solo por comprar. Compra por los ojos y no porque realmente lo necesite. La palabra compulsiva se usa con psicología y psiquiatría para referirse a ciertos hábitos, como comprar, fumar, comer o beber en exceso, que el sujeto ha adquirido, y no consigue dejarlos, pues el impulso que siente es irrefrenable e irresistible. Lo mismo suele decirse de aquellos que no logran dejar de hurtar objetos, aun cuando no les son necesarios o podrían adquirirlos con su dinero, a los que llamamos cleptómanos (ladrones compulsivos). Hay también compradores compulsivos. Son aquellos que muchas veces van a un centro comercial en busca de algo que necesitan comprar. No consiguen lo que buscan, pero compran otras cosas innecesarias, que ni siquiera pensaban comprar. Se dice que un comprador es compulsivo cuando siente una adicción por comprar. Como que se experimenta una angustia por comprar. Muchas veces la persona se deja llevar por la publicidad o por las ofertas del momento y se olvida que esa oferta más adelante la vuelven a promocionar. Se deja llevar por la publicidad o por mostrar a los demás el poder de compra que cada persona tiene o que supone tener. Quiere ser aceptado y reconocido por su grupo social. Para cambiar este consumismo que hoy en día invade nuestra sociedad, debemos educar a los consumidores racionales, que no se dejen llevar por la publicidad, por lo que ven sino por una verdadera necesidad.

410. _Lo que debemos ser._ Debemos ser firmes ante la crítica. Valientes ante el desánimo. Veraces en el fiel cumplimiento de la palabra. Generosos para compartir con los necesitados. Fuertes para soportar los problemas sin desalentarnos. Corteses como para no decir una palabra dura o severa, siendo considerados con los demás. Decididos en la solución ante la avalancha de problemas. Tratar a los demás como nos gustaría que nos trataran. Hombres de fe ante las circunstancias de la vida. Honestos en todo el sentido de la palabra. Humildes y sin reproches. Dispuestos en todo momento para servicio desinteresados. Sinceros libres de la hipocresía y malos entendido. Listos para amar servir y poder ayudar al necesitado.

411. _La humildad un requisito para el cielo._ Una persona humilde es aquella que no hace ostentación de sus virtudes personales o logros alcanzados. Es la virtud que conoce sus propias limitaciones y debilidades y actúa de acuerdo con tal conocimiento. Una característica propia que posee la persona en el bien hacer sin distinción de raza, credos religiosos o políticos. Se muestra humilde revelando el carácter de su Señor y maestro quien fue siempre "humilde y manso de corazón." Ha de vivir una vida modesta sin grandes pretensiones, lujos o extravagancias. No se considera mejor o más importante e intelectual que las demás personas. Necesitamos de mucha humildad para llegar al cielo, ya que lo único que llevaremos es nuestro carácter. Un carácter humilde, digno del verdadero creyente. La persona humilde no hiere los sentimientos de los demás ni hace alarde de su humildad. Podríamos decir que la humildad es ausencia de soberbia u orgullo personal. El aposto Pablo ruega en Efesios 4:1-2: *"Que vivan de una manera digna del llamamiento que han recibido, siempre humildes y amables, pacientes, tolerantes unos con otros en* amor". Una linda recomendación que nunca podremos olvidar y que nos prepara para el grandioso encuentro con nuestro Señor y Dios.

412. *La angustia una amenaza para la sociedad actual.* La angustia es un estado de intranquilidad e inquietud muy intensa causado especialmente cuando se piensa en algo desagradable. Puede ser también por la amenaza de una desgracia o un serio peligro. La angustia es un estado afectivo que causa malestar, sensación de sofoco, sufrimiento mental e incluso tristeza. Está muy relacionada con el temor o miedo irracional, la desesperación y en muchos casos, con la incertidumbre. El miedo a la separación, el acoso en la escuela o en el trabajo. Es frecuente que el término angustia se confunda con ansiedad. Algunos psicólogos han considerado que en la angustia imperan los síntomas físicos, mientras que en la ansiedad priman los mentales. También se ha considerado que la angustia tiene un efecto paralizante sobre el individuo, mientras que la ansiedad activa una reacción motora de sobresalto. Sin embargo, en la actualidad, cuando se habla de ansiedad también se tienen en cuenta tanto los síntomas físicos como los mentales. La angustia puede ser adaptativa y útil, en el sentido de que es una reacción normal en nuestro día a día, e incluso llega a ser beneficiosa en ciertos contextos. Por ejemplo, al cruzar una calle con el semáforo en rojo, pues nos mantiene alerta para que no nos atropellen y si estamos viajando para evitar un accidente.

413. **Síntomas y tratamientos de la angustia.** La angustia presenta una serie de síntomas de fácil reconocimiento: Preocupaciones y temores excesivos. Imaginación de escenarios catastróficos. Desesperación sin motivo alguno. Falta de aire en la respiración. Mareo o sudoración. Tensión muscular y sequedad de boca o fatiga. Opresión en el pecho. Sofocación. Situaciones de temor. Dificultad para descansar o dormir. Los problemas de angustia son muy frecuentes en nuestros días y sin lugar a duda, el tratamiento más efectivo para solucionarlo es acudir a terapia psicológica. Los psicólogos son profesionales preparados para tratar este tipo de problemas, que pueden ayudar a los pacientes a descubrir las causas subyacentes de sus preocupaciones y temores; y pueden facilitarles ciertas herramientas que les ayuden a relajarse y a mirar las situaciones desde una nueva perspectiva. Asimismo, pueden ayudar a éstos a desarrollar mejores habilidades de afrontamiento y resolución de problemas. La terapia psicológica para los problemas de angustia suele ser corta, pues los pacientes mejoran en 8 o 10 sesiones terapéuticas. En casos extremos, el uso de fármacos puede ser una buena ayuda como complemento del tratamiento psicológico, especialmente en aquellas situaciones en las que es necesario reducir los síntomas rápidamente, como, por ejemplo, para tratar un trastorno de angustia. Sin

138

embargo, la administración de fármacos no debe ser nunca la única opción terapéutica elegida, y siempre se inicia por indicación médica.

414. *La verdadera cortesía.* Se entiende por cortesía la amabilidad, consideración y buena educación de una persona. Es la demostración de un acto realizado con amabilidad y comprensión. Se deriva cuando las cortes eran los núcleos más importantes en la política y en la sociedad. Cuando uno de estos hombres se portaba bien se le denominaba cortés y su cualidad era conocida como cortesía. Razón por la cual el comportamiento práctico o las buenas costumbres le permitía gozar del calificativo de ser muy cortés. Se conoce como cortesía negativa o descortés cuando la persona entra en intimidad y no respeta el derecho de la persona de actuar libremente. La cortesía positiva o verdadera como su nombre lo indica establece una relación positiva en respuesta a la necesidad de la persona de ser entendido y apreciado. La verdadera cortesía demuestra el conocimiento de que la relación es bastante fuerte para hacer frente a lo que normalmente sería considerado descortés. La persona cortés posee altos valores a favor de las demás personas. La persona cortés es aceptada y admirada por su forma de actuar y ser lo que es. Algunas culturas parecen preferir una de estas clases de expresión de cortesía. De esta manera la cortesía está culturalmente aceptada dentro de la sociedad y de las personas que la integran.

415. *Nuestra confianza*. La confianza es la esperanza firme que una persona tiene en que algo suceda, o en que otra persona actúe como ella desea. Debemos tener plena confianza en nosotros mismos y en los que nos rodean. Cuando alguien dice, "Confía en mí," tenemos una de dos reacciones. Podemos decir, "Sí, yo confiaré en ti", o podemos decir, "¿Por qué debo hacerlo?" Tenemos que conocer primero a la persona para confiar plenamente en ella. Si no la conocemos realmente tal y como es podemos pensar que nos haga quedar mal. Cuando perdemos la confianza nos desanimamos y somos afectados emocionalmente. Si perdemos la confianza en una persona que teníamos en alta estima, pero que por un momento nos desencantó con su proceder, hizo que nuestra confianza se convirtiera en desconfianza. Tal vez no seremos los mismos, pero debemos olvidar el agravio y tratar de superarnos. Debemos también tener plena confianza en nosotros mismos y en nuestras capacidades para actuar con perseverancia y optimismo en lo que nos hemos propuesto.

416. ¿Cómo puedo aprender a confiar en Dios? No podemos confiar en alguien que no conocemos, y ese es el secreto de aprender a confiar en Dios. La principal razón por la que debemos confiar en Dios es que es digno de nuestra confianza. A diferencia de los hombres, él nunca miente y nunca falla para cumplir sus promesas. *"Dios no es hombre, para que mienta, ni hijo de hombre para que se arrepienta. El dijo, ¿y no hará? Habló, ¿y no lo ejecutará?"* (Números 23:19), (Salmo 89:34). A diferencia de los hombres, él tiene el poder para llevar a cabo todo lo que planea y propone hacer. En Isaías 14:24 nos dice: "*Jehová de los ejércitos juró diciendo: Ciertamente se hará de la manera que lo he pensado, y será confirmado como lo he determinado*". Además, sus planes son perfectos, santos y justos, y "*a los que aman a Dios, todas las cosas les ayudan a bien, esto es, a los que conforme a su propósito son llamados*" (Romanos 8:28). Si nos esforzamos en conocer a Dios a través de su Palabra, vamos a ver que solo él es digno de nuestra confianza. Y nuestra confianza en él crecerá día tras día. Conocerlo es confiar en él. ¿Lo conoces de corazón y sin duda alguna?

417. *Las promesas de Dios son dignas de toda confianza.* El registro de las promesas de Dios está ahí en su Palabra. Su propósito es para ser vistas por todos, tal como el registro indica su fiel cumplimiento. Siempre debemos recordar que las promesas de Dios son condicionales. Aceptadas y comprendidas correctamente. Los documentos históricos verifican esos acontecimientos y hablan de la fidelidad de Dios con su pueblo. Cada cristiano logra dar testimonio personal de la confiabilidad de Dios al ver su obra en su propia vida. Su promesa de salvar nuestras almas y usarnos para sus propósitos en otros. Debemos confiar en el sabio, omnisciente, todopoderoso, clemente, misericordioso, y amoroso Dios que tiene buenas intenciones para nosotros. La elección debería ser obvia, pero fracasamos en confiar en Dios porque no le reconocemos como nuestro Creador y Salvador. Como ya se ha dicho, no podemos esperar a confiar en alguien que es esencialmente un extraño para nosotros, pero esto es fácilmente subsanable. Dios no se ha hecho difícil de encontrar o conocer. Todo lo que necesitamos saber acerca de Dios, él gentilmente hizo disponible a nosotros en la Biblia, su Santa Palabra. Conocer a Dios es confiar en sus promesas.

418. *La confianza en Dios.* Confiar en Dios es estar totalmente seguro de que vamos a recibir lo que se espera. Dios aceptó a nuestros antepasados, porque ellos confiaron en su rey y señor. Abel confió en Dios, y por eso le ofreció un sacrificio mejor que el de Caín. Razón por la cual Dios consideró que Abel era justo, y aceptó sus ofrendas. Enoc confió en Dios y, por eso, en vez de morir, Dios se lo llevó de este mundo y nadie volvió a encontrarlo. La Biblia dice que, antes de que Enoc fuera llevado, fue obediente, y eso le agradó a Dios. Noé confió en Dios y, por eso, cuando Dios le avisó que sucederían cosas que todavía no podían verse, obedeció y construyó una casa flotante para salvar a su familia. Por su confianza en Dios, Noé recibió las bendiciones que Dios da a todos los que lo obedecen. Abraham confió en Dios, y por eso obedeció cuando Dios le ordenó que saliera de su tierra para ir al país que le daría, aun cuando no sabía hacia donde iba. Abraham confió tanto en Dios que vivió como un extranjero en el país que Dios le había prometido. Vivió en tiendas de campaña, igual que Isaac y Jacob, a quienes Dios también les había prometido ese país. Abraham confió en Dios y, por eso, aunque su esposa Sara no podía tener hijos y él era ya muy viejo, Dios le dio fuerzas para tener un hijo. Y es que Abraham confió en que Dios cumpliría su promesa. Todas las personas que hemos mencionado murieron sin recibir las cosas que Dios les había prometido. Pero como ellos confiaban en Dios, las vieron desde lejos y se alegraron, pues sabían que en este mundo ellos estaban de paso, como los extranjeros. Moisés confió en Dios y, por eso, cuando ya fue hombre, no quiso seguir siendo hijo adoptivo de la hija del rey.

419. *El poder de la tolerancia.* La tolerancia implica respeto y en el mejor de los casos, entendimiento. Significa tratar a los demás como quisiéramos que nos trataran a nosotros. Es conocida en Mateo 7: 12 como la regla de oro. El mayor resultado de la educación es la tolerancia. Muchos padres toleran a sus hijos porque los aman. En nombre de la tolerancia debemos reclamar, el derecho a no tolerar a los intolerantes, un ejemplo de una verdadera tolerancia podría ser el del vegetariano que no ingiere comer carne, porque considera que los animales tienen derecho a vivir en paz y no se deberían sacrificar para saciar el apetito. Al encontrarse con una persona que come carne todos los días, el vegetariano será tolerante al no condenar la decisión del carnívoro pese a su forma de pensar. La tolerancia nos brinda un poder extraordinario de respeto y admiración. Si somos tolerantes y comprensivos alcanzaremos un mayor crecimiento espiritual en amor, paciencia, dignidad y respeto.

420. *Como hacer de cada día el mejor de todos.* Los pequeños actos la vida afectan nuestra vida diaria. Unos buenos días dichos con simpatía hacen que el realmente el día sea bueno. Contestar con una cálida sonrisa a un saludo feliz hace que nos sintamos felices. Si miramos a la gente a los ojos y les prestamos nuestra atención completa, vamos a ser del agrado de quien conversamos. Hagamos de cada día el mejor. Una vez que el día se ha ido, se ha ido para siempre. ¿Cómo mantenernos positivos cuando algunas cosas negativas ocurren a nuestro alrededor? Ninguno de nosotros quiere ser una persona negativa, por lo tanto, hagamos del entusiasmo un hábito diario. Despertémonos felices y seamos agradecidos con el nuevo día que se nos regala. Pensemos de manera positiva, esto puede hacer la diferencia a pesar de los días más difíciles. No permitamos que la gente negativa determine nuestra felicidad. Olvidemos todo lo negativo. No vale la pena revivir las ofensas. Hagamos amigos de aquellos con quienes vamos a estar felices. No seamos coleccionistas de quejas. Es fácil poseer una actitud negativa si seguimos recordando lo que las personas nos han hecho. Vivamos el hoy diario y mantengamos la esperanza en el mañana. Vivamos confiados en las promesas de Dios y mantengamos viva la fe y la esperanza.

421. *Fechas importantes de la vida.* Hay dos fechas muy importantes en la vida de cada persona. El día del nacimiento y el día de la boda. Fechas que nunca se deben olvidar. Ahora bien, algunas personas recuerdan la primera y se olvidan de la segunda. Tendrán sus razones personales al olvidar dicha fecha. Lo cierto es que los aniversarios de bodas son fechas importantes en la vida de toda pareja casada. Un aniversario de bodas significa el triunfo del amor sobre el día a día, es la fuerza de la unión de la pareja. Con cada año que pasa, se les presenta como un nuevo reto. Cada año que permanecen juntos, es una victoria. Hay parejas que celebran el primer año o bodas de papel. Los veinticinco o bodas de plata y los cincuenta o bodas de oro. Y de diamante si llegan felizmente a los sesenta. No pasemos por alto todas estas fechas porque ellas tienen un significado muy importante en la vida.

422. Admiro a mis padres. Porque manifestaron todo su amor y comprensión a cada de los que nos consideramos sus ocho hijos. Porque nos supieron valorar ofreciéndonos como herencia una educación profesional. Porque desde que me conozco nunca pasamos hambre, por el contrario, tuvimos abundancia de frutas y vegetales. Recordamos con nostalgia los días en el mercado. Porque nos enseñaron a valorar los alimentos, no por el condimentado sabor, sino por los beneficios nutricionales. Porque buscaron a Dios de rodillas, para que él fuera el norte de sus hijos, y los cubriera con su manto de protección. Porque nos enseñaron a reconocer los principios cristianos manifestados en la Santa Biblia. Ellos ya hoy no están con nosotros, pero nunca los podremos olvidar porque son dignos de toda admiración y cariño especial.

423. Manos ayudadoras. Muchas veces vemos personas a nuestro alrededor que necesitan de nuestra ayuda. ¿Cuántas veces se nos ha acercado alguien en particular, para pedirnos la oportunidad de servir? ¿Constantemente vemos por todas partes personas necesitadas de dinero, comida o tal vez, un consejo? ¿Y cuántos hay que necesitan que tan solo los escuchen, para esperar recibir una recomendación o apoyo emocional? Esta pobre humanidad necesita de calor humano, ayuda física, financiera o espiritual. ¿Cuál ha sido nuestra reacción ante dichas solicitudes demandadas? ¿Cómo respondemos ante la necesidad de otros? Seguramente hemos ofrecido orar por sus propias necesidades, pero ¿cuántos hemos extendido esa mano ayudadora y hemos sido la bendición que ellos tanto necesitan? Hoy es un excelente día para hacer una buena acción.

424. El placer de servir. Hermoso poema de la Chilena Gabriela Mistral, premio Nobel de literatura: "Toda la naturaleza es un anhelo de servicio. Sirve la nube, sirve el viento, sirve el surco. Donde haya un árbol que plantar, plántalo tú; Donde haya un error que enmendar, enmiéndalo tú; Donde haya un esfuerzo que todos esquivan, acéptalo tú. Sé el que aparta la piedra del camino, el odio entre los corazones y las dificultades del problema. Hay una alegría del ser sano y la de ser justo, pero hay, sobre todo, la hermosa, la inmensa alegría de servir. Qué triste sería el mundo si todo estuviera hecho, si no hubiera un rosal que plantar, una empresa que emprender. Que no te llamen solamente los trabajos fáciles ¡Es tan bello hacer lo que otros esquivan! Pero no caigas en el error de que solo se hace mérito con los grandes trabajos; hay pequeños servicios que son buenos servicios: ordenar una mesa, ordenar unos libros,

142

peinar una niña. Aquel que critica, éste es el que destruye, tu sé el que sirve. El servir no es faena de seres inferiores. Dios que da el fruto y la luz, sirve. Pudiera llamarse así: "El que Sirve". Y tiene sus ojos fijos en nuestras manos y nos pregunta cada día: ¿Serviste hoy? ¿A quién? ¿Al árbol, a tu amigo, a tu madre?" Hoy puede ser un día muy especial. Decide servir a los demás y ser útil en tu escuela o universidad, en tu iglesia, en tu trabajo y en tu vecindario. La sociedad espera ver jóvenes y adultos valientes y decididos a prestar un servicio desinteresado y de calidad. Hoy vive el don del servicio.

425. *Como mantener una actitud positiva*. No es fácil poseer una actitud positiva si seguimos recordando lo que algunas las personas, nos han hecho sin querer. Posiblemente por descuido o en forma imprudente hemos sido heridos. Olvidemos todo lo negativo que nos haya pasado. No vale la pena volver a vivir las ofensas del pasado. Démosle la gloria a Dios porque solo él nos ayuda a olvidar un pasado sombrío. Vivamos el presente y mantengamos la esperanza firme en el mañana. Confiemos en las promesas de Dios y mantengamos viva la fe. Vivamos cada mañana con un corazón que agrade a Dios y nuestros días estarán llenos de sus bendiciones. Es realmente imposible mantenernos positivos a menos que Dios ocupe un lugar importante en nuestras vidas. Él es nuestro Creador como nuestro Salvador. Cuando el Señor ocupa el primer lugar, todos los demás aspectos de la vida parecen tomar, casi de manera natural, su lugar apropiado...aunque tendremos que luchar diariamente para que así se mantengan.

426. *La corona Celestial y el coronavirus*. Mientras que este virus crea el caos y el dolor, Jesús nuestro amigo nos brinda paz y esperanza. Mientras que este maligno y perverso es temporal, Cristo continuará siendo nuestro amigo hasta la misma eternidad. Mientras que el virus mata y destruye vidas, Cristo nos promete vida y en abundancia. Mientras el coronavirus contamina el cuerpo, Jesús sigue restaurando vidas. El virus enferma, Jesús sana. El virus debe ser controlado, Cristo Jesús debe ser compartido. Aquel nos causa temor, el Señor nos libera del temor y nos da valor ante la crisis. El virus nos debilita, Jesús nos fortalece. El virus nos aísla, Cristo nos une. Mientras que este virus nos angustia sin ninguna esperanza, Cristo nos brinda armonía y esperanza. El virus nos causa terror y pánico, el Señor nos da amor y confianza. El virus es como el pecado que nos lleva a la perdición, el Señor es el Redentor que nos ofrece perdón y salvación. Si vamos a contagiar a alguien que sea del mensaje del evangelio. Nos espera la mejor corona, nos lo dice Pablo el apóstol.

427. *¡Familiar contagiado por un paciente!* Jairo, mi querido primo-hermano, se contagió con el Covid19 atendiendo a uno de sus pacientes. Aunque está muerto, vive en mi mente y corazón. Sus gratos recuerdos nunca podrán ser borrados. Nos criamos siendo niños y nos quisimos como hermanos. Fue un deportista y talentoso hombre de acción digno de mi admiración y cariño. Reconocido como el poeta de la radio por su voz y sabios consejos de salud. Poseía el don de gentes y las buenas relaciones. Talento que desarrolló en la política y en la medicina. Fue fiel a su pasión por la medicina que lo llevó a las puertas del sepulcro. Con su muerte contribuyó a la ciencia médica para descartar ciertos medicamentos que afectaron su organismo. Hoy descansa el sueño de los justos. Lo veré en la resurrección final cuando su nombre conteste a la lista de los redimidos. Oramos mucho para que el Señor hiciera el milagro de vernos de nuevo en esta tierra. Oramos también para que estuviera con él en su lecho de dolor y sufrimiento. El Señor estuvo con él. Le dio el abrazo del perdón y redención. Escuchó nuestras oraciones porque si bien es cierto, que no nos hemos de encontrar en esta tierra, nos encontraremos en la cita celestial conforme a las promesas fieles y verdaderas de la Palabra de Dios. Hoy descansa el sueño de los justos hijos de Dios. Y el mismo Señor que despertó a Lázaro lo despertará para disfrutar de la promesa soñada. Murió un sábado de madrugada, como un sábado también de mes en mes y "de sábado en sábado" adoraremos al Señor por toda la eternidad. Esta es nuestra fe. Esta es nuestra fortaleza. Esta es nuestra esperanza. ¡Gracias Señor por la fe, fortaleza y esperanza que nos brindas a través de tu eterna Palabra! (Juan 11:1-13. 1 Corintios 15, Apocalipsis 21, Isaías 66:10-23).

428. *Un poco de historia.* El 17 de diciembre de 1830 moría en Santa Marta, Colombia, el general Simón Bolívar. Se incorporó a la lucha por la independencia en 1810 y desde entonces lucharía incansablemente por la emancipación americana. En 1819, venció a las fuerzas realistas en la batalla de Boyacá, que dio libertad a Colombia. Más tarde (1821) lideraría a las tropas independentistas en la batalla de Carabobo, que decidió definitivamente la independencia de Venezuela. En 1827 prestó juramento en Bogotá como presidente de la Gran Colombia, pero renunciaría poco antes de su muerte en 1830. Pare recordarlo, hemos seleccionado su última proclama muy conocida en la historia americana, donde exhorta a sus compatriotas a trabajar para que se consolide la unión y "para libertarse de la anarquía" (Información del gobierno bolivariano de Venezuela).

429. *La última proclama del libertador.* "Habéis presenciado mis esfuerzos para plantear la libertad donde reinaba antes la tiranía. He trabajado con desinterés, abandonando mi fortuna y aun mi tranquilidad. Me separé del mando cuando me persuadí que desconfiabais de mi desprendimiento. Mis enemigos abusaron de vuestra credulidad y hollaron lo que me es más sagrado, mi reputación y mi amor a la libertad. He sido víctima de mis perseguidores, que me han conducido a las puertas del sepulcro. Yo los perdono. Al desaparecer de en medio de vosotros, mi cariño me dice que debo hacer la manifestación de mis últimos deseos. No aspiro a otra gloria que a la consolidación de Colombia. Todos debéis trabajar por el bien inestimable de la unión: los pueblos obedeciendo al actual gobierno para libertarse de la anarquía; los ministros del santuario dirigiendo sus oraciones al cielo; y los militares empleando su espada en defender las garantías sociales. ¡colombianos! Mis últimos votos son por la felicidad de la patria. Si mi muerte contribuye para que cesen los partidos y se consolide la unión, yo bajaré tranquilo al sepulcro" (Hacienda de San Pedro, en Santa Marta, 10 de diciembre de 1830).

430. *Los mandamientos de la libertad.* Puertorriqueños: El gobierno de la reina Isabel II lanza sobre nosotros una terrible acusación. Dice que somos malos españoles. El gobierno nos calumnia. Nosotros no queremos la separación; nosotros queremos la paz, la unión con España; mas es justo que pongamos nosotros también condiciones en el contrato. Son muy sencillas. Helas aquí: Abolición de la esclavitud. Derecho a votar todas las imposiciones. Libertad de cultos. Libertad de la palabra. Libertad de imprenta. Libertad de comercio. Derecho de reunión. Derecho de poseer armas. Inviolabilidad del ciudadano. Derecho de elegir nuestras autoridades. Esos son los diez mandamientos de los hombres libres. Si España se siente capaz de darnos y nos da esos derechos y esas libertades, podrá entonces mandarnos un Capitán general, un gobernador... de paja, que quemaremos en los días de Carnestolendas, en conmemoración de todos los Judas que hasta hoy nos han vendido. Y seremos españoles. ¡Si o no! ¡puertorriqueños! ¡PACIENCIA! - os juro que seréis libres" (R. E. Betances).

431. *¿Sería bueno un cambio?* Una buena pregunta para considerar. El cambio es bueno cuando nos lleva a progresar, a crecer y alcanzar un buen objetivo. Todo el mundo dice que el cambio forma parte de la vida y lo que debemos hacer es aceptarlo. Pero esto no significa que nos tenga que gustar. De hecho, tenemos varios amigos que dicen que esperan grandes cambios en su vida, que están aburridos y los emociona hacer cosas diferentes todo el tiempo. Podemos entender su punto de vista, la emoción es buena, pero ¡lo conocido es mejor! Pero si eres de los que dicen que no les gustan los cambios porque para qué cambiar lo bueno si lo que conocemos está bien. Amigos, no importa lo mucho que nos gusten o nos disgusten los cambios. En la vida hay muchas cosas que no se pueden cambiar. Muchos dicen que el cambio forma parte de la vida y que se debe aceptar por el bienestar de todos, pero eso no significa que nos tenga que gustar. Dios es el único que no cambia. Es de gran alivio para todos nosotros considerar el hecho de que Dios es el mismo ayer, hoy y siempre. En el último libro del Antiguo Testamento nos revela claramente que él nunca cambia. Ahora bien, los que si debemos cambiar somos nosotros. Más que cambiar, es aceptar que debemos estar al control de todo lo que tiene que ver con nuestro bienestar físico, mental, emocional y espiritual.

432. *Los pensamientos del vago.* El trabajo es sagrado... no lo toques. Se nace cansado y ...se vive para descansar. Ama tu cama ...como a ti mismo. Si vez a alguien descansando... ¡Ayúdalo! Descansa de día para que... puedas dormir de noche. Lo que puedas hacer mañana... no lo hagas. Trabaja lo menos que puedas hacer ...y si lo puedes hacer que lo haga otro. Ten calma que... nadie muere por descansar. Cuando sientas el deseo de trabajar... siéntate y espera que se te pase. Si el trabajo es salud... que lo hagan los que están enfermos.

433. **_Hable en todo moderado y claro._** Nunca es necesario hablar a gritos. No es conveniente porque aumenta nuestra tensión emocional y afecta las buenas relaciones de quienes nos escuchan. Se notará de manera especial cuando hablamos por teléfono. Hagamos que nuestra la voz sea melodiosa y no estridente. Practique como hablar melodiosamente y también con simpatía. Cuando se habla por teléfono no es necesario que todos escuchen nuestra conversación que debe ser privada y gratificante. Una voz clara, modulada y con expresión de simpatía y aprecio es la mejor garantía para mantener relaciones sinceras y excelentes.

434. **_Los sordos del mañana._** Podríamos evitar que en el futuro tengamos problemas con la sordera. Si evitamos todo tipo de ruido evitaremos todo tipo de sordera. La intensidad del ruido se puede medir. La intensidad se mide en decibeles. Hay niveles agresivos muy dañinos, dolorosos e insoportables. Todo esto afecta el sistema nervioso y emocional. El nivel de ruido se puede controlar. Si logramos controlar el ruido alcanzaremos la norma para oír bien cuando lleguemos a la edad de envejecientes. Los jóvenes que transitan con un alto sonido en el carro serán los futuros sordos del mañana.

435. **_¿Qué es el estilo de vida?_** La Organización Mundial de la Salud lo define como "la percepción que un individuo tiene de su lugar en la existencia, en el contexto de la cultura y del sistema de valores en los que vive y en relación con sus objetivos, sus expectativas, sus normas sus inquietudes". Podemos pensar que son los hábitos de vida que llevan al comportamiento o actitudes que desarrollan las personas. Estas pueden ser saludables o nocivas para la salud. En algunos países son la causa para la mayoría de las enfermedades. Por lo tanto, podríamos considerar el estilo de vida, como un conjunto de hábitos que una persona practica en su vida diaria y que contribuyen a la conservación de la salud con el objetivo de curar o evitar una enfermedad. Es importante que lo reconozcamos por la forma como vivimos y nos desenvolvemos en las actividades y compromisos de cada día. Tanto en forma privada como en la vida pública, tu estilo de vida cuenta.

436. **El sol, el sueño y la depresión**. El buen descanso de la noche, como el sol de cada día, son una fuente maravillosa para disfrutar de buena de salud. Las personas que sufren de una depresión crónica y profunda tienen que aprovechar cualquier oportunidad que se les presente, para descansar y tomar rayos de sol diariamente y en las horas apropiadas. Debemos acostarnos temprano para obtener un sueño reparador y también tomar baños de sol muy temprano en la mañana para disfrutar de sus rayos medicinales. Para un buen sueño, la luz del sol fortalece y estimula la producción de endorfinas que son las responsables de producir una sensación de

146

bienestar y relajamiento muscular muy necesarias para toda persona de manera especial para niños y ancianos. El sol, como el descanso, son una excelente medicina que debemos aprovechar para nuestra salud física, emocional y mental ¡Aprovéchenoslos!

437. *La depresión y los trastornos de estados de ánimo*. La depresión puede trastornar la mente como el cuerpo. A igual que el asma o la diabetes, la depresión es una enfermedad médica y tratable. Nuestras vidas están llenas de altibajos. Algunos días, nos sentimos animados, alegres y contentos. Hay otros días que nos encontramos decaídos, tristes y sin ánimo de vivir. Toda persona pasa por períodos de irritación, infelicidad o abatimiento. Este es el ritmo normal de nuestras vidas. Pero a veces persisten estos sentimientos día tras día, semana tras semana, trastornando el ritmo normal. A veces se describe como un susto, un ataque de nervios o un disgusto pasajero que puede ser algo más grave. Quizás la persona esté experimentando una depresión, enfermedad que afecta a casi 15 millones de personas en Estados Unidos. Una de las señales más comunes dentro de nuestra comunidad son los achaques o malestares que se perciben en un dolor de cabeza o de espalda. Otras personas se encuentran siempre muy cansadas o nerviosas, irritadas o enojadas y sin saber el porqué. Quizás tengan problemas al dormir o sufran de tensión especialmente en el trabajo o en sus relaciones personales.

438. *El pasado pasó ya... el presente es lo que cuenta*. El pasado como su nombre lo indica pasó ya. El presente es el momento que se vive. No podemos vivir de recuerdos tristes que pasaron ya. Ni de penas ni quebrantos del pasado porque lo que ganamos es abrir heridas, ahondar nuestra melancolía y despertar la compasión de los demás. Tenemos muchas cosas por hacer para estar tristemente lamentándonos en todo y por todo. Debemos pensar en lo que es positivo y alentador, todo positivo nada negativo. El compromiso de cada uno de nosotros es vivir siempre el presente y olvidarnos de los quebrantos y problemas del pasado. Solo así alcanzaremos el ideal propuesto y alcanzar la verdadera felicidad.

439. *Personas negativas*. Hay personas que por naturaleza son negativas y desconfiadas. Ven siempre las cosas oscuras y negativas. Nada les agrada. No hay una leve sonrisa en sus labios, ni esperanza en sus corazones. Personas quejumbrosas. Si llueve...que fastidio. Si sopla el viento... que malestar. Si hace calor...es insoportable. Si hace frío... que tragedia. Si escuchan las noticias... que tristeza. Siempre se quejan de todo y por todo. Tanto en la casa como fuera de ella manifiestan un constante malestar y muchas intransigencias. Personas así se deben evitar porque alteran nuestro sistema nervioso y afectan nuestra paz y felicidad.

440. *Triunfadores a pesar de...* Franklin Roosevelt, elegido cuatro veces como presidente de los Estados Unidos, fue toda su vida un inválido como consecuencia

147

de la parálisis infantil. Hellen Keller, ciega, sorda y muda, terminó su carrera universitaria y representó a su país como diplomática. Julio Cesar, era epiléptico. Luis Pasteur era tan miope, que ni siquiera podía moverse en su laboratorio sin sus anteojos. Tomás Edison y Beethoven eran sordos. Personas todas éstas que en lugar de concentrarse en su desgracia se olvidaron de ella y salieron triunfadores en sus realizaciones. A estos nombres, podríamos sumar otros más. A pesar de sus limitaciones e impedimentos valoraron la vida y se han mantenido en la sala o galería de los triunfadores.

441. *El café enferma a la gente*. Una revista noticiosa de salud señala que el café y las bebidas con cafeína, (aguas negras) no solo causan depresión, sino que también aumentan los riesgos de padecer de dolores de cabeza, ansiedad, alergias, infertilidad, temblores, hipertensión arterial, pérdida de la memoria. La cafeína no tiene ningún valor nutricional. Cuanto mayor sea el consumo de cafeína, tanto mayor será el riesgo de contraer enfermedades. Si la gente reflexionara sobre los peligros que esto implica, recurriría a muchos sustitutos saludables como el café descafeinado, el café de garbanzo y otros más. Abandone este mal hábito, aunque tenga que soportar algunos días los molestos síntomas del síndrome de la abstinencia. Salude a la mejor bebida del mundo: un vaso de agua fresca, cristalina y saludable.

442. *No podemos confiar en la confianza*. Parece raro, pero es una gran verdad. Si confiamos en el hombre nos decepcionamos porque nos puede fallar. Debemos tener presente que, aunque la vida se basa en el factor confianza no podemos confiar en la confianza. Nos decepcionamos y tal vez podremos salir heridos. No podemos, por ejemplo, confiar en la publicidad, pues algunos anuncios nos resultan engañosos creados para aumentar las ventas. Por lo tanto, lo mejor es confiar en Dios. Un piloto confía en los instrumentos para controlar el avión y llevarlo en la dirección correcta. Debemos confiar en la Biblia que es el poderoso instrumento de Dios para marchar hacia el norte de la salvación. Debemos confiar en nuestro Creador y Salvador. *"El Señor es mi fuerza y mi escudo, mi corazón en él confía; de él recibo ayuda. Mi corazón salta de alegría y con cánticos le daré gracias"*. (Salmo 28:7).

443. *El Dios de la esperanza*. Es el apóstol Pablo quien declara: *"Que el Dios de la esperanza os llene de todo gozo y paz en la fe, para que rebosen de esperanza por el poder del Espíritu Santo"* (Romanos 15:13). ¡Muy interesante!! ¿verdad? El Dios de la esperanza… porque no hay otro Dios u hombre que nos brinde esperanza y fe como solo el Dios y padre en su gran amor y misericordia nos ofrece. Solo en sus manos poderosas podremos dejar todas nuestras inquietudes, pesares y tristezas. Solo en Jesús, nuestro Salvador podemos confiar plenamente. Nos puede brindar la fortaleza, el poder y la consolación que tanto necesitamos cuando le buscamos de todo corazón. Nuestra fe y confianza está cimentada en aquel que siendo rico se hizo pobre para que, en su pobreza, seamos enriquecidos.

444. *La soledad deprime.* Las personas en edad avanzada son especialmente las que más sufren los efectos de la soledad. Se sienten, en algunas ocasiones, tristes, solas y acongojadas. El siguiente pensamiento de una distinguida y querida viejecita nos motiva a pensar en forma positiva cuando esos momentos de soledad tratan de deprimirnos: "Es muy cierto que a veces nos sentimos solos. Creemos que a nadie le importan nuestros problemas, pero el Señor Jesús siempre está al tanto de todo, está pronto a auxiliarnos y bendecirnos. Solo necesitamos confiar en él, y nuestra bendición vendrá" (Elena de White). ¡Sí! Nuestro poderoso Salvador en algunos momentos de su vida se sintió solo y acongojado pero la comunión con el Padre le brindaba fortaleza, ánimo y seguridad.

445. *La verdad sobre la soledad.* La soledad es una afección que debe atenderse, pues de lo contrario podría originar consecuencias graves e incluso mortales. Aunque ocasionalmente puede que vivas episodios de soledad, sintiendo el impulso de aislarte, o de estar solo, esto no es un problema cuando es un episodio pasajero. Pero si se trata de una condición permanente, y comienzan a presentarse síntomas que representan problemas de riesgo para la salud mental y física, impidiéndote tener una vida funcional, entonces es mejor que busques ayuda profesional en cuanto antes. Existen estudios que han determinado que las personas que son afectadas por la soledad tienen 3 veces más probabilidades de morir en el transcurso de los 9 años siguientes al comienzo de los problemas de soledad. Un estudio de Huffington Post estableció que quienes tienen relaciones sociales en buenos términos, también tienen más probabilidades de vivir por más tiempo. La soledad impide tener una calidad de vida porque afecta tu desempeño social y te priva de tener experiencias satisfactorias y motivadoras.

446. *Síntomas de la soledad.* El más común, un ánimo deprimido casi todo el día, que cada vez se hace más permanente. Incluso las personas cercanas a ti te lo indican. Apatía y desinterés en las actividades sociales. Aumento de peso, debido a la inactividad y sedentarismo. Agitación psicomotora o enlentecimiento. Sentimientos de inutilidad o culpabilidad muy excesivos. Disminución de la capacidad de concentración. Pensamientos recurrentes a la muerte o el suicidio. Lo grave de los problemas de soledad es que no se trata solo de un sentimiento, sino que, en muchas ocasiones, cuando estos han evolucionado y se hacen permanente pasan al plano físico.

447. *Causas de la soledad.* En cuanto a las causas de la soledad y sus problemas que afectan tu estado de ánimo e incluso la salud mental y física, estas pueden ser variadas. Existen causas que van ligadas a la personalidad, que pueden definirse como factores de riesgo, como por ejemplo la dificultad para relacionarte socialmente. Por otra parte, también existen causas externas o situaciones que te ponen en riesgo a padecer la soledad y los problemas que acarrea, como la carencia de recursos económicos y sociales. Problemas como el alcoholismo y las drogas, incitan a la soledad ya que la adicción los aísla, con lo que se dan las condiciones para comenzar a padecer los síntomas. Las enfermedades terminales también producen soledad, mucho más cuando originan un estado depresivo en la persona. La soledad impide tener una calidad de vida, porque afecta el desempeño social y te priva de tener experiencias satisfactorias y motivadoras.

448.   ¿Cómo tratar la soledad? Cuando la soledad origina otras afecciones, como la depresión, se contempla la posibilidad de un tratamiento farmacológico, el cual debe ser indicado por un especialista. De igual forma existen estrategias sociales que te ayudarán a vincularte o a relacionarte con otras personas. Quizás, tendrás que obligarte a asistir a eventos sociales, a reuniones edificantes, y aceptar invitaciones de amigos y familiares para salir de la rutina que te lleva a la soledad. A medida que vayas teniendo experiencias positivas en tales eventos, te fortalecerás en tu disposición a compartir con otras personas y vencer la soledad. Además, necesitarás un tratamiento psicoterapéutico si notas que se te dificulta mucho vencer el aislamiento y establecer contacto con otras personas. No subestimes el peligro de los problemas de soledad, no te confíes hasta llegar a un punto en el que sea más difícil superarlos. Por eso es importante que ante la presencia de síntomas que señalen problemas de soledad, acudir a un psicólogo que pueda ayudarte a superarlos y establecer buenas relaciones sociales.

449.   ¿Cómo vencer el desánimo? Para vencer todo desánimo debemos recordar siempre las promesas de Dios. Cuando estamos desanimados, hemos perdido la motivación para seguir adelante. En muchos lugares de las escrituras, Dios ordena a su pueblo a esforzarse y cobrar ánimo (Salmo 27:14; 31:24; 2 Crónicas 32:7; Deuteronomio 31:6). Cuando escogió a Josué para sustituir a Moisés como líder de los israelitas, sus primeras palabras fueron: *"Mira que te mando que te esfuerces y seas valiente; no temas ni desmayes, porque Jehová tu Dios estará contigo en dondequiera que vayas"* (Josué 1:9). *"Como estuve con Moisés, estaré contigo; no te dejaré, ni te desampararé"*. El Señor sabía que Josué iba a afrontar algunas batallas grandes y no quería que su siervo se desanimara. Cuando conocemos al Señor, podemos reconocer las promesas que ha dado a sus hijos, registradas en su poderosa Palabra. Podemos reconocer el cumplimiento de esas promesas en nuestras vidas.

450.   El porqué del desánimo. Cuando hemos contado el costo del discipulado, tenemos más fortaleza para afrontar las batallas que se nos presenten. Cuando las cosas no salen como queremos que nos salgan, fácilmente tendemos a estar desanimados. Pero cuando sabemos que la batalla es del Señor (1 Samuel 17:47) las cosas cambian porque nuestra confianza está en aquel que no se desanimó ante el dolor y el sufrimiento. A veces el desánimo proviene de una sensación de que se tiene derecho a algo, que resalta la diferencia entre lo que tenemos y lo que creemos que debemos tener. Cuando reconocemos esa actitud como pecado, podemos arrepentirnos, humillarnos, y dejar que el Espíritu Santo reajuste nuestras expectativas. Cuando usamos el desánimo como un recordatorio de que nuestras prioridades se han distorsionado, el sentimiento de desánimo puede convertirse en una herramienta de refinación para hacernos más como Jesús (ver Romanos 8:29). El desánimo puede ser una luz de advertencia para nosotros, cuando hemos perdido nuestro principal objetivo. Cuando nos sentimos desanimados, es de gran ayuda estar a solas con el Señor y permitirle que examine nuestros corazones y nuestras motivaciones (Salmo 139:23). A menudo, es el orgullo, la codicia o la avaricia, lo que alimenta nuestro desánimo.

451. *Los días grises nos desaniman*. Hay días que nos sentimos tristes y nostálgicos y no sabemos el porqué. No lo permitamos. Si bien es cierto que podemos pensar que a veces es normal sentirnos así, sin embargo, si se vuelve un problema cotidiano puede desembocar en una depresión. He aquí algunos consejos para vencer el sentimiento de tristeza y de desánimo: Acepte, en primer lugar, que estás desanimado. Esto te ayuda a ver la necesidad de estar unido a algunas personas de tu entorno. Usa el teléfono para comunicarte con amistades de tu agrado. Busca la forma de reconocer que ese día gris es la oportunidad de tu vida para cambiarlo por un día de alegría y de sano contentamiento. Puede ser que la ruptura de una relación, la pérdida de un familiar, el pensar abandonar una ciudad, dejar un trabajo o una amistad te haga ver que el día esté nublado. Que amaneció con lluvia y que no tengas ganas de nada. Pero ¿ganas algo quedándote en casa viendo como llueve sin hacer nada provechoso? Cada día debe ser un día de renovación y de cambios para no quedarnos quietos. Y por último salgamos de nuestro encierro. Si nos quedamos en casa sin salir, sin ganas de hablar con nadie y desanimados la melancolía aparecerá con tristeza y hasta con lágrimas. ¡Cada día debe ser un día especial para no estar desanimados porque a pesar de todo...! qué linda es la vida!

452. *Una hermosa cualidad la humildad y mansedumbre*. Empleada con sabiduría, la humildad y la mansedumbre junto a la belleza interior siempre serán recompensadas porque al final de la jornada "*los mansos recibirán la tierra por heredad*" (Mateo 5:5). Una persona humilde no se engrandece por ser humilde, se engrandece por su amor en el servicio. La persona humilde se caracteriza por ser sumisa, modesta y libre del orgullo y la ostentación. Actúa con sumisión, al portarse con una actitud o espíritu especial que se demuestra mediante la obediencia y el respeto. Cristo nuestro Señor es el mayor ejemplo de humildad. Siendo el rey y el creador del universo se hizo pobre para que en su pobreza fuésemos nosotros enriquecidos. Nos dice en su Palabra: "*Aprendan de mí que soy manso y humilde de corazón*" (Mateo 11: 28-29). No es mediante la arrogancia o el orgullo como se envían y se aceptan las órdenes, es mediante palabras de bondad y mansedumbre cuando la persona acepta la responsabilidad asignada.

453. *Una pregunta para responder. ¿Quién es Jesús para ti?* Para muchos Jesucristo es solo el motivo para un hermoso cuadro. Es la inspiración de un canto. Es la motivación para un sermón. Es un buen deseo para vivir…, Pero para el que ha sentido su perdón… él es música, gozo, paz, esperanza, salvación y vida eterna. Un gran amigo que se compadece en todas nuestras necesidades y flaquezas. Podemos presentarle nuestros pesares y tristezas y siempre está listo para escucharnos y bendecirnos. Nos ama con sin igual ternura y comprende nuestras inquietudes y penurias personales. Nos abraza cuando estamos desconsolados o tristes. Comprende nuestro dolor y pesar. Su nombre, es más inspirador que el del Cesar, más musical que el de Beethoven, más elocuente que el de Demóstenes, más conquistador que el de Bolívar, pero para el fiel cristiano su nombre, **Jesús**, significa paz, gozo, amor, perdón, salvación y vida eterna. ¿Quién como Jesús puede lograr que un ebrio abandone por completo la bebida? ¿Quién como Jesús puede alcanzar a una mujer perdida de la calle para que sea totalmente trasformada y lograr en ella, una mujer preparada para el reino de los cielos? Solo Jesús, en un mundo sufriente y necesitado, puede brindar la paz y la esperanza que tanto se necesita. ¡Solo Jesús puede brindar una vida eterna de felicidad celestial a quien así lo desea!

454. *¡Es fácil si queremos!* Si queremos, todos podremos seguir fácilmente estas sencillas reglas para disfrutar de plena felicidad. Debemos tenerlas siempre en cuenta en nuestra mente. Por ejemplo: Si abrimos una puerta cerrémosla. Si conectamos la corriente, desconectémosla. Si ensuciamos algo, limpiémoslo. Si no sabemos arreglar una cosa, busquemos a alguien que lo sepa hacer. Si no sabemos qué decir, callémosno. Si vamos a usar algo que no nos pertenece debemos pedir permiso al dueño. Si nos prestan es necesario devolver y no quedarnos con eso. Si es gratis, no lo desperdiciemos. Si no es asunto nuestro, no nos entrometamos. Si ofendemos es nuestro deber pedir disculpas. Si no puedes hacer lo que quieres, trata de querer lo que haces. Si algo te sirve, trátalo con cariño. Si no sabes, no opines. Si prometiste, cumple. Si no sabes hacerlo mejor, no critiques. Si no sabes como funciona, no toques. Si rompiste, arregla. Si desordenaste, ordena. Si encendiste, apaga.

455. *El secreto de la felicidad.* Un maestro llevó a su escuela unos globos para obsequiar a cada uno de sus alumnos. Después ordenó que cada uno de ellos anotasen su nombre en esos globos… los dejaran en el salón y luego podrían regresar a recogerlos. Fuera del aula les dijo: "tienen cinco minutos para que cada uno de ustedes encuentre el globo que lleva su nombre". Los alumnos entraron y casi nadie podía encontrar el suyo y así transcurrieron los cinco minutos. Todos buscaban, pero ninguno encontraba el globo con su nombre. "Ahora, les dijo, tomen cualquier globo, busquen al dueño del nombre que tienen anotado y entréguselo". En solo un par de minutos los alumnos ya tenían el suyo en sus manos. Chicos les dijo, los globos son como la felicidad, si cada persona se preocupa por el bien del otro y se olvida de si la encontrará rápido. Que nadie piense que está solo, que nadie busque su propio beneficio. Encontrará fácilmente su propia felicidad haciendo felices a los demás.

456. *Somos felices cuando guardamos los mandamientos*. El hijo es feliz cuando obedece a su padre. No es feliz cuando desobedece porque espera el castigo por su desobediencia. Dios hizo al hombre perfecto, santo y feliz. Cuando entró el pecado se perdió la santidad y la felicidad. Por la desobediencia a los mandamientos de Dios, el hombre se contaminó y el egoísmo reemplazó al amor. El primero en desobedecer la ley de Dios fue Satanás y engañó al hombre para que desobedeciera a Dios. Cristo pagó el precio del pecado y la desobediencia del hombre. Su muerte en la cruz revela la eternidad de la ley que no cambió ni cambiará. Dios espera de ti y de mí que nos arrepintamos y le pidamos perdón por nuestra desobediencia a sus santos preceptos. Y lo más importante es, que nos prometió ayudarnos a vivir una vida de obediencia y por ende de felicidad que se perdió por la transgresión. El sabio Salomón nos aconseja: *"Teme a Dios y guarda sus mandamientos porque esto es el todo del hombre"* (Eclesiastés 12:13).

457. *El libro de la hora*. La Biblia es el libro de mayor circulación. Se publica en numerosos idiomas y múltiples versiones. Aunque se considera el libro de la hora muchas personas no la leen por falta de tiempo. Otros creen que es difícil de entender y que solo los teólogos lo deben leer. Sin embargo, no es así. La comprensión de las Sagradas Escrituras es accesible a cada persona. Los que dedican tiempo con regularidad a su lectura descubren que la Biblia les ayuda a vivir plenamente. De su lectura obtienen valor y esperanza en los momentos más adversos de la vida. Nos enseña el comportamiento humano correcto. Las buenas relaciones que deben existir entre padres e hijos, entre esposos entre sí y los seres humanos en general. Las Escrituras nos enseñan a cuidar nuestro cuerpo destinado a ser morada del Espíritu Santo. Nos enseñan como debemos comportarnos como miembros de la familia humana, como hijos del Padre Celestial. Nos requiere considerar al prójimo como nuestro hermano, quien deber ser digno de nuestra simpatía fraternal.

458. *No hay nada mejor para desarrollar la inteligencia*. El intelecto debe ser ejercitado y que mejor que con la lectura de la Santa Biblia. Una educadora por excelencia que apreciamos mucho por ser lo que es, Elena de White, nos regala este importante pensamiento: "No hay nada mejor para fortalecer el intelecto que el estudio de las Escrituras. Ningún otro libro es tan poderoso, para elevar los pensamientos y dar vigor a las facultades como las grandes y ennoblecedoras verdades de la Biblia. Si la Palabra de Dios se estudiara como debe ser, los hombres recibirían una amplitud intelectual, una nobleza de carácter, y una firmeza de propósito que raramente se puede ver en nuestros días" (El Camino a Cristo). En cierta ocasión una distinguida dama que ama mucho a su Biblia nos dijo: "Cuando tengo problemas para dormir saco mi Biblia y me dispongo a leer y rápido me quedo dormida con la Biblia en mi pecho. Tengo paz en mi corazón y confianza en mi Señor. El día que me muera que me entierren con mi Biblia".

459. *La temperancia no es equilibrio*. En una entrevista televisiva el doctor Bomfim declara que algunas personas piensan que la persona temperante es una persona equilibrada. O sea, la noción de equilibrio implica que para una persona ser equilibrada necesita hacer algunas cosas que no son buenas y balancear eso con otras cosas que, si son buenas, entonces, eso produciría el equilibrio. Este es un concepto peligroso que viene de la filosofía oriental del yin yang, o sea, equilibrar el mal con el bien. Pero la palabra temperancia en la Biblia viene del griego enkráteia que significa el control de las pasiones sensuales y algunas veces es traducida por nuestra Biblia como dominio propio. Temperancia es dominio propio, o sea, es el completo control de nuestros instintos, de nuestras pasiones, porque nacemos pecadores y como pecadores no podemos confiar en nuestros instintos. A veces nos van a llevar por un mal camino. Así que temperancia es algo muy importante en nuestra vida. Inclusive, Elena G. de White, dice "que temperancia es dejar de lado todo lo que es malo completamente y utilizar lo que es bueno con moderación". Temperancia entonces es moderación, pero solo en lo que es bueno.

460. *Vive cada instante de tu vida*. La vida está llena de pequeños y cortos momentos que debemos vivir y compartir. Solo se necesita de un breve instante para cambiar. Es por eso que hay que sonreír todos los días. Cada día está lleno de intervalos mágicos de la vida y solo se necesita de pequeños instantes para cambiar su curso, en momentos para alcanzar la felicidad cuando se cumplan nuestros sueños. Esos cortos momentos son muy importantes ¡vívalos! Ama con alma, vida y corazón. Disfruta de cada segundo, de cada minuto o de cada hora. Si existe el dolor, piensa que rapidamenteen un pasará. Nunca perdamos ese rayo de fe, esperanza y optimismo. Nunca sabemos cuándo será el último segundo que la vida nos ofrece. Con cada segundo crecemos. Las personas optimistas nunca se dejan vencer por las dificultades de la vida porque confían en Dios.

461. *La fe debe ser una respuesta al temor*. El miedo y la fe son dos formas iguales, pero muy diferentes la una de la otra. Las dos son formas creadas en la mente. Una es negativa y la otra positiva. Cuando se tiene miedo en que algo ocurra, se está teniendo fe en que va a ocurrir algo negativo, porque el miedo es la convicción de que algo malo va a suceder. El universo gira en torno a lo que creemos. No hay que tener miedo a nada ni a nadie y nuestra mente lo debe saber muy bien. Debemos pedirle a nuestra mente lo que queremos y lo que no queremos. Si tenemos fe en que nada malo nos va a suceder, la razón es porque la mente está programada para tener fe.

La mente está diseñada por el Creador para protegernos de los ataques que nos vendrán por falta de fe. Vamos a luchar para controlar nuestros pensamientos de tal forma que estos deben ser un medio para que felizmente se cristalicen nuestros sueños.

462. ***El miedo no debe ser un obstáculo para triunfar.*** El miedo es una reacción natural a lo desconocido, pero no debe ser un obstáculo para alcanzar lo que nos hemos propuesto. Es lo mismo cuando cambiamos de trabajo o hacemos una nueva mudanza. Hay personas que viajan y no saben si tendrán un destino feliz y un regreso placentero. Piensan positivamente y no en los obstáculos que posiblemente les acontezcan. Los empresarios de éxito le han tenido miedo al fracaso, pero lejos de ese temor fueron impulsados a llegar hacia lo desconocido y un poco más allá. La historia revela casos de hombres de valor que supieron no tenerle miedo al fracaso. Fracasar es una experiencia para no cometer el mismo error cometido una vez, afecta a la mente de tal forma que estanca a la persona. Los emprendedores no le tienen miedo a fracasar, de lo contrario no hubieran logrado ser exitosos. Tengamos siempre pensamientos positivos, confianza en nuestras capacidades y destrezas y aprendamos, sobre todo, a trabajar con entusiasmo y dedicación porque estamos bien motivados. Aceptemos con valor y grata satisfacción la responsabilidad solicitada. El poder del pensamiento logra vencer los obstáculos y así los sueños y metas se consiguen fácilmente.

463. ***El poder del pensamiento.*** El pensamiento ejerce un poder para bien o para mal extraordinario. Cada frase que se pronuncia decide lo que la mente le indica lo que debe decir. Pudiéramos decir que la palabra es el pensamiento hablado. De tarde y de día siempre estamos pensando una infinidad de cosas que se reflejan en nuestro sentir. Entre tanto los pensamientos que afloran en nuestra mente nos llevan a analizar aquellos que nos producen sentimientos bien sean de temor o de alegría. Esos pensamientos llegan al subconsciente donde como un archivo que guarda exactamente lo que se le ha ordenado, dará la orden ejecutoria de hablar de acuerdo con las palabras y los sentimientos. Por lo tanto, hemos de decidir que pensamientos se encuentran en la mente archivados que cual imán reflejarán situaciones bien sean positivas o negativas. Es conveniente por todo lo que hemos dicho, en forma verbal o escrita, que se debe pensar antes de hablar y no hablar para dejar pensando.

464. ***Como alcanzar una mayor y mejor autoestima.*** Los pensamientos influyen mucho. Por lo tanto, debemos tener en nuestra mente, en primer lugar, pensamientos positivos de ayuda para nuestro bienestar personal, buena salud mental y emocional. En segundo lugar, debemos amar a Dios, a nuestros semejantes y a nosotros mismos aprobándonos tal y como somos con nuestras cualidades gratificantes, y defectos que debemos superar. En tercer lugar, debemos aceptarnos como personas únicas y especiales. La confianza y la autoestima deben crecer cada día más y mejor. La superación personal es el mejor ingrediente para levantar nuestra estima propia, por lo tanto, no debemos permanecer estancados, mediocres o derrotados. Debemos tener metas altas y definidas y pensar que podremos alcanzarlas porque tenemos los medios disponibles para el logro de esas metas. Tenemos mente y capacidad para alcanzar los desafíos y retos que nos propongamos. Si pensamos que podemos, lo lograremos porque el subconsciente es nuestro mejor aliado. Pensar que tenemos una excelente estima propia porque esa es la razón para triunfar en la vida sin importar los obstáculos que se nos presenten.

465. *Como crecer en salud.* *"Amado yo deseo que seas prosperado en todas las cosas y que tengas salud como tu vida espiritual crece",* es el consejo y buen deseo de parte de Dios revelado en (3 de Juan y el verso 2). Para así lograrlo es importante que contemos con la energía y el entusiasmo que requiere la buena salud. Cada célula de nuestro cuerpo estará vibrando de sana energía porque hemos aprendido a alimentarnos correctamente nutriendo nuestro cuerpo con alimentos sanos y provechosos. Por otra parte, la respiración es vida. Mediante una buena respiración eliminamos las toxinas y el estrés de nuestro cuerpo. Además, debemos dormir profunda, tranquila y reposadamente para despertamos con brío y vitalidad. Disfrutemos del ejercicio que es básico para la buena salud ya que mediante el mismo reconocemos el fortalecimiento de nuestros músculos y de nuestra mente que son de gran ayuda para nuestro sistema inmune afín de que ninguna enfermedad pueda afectar nuestro cuerpo. De gran ayuda es también, el uso del agua por dentro y por fuera y poseer una mente positiva confiando siempre en Dios.

466. *Agua bendita para la salud.* El agua por dentro y por fuera es la mejor medicina para la salud. Julián Mengosa en las lecturas devocionales para adultos, Buena Medicina es el Corazón Alegre nos dice lo siguiente: "El agua es otro elemento natural para prevenir y combatir las enfermedades. De seis a ocho vasos es la cantidad recomendable para un adulto. Beber dos vasos al levantarnos ayuda a activar los órganos internos. Beber dos vasos, media hora antes de las comidas, favorece la digestión. Un vaso de agua antes de darse un duchazo disminuye la presión arterial. Mientras que un vaso de agua antes de acostarse evita un derrame cerebral, o ataque al corazón. Todos los sistemas del cuerpo son favorecidos por el "consumo abundante de agua". Es admirable como Dios a provisto reconstituyentes tan sencillos y eficaces al alcance de todos.

467. *Debemos pensar en el éxito y no en el fracaso.* "Tal el pensamiento tal es el", es el consejo bíblico. Por lo tanto, debemos pensar que el éxito está siempre de nuestra parte. Todos los problemas y todas las dificultades se superan si pensamos que el éxito está de nuestra parte. Los errores y aparentes fracasos son pequeños escalones en el camino hacia el éxito una vez que estos se superen. Si tenemos miedo de no lograrlo será un medio para el éxito porque vamos en su búsqueda. Si mentalmente estamos preparados para superarnos tendremos acciones audaces. Si pensamos en forma positiva en que hoy seremos exitosos, mañana y todos los días vamos a ser exitosos. Para una persona exitosa el fracaso no existe, porque el fracaso es la experiencia vivida para pensar positivamente a fin de no volver a fracasar.

468. ***La felicidad es la mejor medicina***. Una gran verdad bíblica: *"El corazón alegre es una buena medicina, pero el espíritu triste, seca los huesos"* (Proverbios 17:22). En nuestro diario vivir, debemos pensar, desde el momento que nos despertamos hasta la hora del descanso, en que debemos sentirnos felices, alegres y entusiastas durante todo el día. Felices porque despertarnos con un nuevo día para cumplir las tareas y metas propuestas. Debemos sentirnos felices para inspirar y motivar a los que nos rodean en su búsqueda de la felicidad. Cada actividad debemos hacerla con alegría, entusiasmo y premura. Felices en nuestro trabajo. Felices en las relaciones con los demás. Felices en las cosas más simples de la vida. Debemos sentirnos alegres y felices porque tenemos la convicción de que, con la bendición y dirección de Dios, todo nos va a salir bien y así nuestra vida estará llena de alegría y felicidad porque poseemos la mejor medicina.

469. ***Amo y amaré siempre a mi esposa***. Debemos recordar a menudo los votos matrimoniales pronunciados el día nuestra boda: "Prometo solemnemente delante de Dios y de estos testigos, que te amaré con todas las fuerzas de mi corazón, en las buenas y en las malas, en la salud y en la enfermedad, en la riqueza y en la pobreza, en la escasez y en la prosperidad, y me conservaré para ti hasta que la muerte nos separe". Por lo tanto, doy gracias primero a Dios por amarla y a la vida por la oportunidad y capacidad de vivir para amar. La amo y la amaré siempre porque ella es la madre de mis amados hijos. La amo por sus únicas y hermosas cualidades. Ella es el amor de mi vida. Quiero y busco tener una buena comunicación. Quiero ser siempre el mismo cuando estoy con ella y cuando estoy lejos de ella. Deseo lo mejor para ella y estoy dispuesto a recorrer la segunda milla para apoyarla y amarla, aunque no sea merecedor de su cariño. Me llena de gozo al tener a mi lado al amor de mi vida.

470. ***Libres del estrés.*** En la vida de toda persona no hay nada más perjudicial que el estrés. Es el causante de muchas de las enfermedades, la más dolorosa y severa, el cáncer. Cuando el estrés nos ataca, debemos permanecer en paz y calmados para encontrar la mejor solución. Debemos aprender a pensar que hoy todo está bien y mañana mucho mejor, porque "basta a cada día su propio afán". Tenemos que dejar atrás el estrés, porque nos gusta vivir en paz y relajados. Pensar siempre que tenemos que estar contentos y relajados a pesar de... y recapacitar que debemos vivir con calma y sosegados. Ante toda situación de ansiedad debemos respirar profundo para liberar el estrés. Si respiramos paz dejamos ir al estrés cuando exhalamos. Todo el cuerpo debe trabajar para dejar salir todo tipo de ansiedad, preocupación y descontento. Si estamos en calma y relajados se energizará todo nuestro ser y la calma, la paz y la tranquilidad descenderá en todo momento y con cada respiración que hagamos.

471. *Para inversionistas y personas emprendedoras.* Una persona emprendedora es aquella que busca el éxito, corre con él y logra alcanzar su cometido. Se relaciona con prosperidad, abundancia logros y victorias. Es la persona que aprovecha las oportunidades que la vida le ofrece para alcanzar su objetivo. Oportunidades que no puede perder porque como dice el refrán las oportunidades son calvas y solo tienen un pelo, el del triunfo. Cada persona tiene su propio canal de abundancia, bienestar, salud, alegría y amor que debe aprovechar. Todos somos valiosos ante los ojos de Dios y tenemos que ser más receptivos a la oportunidad que nos llegan cuando menos las esperamos. Debemos dar las gracias a Dios por los talentos que nos permiten ser prósperos y reconocidos como bendecidos hijos de Dios. Como cada día es una jornada de oportunidades, no permitamos que la angustia y las limitaciones ahoguen nuestros retos y los buenos deseos de alcanzar el éxito.

472. *Esclavos de las deudas.* He aquí un te bendice financieramente para que puedas bendecir a otros" escribió Brian. Por otra parte, la gran educadora Elena de White nos dice: "No se deben acumular las deudas año tras año. La mejor educación que pueda impartirse consiste en evitar las deudas, así como se evitaría la enfermedad. Cuando pasa un año tras otro y no hay señales de que la deuda disminuya sino más bien que aumente debe hacerse un alto". En esta época cuando nos encontramos en crisis financiera a nivel mundial debe pensarse seriamente en evitar todo tipo de deuda y hacer un alto. Tomemos nota del consejo del sabio Salomón: "*Los ricos son los amos de los pobres; los deudores son esclavos de sus acreedores*" (Proverbios 22:7). Debemos huir de las deudas para que no nos esclavicen.

473. *La temperancia y equilibrio no son lo mismo.* En una entrevista televisiva el Pastor Marcos Bomfim declaró que la temperancia no es equilibrio. Algunas personas piensan que una persona temperante es una persona equilibrada cuando realmente no lo es. La noción de equilibrio implica que para que una persona pueda ser equilibrada necesita hacer algunas cosas que no son buenas y balancear eso con otras cosas que son buenas, entonces, eso produciría el equilibrio. Este es un concepto peligroso que viene de la filosofía oriental del yin yang, o sea, equilibrar el mal con el bien. Pero la palabra temperancia en la Biblia viene del griego enkráteia que significa el control de las pasiones sensuales y algunas veces es traducida por nuestra Biblia como dominio propio. Temperancia es el dominio propio, o sea, es el completo control de nuestros instintos, de nuestras pasiones, porque nacemos pecadores y como pecadores no podemos confiar en nuestras tendencias. Nuestros instintos a veces nos pueden a llevar por un mal camino. Así que temperancia es algo muy importante en nuestra vida. Inclusive, Elena G. de White, dice que temperancia es dejar de lado todo lo que es malo completamente y utilizar lo que es bueno con moderación. Temperancia entonces es moderación, pero solo en lo que es bueno, en todo lo que nos pueda perjudicar. Se define la temperancia como el completo control de las pasiones y de los instintos. De paso, los seres humanos son los únicos en la naturaleza que tienen la capacidad de controlar sus instintos, los animales no poseen eso que llamamos… dominio propio.

474.   *El gozo del Señor.* El gozo es uno de los frutos del Espíritu Santo. Esto significa que no importa las circunstancias e inquietudes de la vida siempre debemos tener el gozo del Señor, que nos fortalece y nos anima a continuar con fe, mirando al cielo de donde vendrá nuestro socorro. Podemos elegir vivir con gozo o con tristeza, todo depende de nosotros. En el en rostro se refleja si estamos alegres o nos inunda la tristeza. Gozo es encontrar alegría, satisfacción y deleite. Nuestro rostro, por lo tanto, debe reflejar regocijo, gozo, complacencia. Todo depende de la actitud que tengamos de la vida y de nuestra relación con nuestro Redentor y Salvador. El gozo del Señor nos libera de los sentimientos de culpabilidad o desprecio de parte de Dios. El apóstol nos dice: (2 Corintios 13:11) *"En fin, hermanos alégrense, busque su restauración, hagan caso de mi exhortación, sean de un mismo sentir, vivan en paz. Y el Dios de amor y de paz estará con ustedes".*

475.   *El premio de la paz.* Este es uno de los cinco premios Nobel que fueron instituidos por el fabricador de armamentos Alfred Nobel. Actualmente, (2020) este premio de la paz fue entregado el pasado mes de noviembre a Abiy Ahmed Ali, un ingeniero informativo, militar, político y estadista, etíope quien nació el 15 de agosto de 1976 en Beshasha Etiopía. En este momento es el primer ministro de su país. Fue galardonado con este premio por sus excelentes esfuerzos por mantener la paz de su país con el país vecino de Eritrea después de un conflicto de dos décadas de problemas militares con dicho país y poner fin a la guerra fronteriza que duró de 1998 a 2000. Un premio de nueve millones de dólares ($9,000.000) le fue entregado en Oslo, Noruega. Es nuestro mayor deseo que todos nosotros podamos obtener el premio de la paz en nuestros hogares y en nuestro vecindario y obtener el gran premio de la corona y trofeo celestial.

476.   *La paciencia de los santos.* La palabra paciencia proviene del latín *pati* que significa sufrir y *paciencia* que es la oportunidad de soportar el sufrimiento. Es, por lo tanto, la actitud que lleva al ser humano a poder soportar contratiempos y dificultades para conseguir algún bien. La constancia valerosa que se opone al mal, y que a pesar de lo que sufra el ser humano no se deja dominar por el" (Wikipedia). Describe la capacidad que posee la persona para soportar una determinada situación sin experimentar nerviosismo ni perder la calma. Podríamos concluir diciendo que una persona paciente es aquella que no se altera por nada ni por nadie y que confía plenamente en Dios a pesar de…

159

477. *Los benignos hijos de Dios.* La palabra *benigno* proviene del latín *benegnus* compuesto por los vocablos *bene* que significa *bueno* y *genes* que significa *nacido*, por lo tanto, etimológicamente hablando es algo creado o concebido para el bien. La benignidad se refiere a los valores de alguien o de algo que es considerado bueno. La persona expresa su benignidad con cualidades positivas como paciencia, amor, simpatía, comprensión, y buena voluntad con las personas que le rodean. Es una persona considerada, de buen corazón y que posee buenas intenciones para hacer el bien siendo sincera, comprensiva y tolerante. La benignidad es uno de los excelentes frutos del Espíritu Santo.

478. *Dios es bueno y en gran manera.* *"Dios vio todo lo que había hecho y he aquí que era muy bueno"* (Génesis 1:31). Nada imperfecto ha salido de las manos de Dios, la hermosa naturaleza nos habla del gran amor de Dios. "Contempla las maravillas y bellezas de la naturaleza. Medita en su admirable adaptación a las necesidades y felicidad no solo del hombre sino de todas las criaturas vivientes. El sol y la lluvia que regocijan y renuevan la naturaleza, los montes, los mares y los valles todos nos declaran el amor del Creador" (Elena de White, El Camino a Cristo). Todo lo que Dios hace es perfecto y admirable. La creación del hombre y su redención revelan el gran amor de Dios. Cuando la tierra salió de las manos de Dios toda era hermosa y llena de belleza y colorido. Dios suple las necesidades humanas, el salmista así lo declara: *"Los ojos de todos tienen su esperanza puesta en ti y tú les das su comida a su debido tiempo"* (Salmo 145:15).

479. El amor de Dios fuente de poder. Podrán los astros cambiar sus senderos fijos. Podrá el hermano separarse de su hermano. Podrá la madre olvidarse de sus hijos. Mas nada ni nadie podrá separarnos del amor de Dios… porque de tal manera amó Dios a este mundo que envió a su hijo Jesucristo, para que todo aquel que en el cree no se pierda, más tenga vida eterna. El gran amor de Dios por la raza humana costó sangre y tristeza, pero la tristeza se convirtió en alegría por la excelencia del gran amor de Dios. Su amor es incomparable. No se puede medir, pero si se puede sentir y vivir. El amor de Dios sobrepasa todo conocimiento. Su poder, sencillamente, es maravilloso y reconfortante.

480. *Las iglesias se unen.* En respuesta a la oración de Cristo de la unidad de las iglesias ya se está pensando en lograr esa unidad. Considerando que las crisis del mundo actual se acentúan como consecuencia de los problemas reinantes en el mundo y que se debe precisamente, según algunos líderes religiosos a la falta de unidad. Desastres por todas partes, calamidades, guerras, pandemias, huracanes y tormentas, como bien señala el registro sagrado todos ellos "Principio de dolores" que representan la crisis del mundo y que marcan el comienzo de lo que se conoce como el Nuevo Orden Mundial. Esa unidad ya está establecida con la observancia del domingo como día de descanso. La iglesia católica y las iglesias evangélicas o protestantes han tratado de establecer alianzas para que así sea. Según algunos prelados religiosos "sin el domingo no somos nada. Sin el domingo no se puede vivir, sin el domingo en vano resucitó Cristo".

481. *Es necesario obedecer a Dios antes que a los hombres*. En el libro sagrado, según los hechos de los apóstoles, se expresa la lealtad a Cristo obedeciendo su Palabra. Se describe la observancia del sábado como día de descanso y de encuentro fraternal en las casas de los primeros cristianos de esa época. El Señor Jesús es el dueño del sábado y en ningún momento realizó cambio alguno. Es más, el sábado lo dedicó a realizar grandes milagros de sanidad razón por la cual los sacerdotes y prelados religiosos encontraron el medio para acusarlo y por último llevarlo al suplicio de su muerte en la cruz. El santo sábado fue establecido desde la misma creación, presentado en la Ley de Dios como día de adoración y continuará hasta la misma eternidad.

482. *Cristo resucitó un domingo y guardó el sábado.* El Señor Jesús murió un viernes de tarde, el sábado descansó en el sepulcro y el domingo resucitó. En los cuarenta días que compartió con sus discípulos no hizo ningún señalamiento en cuanto al sábado como día de reposo, ni les dijo: "De aquí en adelante en honor a mi resurrección ustedes, mis amados, guardarán el domingo. ¡No! En honor a su resurrección según el apóstol Pablo, es el bautismo porque la persona muere al pecado y resucita, como Cristo resucitó a una nueva vida. Es sepultado en el agua y se levanta para ser una nueva criatura.

483. *Quitemos de nuestra mente todo tipo de pensamiento negativo.* Los pensamientos negativos nos afectan y entristecen. Nuestra mente debe rebozar de gratitud, alabanza y alegría. Si bien es cierto que vivimos en un mundo difícil de vivir por la maldad y el pecado y como resultado el dolor, el sufrimiento, la tristeza, hacen que los pensamientos se vuelvan negativos. Y lo vemos en las noticias con tantos y tantos problemas y dificultades. Sabemos de personas que sufren. Enfermedades que aumentan en forma alarmante y nos entristecen. Anuncios de huracanes. El consejo oportuno es "dejemos **todo** en las manos de Dios y el Señor pondrá **todo** su poder en nosotros. Porque **todo** está bajo su control".

484. *Fieles en la obediencia del sábado como día de reposo.* *"Cuidémonos, por tanto, no sea que, aunque la promesa de entrar en su reposo sigue vigente, alguno de ustedes parezca quedarse atrás. Porque a nosotros, lo mismo que a ellos, se nos ha anunciado la buena noticia; pero el mensaje que escucharon no les sirvió de nada, porque no se unieron en la fe los que habían prestado atención a ese mensaje. En tal reposo entramos los que somos creyentes, conforme Dios ha dicho: Así que, en mi enojo, juré: Jamás entrarán en mi reposo, pues en algún lugar se ha dicho así del*

161

séptimo día: Y en el séptimo día reposó Dios de todas sus obras. Y en el pasaje citado también dice: Jamás entrarán en mi reposo. Sin embargo, todavía falta que algunos entren en ese reposo, y los primeros a quienes se les anunció la buena noticia no entraron por causa de su desobediencia" (Hebreos 4:1-6).

485. *Una norma para ser feliz.* El camino hacia la verdadera felicidad es un camino angosto y no muchos son los que transitan por él. Todos hemos de comparecer ante el tribunal de Dios, por lo que hemos hecho, con y en nuestra vida. La norma de ese juicio de Dios, que revela la felicidad celestial será la Ley de Dios o los diez mandamientos, promulgados y escritos por el propio dedo de Dios para vindicar su carácter y establecer un juicio recto y correcto. En ese juicio de Dios *"no habrá nada incorrecto que no haya de descubrirse ni oculto que no haya de saberse"* según lo declara el evangelio de Lucas capítulo 2 y el verso 2. Toda persona puede ser verdaderamente feliz, cuando ama a Dios y guarda sus mandamientos. No hay otro camino. No hay otra alternativa.

486. *Frases positivas de los diez mandamientos.* 1. Solo hay un Dios y como nuestro Dios ¡ninguno! 2. Por cuanto Dios nos ama no acepta ningún tipo de imágenes. 3. El nombre de Dios es sagrado, no lo pronuncies vanamente. 4. El sábado es el verdadero día de descanso. Recuérdalo siempre. 5. Honra a tu padre y a tu madre y disfrutarás de larga vida. 6. Ama tu vida y también la de tus semejantes. 7. Se feliz con tu cónyuge y no lo cambies por nadie ni por nada. 8. Si Dios te lo da todo, no necesitas robar. 9. Di siempre la verdad y nunca la falsifiques. 10.Libera de tu mente todo pensamiento codicioso porque puede llevarte a pecar. La codicia es la madre de todos los vicios.

487. *El celular una bendición o una adicción.* Todo depende de su uso. Si se usa como un medio de comunicación para establecer excelentes relaciones es una bendición. Por el contrario, si su uso es con el único propósito de matar el tiempo, quitándole tiempo de calidad a Dios y a la familia es una adicción. La vida está llena de compromisos sociales, trabajo y demás. La mayoría de nosotros confiamos en el celular como un medio para administrar nuestras responsabilidades diarias y mantenernos conectados. El programa de ayuda en favor del celular es el de mantenernos informados, estudiar la Biblia no solo escrita sino también en forma auditiva que precisamente es un tiempo de calidad con Dios y testificar de su gran amor. Nos ayuda a poseer una relación más profunda con el Señor y examinar también nuestra fe y nuestras creencias. Podemos decidir que acceder, con quien compartir y a quien saludar. Podemos navegar por varias horas. El celular es muy inteligente, pero más inteligente es quien lo sabe usar sin ser adicto.

488. *¡Crece cristiano!* "Mira oh cristiano, la preciosa planta cuando tocando con su tallo al suelo, va creciendo, creciendo y se levanta cual si quisiera remontarse al cielo.

Mira al tímido polluelo, cuando apenas batir sus alas puede, mas crece y crece, hasta que un día, se atreve desafiar a las nubes con su vuelo. Mira nacer tranquilo y rumoroso, al cristalino y plácido arroyuelo, que se convierte atravesando el suelo en un río potente y caudaloso. Mira al sol asomar por el oriente, con una débil luz radiante y bella que va cambiando su fulgor de estrella, en lumbre diamantina y refulgente. Y tú... tú que tienes vocación tan alta de vivir junto a Dios allá en el cielo, tú tienes que crecer como la planta. Tú tienes que crecer como el polluelo. Tú tienes, como el sol, que ser ardiente iluminando con tu luz al mundo, como el arroyo que en el mar profundo vuelto en río desagua dulcemente. ¡Crece cristiano! ¡Crecer es tu tarea! mira crecer a toda la natura. ¡Tú tienes que llegar la estatura del inmenso Rabí de Galilea! (Poema de José María Castillo)

489. ***El cielo y la nueva tierra una feliz realidad.*** No se trata de un cuento de hadas, ni de una ficción ilusoria producto de una mente mística. El apóstol Pedro lo registra: *"Pero, según su promesa, esperamos un cielo nuevo y una nueva tierra en los que habita la justicia"* (2 Pedro 3:13). El cielo y las personas son reales con cuerpos gloriosos e inmortales, (1 Corintios 15:51-54). La tierra nueva será un lugar de disfrute por toda una eternidad en compañía de Dios y de sus ángeles, (Apocalipsis 22 1-5). El cielo y la nueva tierra será un lugar para realizar actividades reales, (Isaías 65:21-23). Será un lugar de gran alegría para los redimidos, (Isaías 65:17-20). Un mundo de mucha y auténtica paz con genuinas satisfacciones, (Apocalipsis 21: 3-5). Estaremos como reyes disfrutando con los ángeles en un hermoso lugar de alabanza de los santos redimidos, (Apocalipsis 5:10-13). Un día de grandiosa celebración y de eterna adoración, (Isaías 66:22-23). Un glorioso sábado celestial.

490. ***Los muertos despertarán en victoria.*** Los muertos desde Adán hasta el útimo santo que fallezca oirán la voz del Hijo de Dios y saldrán del sepulcro para tener vida inmortal y victoria final. Elena de White, mi escritora favorita, escribió: "Entre las oscilaciones de la tierra, las llamaradas de los relámpagos y el fragor de los truenos, el Hijo de Dios llama a la vida a los santos dormidos. Dirige una mirada a las tumbas de los justos y levantando luego las manos al cielo, exclama: "¡Despertaos, despertaos, despertaos los que dormís en el polvo y levantaos! "Por toda la superficie de la tierra, los muertos oirán su voz; y los que la oigan vivirán. Y toda la tierra repercutirá bajo las pisadas de la multitud extraordinaria de todas las naciones, tribus, lenguas y pueblos. De la prisión de la muerte sale revestida de gloria inmortal gritando: "¿Dónde está, oh muerte, tu aguijón? ¿Dónde, oh sepulcro, tu victoria? Y los justos vivos unen sus voces a la de los santos resucitados en prolongada y alegre exclamación de victoria" (Eventos de los Últimos Días, pág. 216).

491. ***Siempre gozosos.*** En su libro devocional "Siempre gozosos", Juan Perla escribió en la página 217 lo siguiente: "Muchas personas viven una vida como si jamás pudieran olvidar las ofensas recibidas. Son incapaces de olvidar un agravio.

Conservan una lista de todas las ofensas que han cometido contra ellas. Si deseas una vida absolutamente miserable, entonces pon una marca indeleble en tus ofensores para no perderlos de vista." La falta de perdón hace que no experimentemos la alegría de vivir. La falta de perdón nos roba el gozo por vivir. La falta del perdón es un veneno que tomamos a gotas diaria y finalmente nos mata. Es el veneno más destructivo para el espíritu porque neutraliza los recursos emocionales. El perdón es el paso que nos permite superar los rencores y quedar libres para vivir en paz y felicidad. Sana las heridas que nos producen amargura. ¡Es la hermosa fragancia que la flor derrama sobre el pie del que la aplasta! ¡Qué fácil es amar... qué difícil es perdonar!

492. ¡Muerta ya para qué...! La madre no estará para siempre con sus hijos. Llegará un momento que se tendrá que despedir y dejarla en una tumba fría hasta el regreso del Señor. En vida, es la oportunidad de estar con ella. Cuidarla, amarla, mimarla y velar por ella. Muerta ya para qué... Muerta ya para que llegar con prisa. Muerta ya para que llevarle flores o un buen regalo. Muerta ya para que llorar. Muerta ya para que abrazar el féretro o besar su rostro frío. Mejor es ir a verla con calma, ahora. Llevarle el ramo de rosas o de flores que tanto le agrada. Deja que disfrute del aroma y su color. Ríe con ella de tus travesuras cuando eras niño. Déjale escuchar tus sonoras carcajadas y ver tu hermosa sonrisa. Bríndale tiempo de calidad que bien se lo merece. Si no lo haces hoy, mañana…, mañana será demasiado tarde.

493. La oración modelo. A la pregunta de sus discípulos ¿Señor enséñanos a orar? El Señor les enseñó lo que se conoce como la oración modelo o como el padre nuestro. "Padre nuestro que estás en el cielo, santificado sea tu nombre". Porque hay otro padre que está en la tierra haciéndonos la vida difícil y quiere que le reconozcan como dios y padre. La guerra es con ese padre y señor de este mundo de maldad y de pecado. Cuando se reveló contra Dios en el cielo, este ángel llamado Luzbel, director de los coros celestiales con la tercera parte de ángeles fueron arrojados a la tierra y anda como león rugiente para tentar, engañar y enfermar. Fácilmente, y sin darse cuenta, un cristiano puede orarle a Satanás, cuando omite las palabras "que estás en el cielo" porque repito, es dios y padre de la falsedad. Cuán importante es, que nuestras oraciones sean dirigidas a nuestro Padre Celestial que nos ama grandemente y que no va a permitir que el enemigo nos engañe con sus mentiras, haciéndose pasar como nuestro padre. Solo él está en el cielo listo para escuchar nuestras oraciones.

494. Tenemos un Padre que está en el cielo. Es un padre personal qué nos ama y escucha nuestras plegarias. Un padre que nos aconseja nos defiende y está muy cerca de cada uno de nosotros. Un padre que sabe lo que nos conviene y nos provee lo que necesitamos. Está siempre atento a nuestras más urgentes necesidades. Un padre misericordioso que nos ama y nos perdona. Un padre que nos cuida y ha enviado a sus ángeles para que nos protejan del enemigo y nos defiendan de sus engaños. Un padre cariñoso, tierno y amable que con paciencia nos escucha cuando lo buscamos en oración y súplica. Existe porque esta mañana hablé con él. ¡Si así lo crees exprésalo!

495. Una gran promesa. La bondad de Dios para sus hijos es grandemente maravillosa. Su sagrada palabra tiene para nosotros más de 3,400 maravillosas promesas. Notemos lo que nos dice el apóstol Pedro en su segunda carta. (2 Pedro 1:4) *"Por medio de las cuales nos ha dado preciosas y grandísimas promesas, para que por ellas seáis participantes de la naturaleza divina"*. Así es, todas las promesas son apoyo de nuestra fe. De ese hermoso legado de promesas quiero compartir una, para mí maravillosa y esperanzadora. Esta bendita promesa se encuentra en el libro de Isaías *"Pero así dice el SEÑOR: "¡Sí!" al guerrero se le arrebatará el cautivo, y del tirano se rescatará el botín; contenderé con los que contiendan contigo, y yo mismo salvaré a tus hijos"* (Isaías 49:25). Nos ha prometido arrebatar las almas de nuestros hijos de las garras del maligno Satanás El peleará por nosotros y con nosotros para salvar a nuestros hijos. Y esta es una grandiosa promesa fiel y verdadera.

496. Dos caminos, dos grupos y una esperanza. Cuando el Señor regrese a buscar a sus amados hijos para disfrutar de una vida eterna y duradera en nuestra patria celestial, la humanidad estará dividida en dos únicos grupos: los que lo esperan con alegría, y los que no quieren verlo venir en gloria porque no lo estarán esperando. Unos dirán este es nuestro Rey lo hemos esperado y otros desearán que las montañas caigan sobre ellos y los escondan de la presencia del Señor. Dos caminos, uno ancho que lleva a la muerta eterna y el otro angosto y seguro que lleva a la vida eterna. Y una esperanza. *"Ten esperanza para el futuro, pues tu descendencia regresará a su tierra"* (Jeremías 31:17).

497. Palabras que no se deben pronunciar. Las palabras determinan si la persona posee una actitud mental positiva o negativa de la vida. Por ejemplo, hay palabras que no debemos pronunciar: "¡Nunca ¡" "¡Es imposible!" "¡Qué le importa!" " ¡No necesito tu ayuda!" "¡Nunca sirve para nada bueno!" "¡No vale la pena seguir adelante! "¡Yo no vengo a perder mi tiempo!" "¡No hay cosas imposibles cuando hay hombres incapaces!" "¡Este es un problema que no tiene solución"! ¡"Es imposible lograr lo que usted propone"! Cuidémonos de hacer uso de ellas.

498. Las avenidas del alma Todos conocemos los cinco sentidos. El Olfato, el oído, los ojos, el tacto y el gusto. Aunque dicen que las damas tienen un sexto sentido y es lo que se conoce como "el sentido común", aprecian bien las cosas y son más sensibles que los hombres. El Señor nos ha dotado de los sentidos para que nos acerquemos más a él. Por eso Elena de White los llama "Las avenidas del alma", porque son como avenidas donde libremente cada persona puede transitar en esta vida. Y son del alma porque todos somos seres vivientes. En nuestra vida espiritual estamos llamados a crecer y los sentidos nos pueden ayudar en nuestro crecimiento espiritual. Debemos cuidarnos, por lo tanto, de lo que vemos, lo que escuchamos, lo que olemos, lo que tocamos y lo que nos gusta. Sobra decir que, debemos ser conscientes de que Dios nos escucha, conoce nuestros gustos bien sean buenos o malos, nos permite tocar su corazón que nos enternece, así podremos exhalar el aroma celestial o perfume del cielo.

499. *No estrujes corazones*. Esta es una lección que jamás debemos olvidar. Muchas veces herimos a las personas por la forma de pensar o de hablar. Estrujamos los corazones aun sin darnos cuenta. Un sabio maestro dijo lo siguiente a sus alumnos: "Les voy a dar esta hoja de papel. Ustedes pueden doblarla o estrangularla hasta hacerla diminuta. Los alumnos obedecieron la orden de su maestro y del papel solo quedó una pequeña bolita. Luego les dijo: "Ahora, déjala como estaba antes, de lisa y sin arrugas. Por supuesto que ninguno de los alumnos pudo dejarla como estaba, Por más que trataban el papel quedó lleno de pliegues y arrugas. Algunos hasta usaron la plancha, pero negativo, no lograron volverlo a su tamaño original. Entonces el maestro dijo: "El corazón de las personas es como este papel. La impresión que dejas en ellos será tan difícil de borrar como sus arrugas y pliegues que han hecho en el papel". Debemos ser más comprensivos, tolerantes y pacientes con las personas. Cuando tengamos el deseo de levantar la voz y estallar, recordemos el papel arrugado, ya que la impresión que dejamos en los demás es imposible de borrar.

500. *Para unas relaciones interpersonales más satisfactorias*. Las buenas relaciones interpersonales son la forma como tratamos a las personas y así poder disfrutar de un lugar acogedor en nuestro trabajo. Es bueno aprender a expresar los reconocimientos y los elogios sinceros a nuestros compañeros de trabajo. Muchas relaciones se pierden porque la persona espera que reconozcan su buen trabajo y no hubo una palabra de aprecio y felicitación. Debemos, por lo tanto, reconocer y valorar el trabajo de los demás porque si valoramos su trabajo ellos también van a valorar el nuestro. En todo momento y bajo toda circunstancia debemos mantener la calma y serenidad. ¿Problemas? Todo el mundo los tiene. Aprendamos a resolverlos con firmeza, calma y serenidad. Debemos ser flexibles. Cuando somos flexibles se nos facilitará manejar mejor los conflictos y las dificultades sin afectar nuestro bienestar y salud.

501. *El triunfo final*. Luego de perder por solo un voto sus elecciones para alcalde en Hickory, Mississippi en 1993, Charlie Lewis se mudó a Michigan. Decidió gozar de la vida tranquila de retirado, creyendo que el pedido de recusación de las elecciones que había solicitado al tribunal era poco probable que sucediese. Y entonces ocurrió una llamada telefónica inesperada, solicitando que regresara a Mississippi. El Tribunal Supremo del estado había anulado tres votos ausentes para Wayne Griffith, el alcalde residente, quedando sin efecto su victoria y convirtiendo a Lewis en el ganador por un margen de dos votos: 115 a 113. "Habían sido más de dos años", dijo Lewis, de setenta y dos años, en respuesta a la noticia. "Supuse que me habían olvidado… creo que cuando se llega a mi edad se aprende a digerir pacientemente las cosas". No obstante, estaba entusiasmado con la decisión del tribunal y las oportunidades que le aguardaban. Lewis se convirtió en el primer alcalde de color de la pequeña ciudad de quinientos residentes, en las colinas de arcilla roja del este de Mississippi. Amigo…La espera puede quitarte el entusiasmo de la victoria, pero si la causa es buena, la espera nunca destruye el gozo del triunfo final. *"Con Cristo somos más que vencedores"* (Romanos 8:32) (adaptado de Plenitud de renuevo).

502. ¿Para qué vivimos? Cuenta la historia que cierto hombre se acercó a una construcción y observó a tres individuos que sacaban paladas de tierra de una profunda y larga zanja. Le preguntó al primer hombre Amigo, ¿qué están haciendo? Este se enderezó y respondió lo que para él era evidente: Estoy cavando una zanja. Se acercó al segundo obrero y le preguntó lo mismo. Y la respuesta fue trabajo para vivir, solo eso… Para alimentar a mi esposa e hijos. Cuando le preguntó al tercer hombre lo que hacían, este respondió con énfasis y una actitud positiva: Vea señor, estamos construyendo parte de una serie de canales de irrigación que convertirán este árido valle en una rica zona cultivable que producirá alimentos para combatir el hambre en el mundo. El primer hombre pensó en lo duro del trabajo. El segundo pensó en sí mismo y el tercero en los demás. ¿Para que vivimos? ¿Solo por vivir y vegetar, vivimos para servirnos a nosotros mismos o para ayudar servir a los demás? Hay una gran satisfacción en servir. Dice un clásico pensamiento: el que no vive para servir no sirve para vivir, y el mismo Señor Jesucristo lo ejemplificó al decir, *que "no vino para ser servido sino para servir y dar su vida en rescate por muchos"* (Marcos 10: 45) (adaptado de Plenitud de renuevo).

503. ¿Quién como Jesús? Para un pintor, Jesucristo puede ser el motivo para un hermoso cuadro. Para un artista puede ser la esfinge para una majestuosa estatua. Para el cantante o compositor la melodía más bella para una canción. Para el predicador puede ser la figura histórica para un buen sermón. Pero para el que ha experimentado su perdón, él es música, canción, paz, gozo, alegría y esperanza. Un buen amigo que nunca nos olvida. Podremos acumular todos nuestros temores, dolencias y preocupaciones sobre sus hombros confiando en que siempre nos anima, nos consuela y nos protege porque nos ama y en gran manera. Refleja hacia nosotros su misma mirada de amor y ternura que es incomparable. Murió en la cruz para salvarnos. Padeció y sufrió para sentir nuestros dolores y sufrimientos. Resucitó para darnos vida y vida en abundancia y vendrá para rescatarnos. Su nombre es más musical que el de Beethoven. Mas inspirador que el de Cesar. Mas elocuente que el de Demóstenes. Mas conquistador que Simón Bolívar. ¿Quién como Jesús puede cambiar la vida de un borracho por un sobrio y fiel hijo del reino? ¿Quién como Jesús puede cambiar el rumbo de una mujer perdida y hacer de ella una mujer decente para Dios y la sociedad? ¿Quién como Jesús puede cambiar el corazón de un ladrón, un drogadicto, un idólatra o maldiciente peleador, en un generoso y pacífico hijo de Dios? ¿Quién como Jesús puede lograr hacer de nuestras vidas, vidas consagradas a su

167

servicio y poseedoras de la patria celestial? ¿Quién como Jesús puede calmar al doliente, sanar al enfermo, consolar al triste y resucitar a los muertos? Él es nuestro poderoso y gran libertador. *¡Reconócelo en todos tus caminos y él guiará tus pisadas!* (Proverbios 3: 6).

504. *La integridad una gran necesidad*. Cuando carecemos de hombres íntegros, atraídos solo por la corrupción moral y económica nos preocupa esta gran necesidad. Personas que han perdido los valores de la conciencia. Que han falseado los rectos y sanos principios del servicio. Que no respetan la ley de Dios. Líderes que solo tienen amor al poder porque han perdido el poder del amor. Para ellos son muy oportunas estas palabras del libro Educación, página 54: "La mayor necesidad del mundo es la de hombres que no se vendan ni se compren; hombres que sean sinceros y honrados en lo más íntimo de sus almas; hombres que no teman dar al pecado el nombre que le corresponde; hombres cuya conciencia sea tan leal al deber como la brújula al polo; hombres que se mantengan de parte de la justicia, aunque se desplomen los cielos. "¿Qué es ser una persona íntegra? Sencillo, una persona íntegra es alguien en quien se puede confiar. Que tiene valores y principios sanos y correctos.

505. *Somos agentes de cambio*. El Señor nos invita a ser sus agentes de cambio en favor del bienestar de este mundo pecaminoso. Nuestras optimistas palabras pueden cambiar y transformar la atmósfera tensa de una oficina. Nuestro buen tacto y control puede atenuar la rivalidad en un aula de clases. Nuestras expresiones de amor e interés genuino pueden reconciliar a los miembros de una familia dividida y conflictiva. El escenario está ya listo para la acción. A nuestro alrededor abundan las oportunidades de hacer el bien hoy mismo. Así como el rosal produce rosas y el manzano manzanas, los actos buenos son el resultado natural de la vida del cristiano. *"Es Dios quien, según su designio, produce en ustedes los buenos deseos y quien les ayuda llevarlos a cabo"* (Filipenses 2:13). Somos tú y yo los agentes de cambio que el mundo necesita hoy.

506. *Somos una obra de arte*. Cada persona en esta tierra fue maravillosamente creada a imagen y semejanza de Dios. Esta semejanza se perdió a consecuencia del pecado, pero Dios quiere restaurar al pecador a través de la sangre expiatoria de Cristo. No hay nadie que se pueda comparar contigo. Eres un ejemplar único, irrepetible. Y a pesar de nuestra condición pecaminosa, todavía reflejamos algo del diseño original de Dios para los seres humanos. Cuando nos acercamos al Señor en busca de perdón y con el deseo de vivir una vida nueva, Dios nos recreará y trasformará paso a paso nuestra voluntad y nuestros objetivos. El Artista Supremo del universo ya nos ha preparado buenas acciones para que las realicemos. Una vez que aceptamos su plan, nos concede el poder para felizmente realizarlas. El apóstol lo declara: *"Somos obra suya, creados por medio de Cristo Jesús para realizar las* *buenas acciones que Dios nos había asignado como tarea"* (Colosenses 2:10). Cumplamos con nuestra tarea y la realización de su obra maestra.

507. *Una oración de gratitud por nuestra adoración.* Gracias, Señor muchas gracias, porque podemos adorarte en espíritu y en verdad y tributarte la gloria que solo tú te mereces, porque de tales adoradores tu siempre te agradas. Gracias por el cordero que fue inmolado en nuestro favor nuestro amado salvador Cristo Jesús quien es digno de toda alabanza, gratitud y adoración. Gracias, Señor, por el sábado que nos recuerda la obra hermosa de la creación. Gracias por las bellezas de la naturaleza el sonido del mar, las lindas flores, los hermosos paisajes, los animales con sus cantos de alabanza. Gracias Señor, por las plantas que comemos y los árboles frutales y no frutales que revelan la obra de tus manos y tu gran poder al crear todas las cosas. Gracias porque fuimos bellamente creados a tu imagen y semejanza. Que nuestros ¡pensamientos, nuestras palabras, nuestras acciones y todo nuestro estilo de vida expresen que somos tus agradecidos hijos y que tu aceptas nuestro tributo y adoración sábado tras sábado.

508. *Nuestro clamor de gratitud.* Te agradecemos ¡Oh, Señor! por el don tan precioso de la vida, el conocimiento y la oportunidad de adorarte como te mereces porque de tales adoradores tu siempre, siempre te agradas. Oh, Señor, queremos aprender a adorarte en esta vida y en esta tierra, para adorarte por toda una eternidad. Postrarnos a tus pies cuando lleguemos al cielo y unirnos con los ángeles en eterna adoración celestial. Y por último y no menos importante que todos aquellos que hemos aprendido amar en esta tierra no falten en la eterna felicidad celestial prometida. Acepta nuestro clamor y ruego en el nombre de nuestro bendito y glorioso Salvador.

509. *Debemos crecer en edad y en estatura.* Uno crece asimilando lo que deja por detrás, construye lo que tiene por delante y proyecta lo que puede ser en el porvenir. Crece cuando supera, se valora, y sabe dar frutos. Crece cuando abre caminos dejando huellas, asimilando experiencias y sembrando alegrías. Cuando se imponen metas, sin importar los comentarios negativos, ni prejuicios. Cuando da ejemplos sin temor a las burlas, ni los desdenes. Cuando responsablemente cumple con su trabajo. Cuando es fuerte por carácter, sostenido por formación, sensible por temperamento y humano por naturaleza. Cuando se enfrenta al invierno de la vida perdiendo sus hojas y recogiendo las flores a pesar de las espinas. Marca el camino, aunque levante mucho polvo. Uno crece ayudando a sus semejantes, conociéndose a sí mismo y dándole a la vida de lo que de la vida recibe. Uno crece cuando se entrega de corazón a los propósitos de Dios y permite que el Señor le acompañe a lo largo de toda su existencia. ¡Crece cristiano! ¡Crecer es tu tarea!

510. *Siete cosas para vivir una vida más larga y satisfactoria.* Para aumentar años a tu vida y vida a tus años. Tu estilo de vida cuenta: *1.* ¡Acuéstate temprano levántate temprano! *2.* ¡Muévete! El ejercicio es vida. Una vida sedentaria es perjudicial. Una persona que hace ejercicio muere de viejo y no del corazón. **3.**Controla tu tiempo. Tiempo de calidad para ti y para tu familia. Para tu trabajo y para la sana recreación. **4.** Evita todo tipo de adicción. Hay personas que son adictas al trabajo, al juego, a las novelas, a la computadora o a los vicios. *5.* Evita la comida chatarra. El desayuno debe ser la principal comida. El mejor consejo aliméntate de frutas, granos y vegetales. *6.* Conserva una mente sana y positiva. Vigila tu mente y tus emociones. Pensamientos positivos y altruistas son la mejor medicina. Y el más importante **7.** Pon todo en las manos de Dios que Dios pone su mano en todo y regocíjate en servirle.

511. *La mejor respuesta para la crisis.* Para nadie es un secreto que la palabra más escuchada en este tiempo es crisis. Constantemente los medios nos bombardean con las crisis. Crisis financiera, alimentaria, inmobiliaria, ambiental; el asunto es que las crisis no terminan allí, sino que trasciende en los hogares, y tenemos crisis en las familias, divorcios, familias disfuncionales, rebelión de los hijos, infidelidad y otros problemas. Paseándome en la historia, encuentro que hubo una época donde hubo una gran crisis que vivió el pueblo de Israel. Resulta que el rey de Egipto había ordenado la muerte de todos los niños israelitas. Esta medida produjo temor, miedo y ansiedad en todos los padres israelitas pero la Biblia nos enseña que los padres de Moisés no tuvieron miedo y confiaron en Dios. Por eso, cuando Moisés nació, lo escondieron durante tres meses. El rey de Egipto había ordenado que se matara a todos los niños israelitas, pero ellos vieron que Moisés era un niño hermoso y no tuvieron miedo, porque confiaban en Dios (Hebreos 11:23). Confiaron en Dios, aunque habían escuchado muchas veces voces de miedo, se llenaron de fe y salvaron a Moisés. Es probable que tú estés atravesando una gran crisis hoy, estés lleno de susto pensando cómo salir del problema o pensando tal vez ¿cómo me metí en este asunto? Y de seguro sientes que el rey de Egipto ha ordenado tu muerte y quisieras retroceder tu vida para no pasar por lo que estás pasando. Confía en Dios. Él es la respuesta ante cualquier tipo de crisis.

512. *El miedo y la fe.* ¿Cuál es la diferencia entre el miedo y la fe? El miedo cree en un futuro negativo, la fe cree en un futuro positivo. El miedo nos acobarda, la fe nos motiva. El miedo nos produce temor, la fe nos inspira valor. El miedo nos empequeñece, la fe nos engrandece. Ambos creen en algo que todavía no ha sucedido. Por tanto, pregunto: ¿por qué no elegir a creer en un futuro positivo? ¿Por qué dejar que el miedo sabotee tu alegría y tu éxito? Creo que durante estos tiempos de crisis tenemos que elegir entre dos caminos. El camino positivo y el camino negativo. Y nuestra vida no puede estar en dos caminos al mismo tiempo. Así que tenemos que hacer una sabia elección y esta elección determina nuestra convicción sobre el futuro. Toda elección determina un futuro, la voz que estamos escuchando nos puede llevar al fracaso o al éxito. El pesimismo nos lleva al fracaso nuestro, optimismo al éxito.

513. *La historia del vendedor de perros calientes*. No tenía radio, ni televisión, no leía periódico, ni sabía nada de Internet; pero hacía y vendía buenos perros calientes. Solo se preocupaba por la divulgación de su negocio y colocaba cartelones de propaganda por el camino; ofrecía sus productos en voz alta y el pueblo le compraba. Las ventas fueron aumentando y por eso empezó a comprar el mejor pan y las mejores salchichas. También le fue necesario comprar un carrito más grande para atender a la creciente clientela porque el negocio prosperaba. Sus perros calientes eran los mejores de la región. Venciendo su situación económica pudo pagar una buena educación a su hijo, quien fue creciendo y fue a estudiar economía en la mejor universidad del país. Finalmente, su hijo ya graduado con honores volvió a casa y notó que el papá continuaba con la misma vida de siempre y tuvo una seria conversación con él: "Papá usted no escucha la radio, usted no ve televisión, usted no lee los periódicos, usted ni sabe de Internet. Hay una gran crisis en el mundo y la situación de nuestro país es crítica. El que no se mueva va a quebrar". Después de escuchar las palabras de su hijo estudiado, el padre pensó: "Si mi hijo es economista, lee periódicos, ve televisión, sabe de Internet, entonces solo puede tener la razón." Con miedo de la crisis y ahorrar, el viejo buscó el pan más barato (más malo) y comenzó a comprar las salchichas más baratas (las peores) y para economizar dejó de hacer sus cartelones de propaganda. Abatido por la noticia de la crisis ya no ofrecía sus productos en voz alta. Tomadas todas esas preocupaciones, las ventas comenzaron a caer y fueron cayendo y cayendo y llegaron a niveles insostenibles, hasta que el negocio de perros calientes del viejo que antes generaba recursos hasta para que el hijo estudiara economía, quebró. Entonces el padre muy triste, se dirigió a su hijo con estas palabras: "Hijo, tenías razón, estamos en medio de una gran crisis" y le comentó orgulloso a sus amigos: "Bendita sea la hora que envié a mi hijo a estudiar economía; él me avisó de la crisis… Si no hubiera sido por él, quién sabe qué hubiera pasado."

514. *Levántate y resplandece*. Dios nos ha llamado en esta hora a levantarnos y resplandecer. Es tiempo de levantarte como David para vencer al gigante Goliat que se levanta en contra de tu vida, tu matrimonio, tus finanzas, tus negocios o cualquier otro gigante que produzca crisis. Confía en Dios, Él es el único que puede darte la victoria. No te dejes llevar por las crisis, pues no duran para siempre, ellas son las oportunidades para aprender y crecer. Si piensas que tus problemas tienen solución estás en lo cierto, pero si piensas que no tienen solución también lo estás, todo depende de tu pensamiento. Lo que piensas te dará el éxito o el fracaso. Hoy es el mejor día para desarrollar tu imaginación, creatividad ante las crisis, comenzar a ver y escuchar oportunidades. Dios tiene grandes cosas para ti, pero eres tú quien eliges seguir en el desierto o entrar a la tierra prometida.

515. *Para combatir el estrés*. Todos sabemos que el demasiado y constante estrés nos afecta física, mental y emocionalmente. Nos pone los nervios de punta afectando nuestra salud y bienestar. Muy a pesar de todo tenemos en una forma sencilla, las herramientas apropiadas para evitarlo. En primer lugar, deje todo en las manos de Dios "basta a cada día su propio afán" es el consejo bíblico. Y para combatir ese estrés hay que romper la rutina. Salga con los amigos, pareja o familia entre semana. Una buena caminata diaria es lo ideal. Escuche la música que le agrada. Esto le ayuda a la relajación del cerebro y puede facilitar el buen humor. El detenerse a oler las flores o admirar el paisaje también le ayuda a disminuir el estrés. Sonríale a vida, no se deje abrumar por los problemas. Saque tiempo para reflexionar y meditar. Regálese tiempo de cada calidad para usted y su familia. Se lo merece. Practica la calma y la concentración. Prepare su día desde la noche anterior. Tenga lista su ropa. Esto te permitirá ganar tiempo y no estar estresado a última hora. No omita el desayunar. El desayuno debe ser la mejor comida del día. Como su nombre lo indica el desayunar es romper un ayuno. Aprenda a decir "NO" a las actividades cuando se sabe que no se tiene tiempo ni las condiciones apropiadas. Sea flexible con las metas y objetivos. El mundo no se acaba hoy si se dejan algunos deberes para mañana. Cofie en Dios. *"Por nada estéis afanosos, sino sean conocidas vuestras peticiones delante de Dios en toda oración y ruego, con acción de gracias. Y la paz de Dios, que sobrepasa todo entendimiento, guardará vuestros corazones y vuestros pensamientos en Cristo Jesús"* (Filipenses 4:6-7).

516.   *¡Por todo lo que soy, gracias, mi Señor!* Gracias, Señor, porque tengo mis brazos para abrazar mientras que hay otros que no lo pueden hacer porque no tienen brazos. Gracias, Señor, por mis ojos porque puede ver la belleza de la creación mientras que otros no pueden ver las cosas bellas que tu hiciste para gloria de tu nombre. Gracias, Señor, porque podemos hablar y cantar mientras que hay otros que son mudos y no lo pueden hacer. Gracias, Señor, porque tengo manos para trabajar mientras que hay otros que para vivir tienen que mendigar. Gracias, Señor porque tengo un hogar en que pensar mientras que hay tanta gente que no tiene un techo para vivir. Gracias, Señor, porque estoy vivo mientras hay otros que solo viven en el recuerdo. Es maravilloso Señor poder amar, sonreír y soñar mientras que hay tantos que lloran, que se odian y naufragan en temores. Que mueren antes de nacer. Es maravilloso Señor, tener en quien confiar, reconocer y amar mientras hay otros que viven sin fe, sin Dios y sin esperanza. Es maravilloso Señor, tener tan poco que pedir y tanto que agradecer. Por todo lo que soy… ¡Gracias, mi Señor!

517.   *Relaja tu cuerpo para lograr dormirte rápidamente*. Si te acuestas es para dormir, no para pensar. Por lo tanto, Primero, relaja los músculos de tu cara: tu frente, alrededor de tus ojos, tu mandíbula y tu lengua. A continuación, suelta los hombros y deja que los músculos se relajen. Dirige tu atención a tu brazo derecho, relaja los músculos de la parte superior del brazo, la parte inferior del brazo y la mano. Repite con tu brazo izquierdo. Respira profundamente y deja que tu pecho se relaje. Relaja los músculos de ambas piernas. Ve de arriba a abajo; primero relaja los muslos, luego las rodillas, las espinillas y finalmente los pies. Ahora que todos tus músculos están relajados, piensa que estás listo y rejado para dormir plácidamente. ¡Afuera todo tipo de pensamiento!

518. Si quieres dormir pronto...piensa positivamente y haz el siguiente ejercicio. Cierra los ojos e imagina que estás acostado y relajado arriba en una canoa respirando aire puro y flotando en el agua. El agua está tranquila, y el cielo sobre ti es de un azul brillante y trasparente. No se ve una nube. Durante diez segundos, repite las palabras "no pienses, no pienses, no pienses". *"En paz me acostaré y así mismo dormiré porque solo el Señor me hace vivir confiado"* (Salmos 4:8). Si esto no funciona de inmediato, no te rindas. Puede llevar hasta seis semanas dominar este truco y serás cada vez más fácil. ¡Así que sigue adelante! Y ¡Buenas noches!

519. El Señor está más cerca de lo que pensamos. Cada año, millones de personas en todo el mundo hacen peregrinaciones a lugares lejanos. Se van a Roma, a Israel, a la India, a la Meca o a alguna iglesia famosa de su país. Pero el Creador del universo no tiene que ser hallado en un lugar concreto; para encontrar a Dios no hay que ir lejos, porque él está a nuestro lado, donde quiera que estemos. Cristo vive y permanece cerca de nosotros si se lo permitimos. El salmista lo expresó en un canto con las siguientes palabras: *"¿A dónde me iré de tu espíritu? ¿Y a dónde huiré de tu presencia? Si subiera a los cielos, allí estás tu; y si en el Seol hiciera mi estrado, allí tú estás"* (Salmo 139:7,8). Él nos busca porque nos ama y está siempre listo para estar con nosotros... y cuando la luchas y penurias nublan nuestro amargo existir él nos lleva en sus cariñosos brazos. La realidad es que el Señor está muy cerca de nosotros, solo a una oración de distancia.

520. Una actitud positiva ante las crisis. ¿Eres tú de esas personas que se han detenido ante las crisis o eres de las que avanzan a pesar de los problemas? Nuestra vida es un asunto de actitud y la actitud es un asunto de decisión. Yo elijo que actitud voy a tomar ante las crisis, o los problemas o situaciones que se me puedan presentar. Podemos optar por una actitud positiva o una actitud negativa. La actitud positiva hace la diferencia porque busca solucionar problemas. Una persona con actitud positiva busca siempre resolver, disfruta las circunstancias, ve más oportunidades y vive la vida con entusiasmo. No elegimos las circunstancias que nos toca vivir, pero si elegimos la actitud que debemos manifestar. Por lo tanto, debemos esforzarnos por desarrollar una actitud alegre y positiva. La actitud determinará las acciones de ser víctimas o protagonistas. Podemos ser de bendición o de maldición. Debemos confiar en Dios en todo momento de crisis. Esta es una sabia decisión. Si crees que tu matrimonio en crisis tiene solución o no la tiene, confía en Dios. Si crees que puedes salir de esa crisis financiera o no, es tu decisión confiar en Dios. Hoy es el mejor día para decidirnos confiar en Dios y disfrutar de todo lo que en su gran amor nos quiere dar.

521. El pánico un grito de auxilio. Una definición de pánico nos dice que es un miedo repentino abrumador, con o sin causa, que produce un comportamiento histérico o irracional. El pánico no tiene ningún sentido de propósito, lo que busca es que la persona huya del problema. No nos da ningún tipo de esperanza, al contrario, crea una sensación de desesperanza. Solo un grito de auxilio, quién podrá ayudarme. Es increíble el número de personas que están viviendo serias situaciones de pánico. Viven angustiados y desesperados por encontrar ayuda para su relación matrimonial o problema familiar o mental. Otros viven en pánico financiero, miedo a quedar desempleado, como puede ser que ya lo está y le tiene temor al futuro. Son personas reales que sienten mucha presión, estrés y se preguntan constantemente "¿Por qué Yo?" Mi consejo: Pon todo en las manos de Dios, que Dios pone su mano en todo, porque solo él tiene el control de todo.

522. ¿Cómo salir de la situación de pánico? Para salir del estado de terror necesitamos aprender a lidiar con el estrés. Hay muchas maneras de hacerlo de forma terapéutica, quizás la más importante está relacionada con la conexión espiritual. Necesitamos aprender a desarrollar la confianza en Dios y esto no es solamente decirlo, es crear un hábito mental de cambio de pensamientos y cambio de lenguaje. Necesitamos actuar con confianza todos los días. La ansiedad nos hace víctima de las circunstancias, mientras que la confianza en Dios nos hace ser responsables y, protagonistas de nuestro destino. No perdamos la confianza en Dios, cuando perdemos la confianza entramos en pánico lo que hace que las cosas empeoren. La confianza en Dios nos hace desarrollar la fe, la paciencia y la esperanza.

523. La risoterapia una medicina para la enfermedad. La risoterapia es un tipo de terapia que utiliza el humor y la risa para ayudar a aliviar el dolor, el estrés y los sentimientos negativos. El objetivo de esta práctica es mejorar el bienestar de la persona y se puede utilizar para sobrellevar una enfermedad grave, como el cáncer. La risoterapia se basa en que la risa tiene efectos fisiológicos que conllevan beneficios psicológicos. Aumenta del flujo sanguíneo. Se ha observado que el flujo sanguíneo puede aumentar hasta un 50%, normalizando la presión arterial. Al reír, la frecuencia cardíaca y la presión aumentan significativamente y luego disminuye a un nivel inferior al promedio después de la risa. Por lo tanto, uno de los beneficios de la risoterapia es favorecer al sistema cardíaco.

524. La risoterapia y la salud. Otros de los beneficios de la risoterapia es mejorar la función respiratoria y aumentar la oxigenación de la sangre. Además, la risa aumenta la producción de interferón gamma, células T y células B, plaquetas sanguíneas en general, que son anticuerpos hechos para combatir enfermedades, incluido el cáncer. El aumento de la producción de estas células también ayuda a estimular el sistema inmunológico. La risa evita la respuesta de lucha o huida y desactiva varias hormonas relacionadas con el estrés como el cortisol. La risoterapia mejora nuestra autoestima y favorece una visión más optimista de la realidad, lo que puede ayudar a afrontar mejor situaciones problemáticas o estados depresivos. También reduce la ansiedad en personas con enfermedades graves. Cuando reímos, nuestro cuerpo libera una gran cantidad de neurotransmisores (como la dopamina o las endorfinas) que estimulan el cerebro y el sistema inmunológico. La liberación de endorfinas ayuda a aliviar y reducir el dolor.

525. *La risa es contagiosa.* Reír es siempre una práctica que atrae a las personas y, en ocasiones, la risa puede resultar contagiosa. Cuando nos reímos estamos mandando un mensaje positivo a quienes nos rodean. Tendemos a pensar que alguien se ríe porque está contento o, simplemente, porque hay algo que le ha hecho gracia. La risa puede ayudar en la comunicación entre las personas, en la prevención de los conflictos y en la disminución de los niveles de agresividad. La risa une a las personas y fortalece la relación. Compartir el humor es una parte esencial de una relación íntima o de amistad. De hecho, la mayoría de las veces las risas no provienen de escuchar chistes o bromas, sino de simplemente pasar tiempo con amigos y familiares. Y es este aspecto social el que juega un papel tan importante en los beneficios para la salud. La risa compartida es una de las herramientas más efectivas para mantener las relaciones sociales activas. Todos los intercambios emocionales generan vínculos de relación fuertes, estables y duraderos, pero compartir risas también puede aportar momentos de alegría y vitalidad.

526. *La risa es un estilo de vida.* Tres minutos de risa diarios es tan importante como la calidad del sueño o alimentarse de una manera equilibrada. La risa tiene un efecto calmante, nos ayuda a relajarnos, a reducir la tensión y a desestresarnos. Por ello, otro de los beneficios es que puede servir para conciliar mejor el sueño, en las personas que padecen insomnio. No se puede disfrutar de risas con otras personas a menos que te tomes el tiempo suficiente para comprometerte realmente con ellas. Se ha comprobado que los estudiantes que se ríen de la vida mejoran la motivación en el aula. Se ausentan menos que los demás y suben sus calificaciones. La risa nos ayuda a olvidar resentimientos y rencores, a liberar inhibiciones y a expresar de forma más genuina lo que sentimos hacia otras personas Esta terapia puede incluir juegos y ejercicios de risa, payasos, películas de comedia, etc. La risa en una respuesta del organismo que nos provee de emociones positivas.

527. *¡Seamos agradecidos!* Hoy es un buen día para agradecer a Dios, todo lo que hace por nosotros. Hoy me levanté. Estoy vivo. Estoy sano. ¡Tengo todo un día por delante para vivir y soñar! ¡Gracias a ti Señor! Le damos gracias a Dios porque respiramos, caminamos, vemos, hablamos, nos regala en cada día la oportunidad para continuar viviendo. Un corazón agradecido reconoce las bondades de Dios, con solo abrir los ojos cada mañana. Confía y llena de paz su corazón, sabiendo que Dios, tiene todo en sus preciosas manos. Cada día de nuestra vida debemos reconocer las bondades de Dios. Su gran amor manifestado día tras día, hora tras hora, minuto tras minuto. Gracias a él, estamos de pie. Pablo el elegido nos dice: *"Estén siempre alegres, oren sin cesar, den gracias a Dios en toda situación, porque esta es Su voluntad para ustedes en Cristo Jesús"* (Tesalonicenses 5:16-18). Cuando Dios ocupa el primer lugar en tu hogar, todas las piezas restantes de tu vida encajan alrededor de él, en un orden perfecto. La frase más humilde que podamos decir es que "sin Dios no somos nada". Y la frase más poderosa es que "con él lo podemos todo".

528. ¿Y si tenemos problemas? Si tenemos problemas Dios estará con nosotros para darnos la solución. "No le digas a Dios, cuan grandes y difíciles son tus problemas, diles a tus problemas cuan grande y poderoso es tu Dios". Cuando estamos en problemas o cuando no podemos ser felices, solo basta con mirar al cielo, porque de allá proviene todo lo que tenemos y lo que queremos. Tenemos la llave que abre la puerta a la bendición de Dios, se llama Fe. Cuando tus fuerzas mengüen y la tristeza quiera llenar tu corazón, mira hacia arriba... Dios tiene la respuesta a tus tristezas. La fe en Dios hace de tu peor día el primero de una nueva etapa, mucho mejor. Y el único que te conduce al cielo es ¡Jesucristo! El Señor. Él es la respuesta, refugio, consuelo y fortaleza en momentos difíciles. ¡Solo Cristo salva! Solo Cristo cura. Solo Cristo sana. ¡Solo tenemos que creer en él para comenzar a recibir sus bendiciones!

529. ¿A quién imitaremos? ¡A Cristo o a Satanás! Satanás es el padre de la mentira. Cristo es el padre de la verdad "y conoceréis la verdad y la verdad os libertará". *"Satanás fue arrojado del cielo para matar y destruir, Cristo vino a la tierra para salvar y dar vida en abundancia"* (Juan 10:10). Satanás es el máximo ejemplo de orgullo y de odio. Cristo es el mejor ejemplo de humildad, de perdón y de amor. Satanás es el dios de este mundo. Cristo es Dios hecho hombre en persona. Cuando somos legalistas, orgullosos, rencorosos, egoístas, hipócritas, mentirosos, vanagloriosos, vanidosos, avaros, detractores, envidiosos, codiciosos, criticones, viciosos, calumniadores, necios, soberbios, vengativos, pendencieros, obradores de maldad, celosos e iracundos, estamos imitando a Satanás. Pero, cuando somos perdonadores, veraces, amorosos, desprendidos, pacientes, amigables, dadivosos, humildes, compasivos, pacientes, amigables, sabios, amables, sinceros, misericordiosos, juiciosos, bondadosos, generosos, sentimentales, serviciales, razonables, caritativos, humanitarios, temperantes, desprendidos, sensatos, piadosos, obradores del bien hacer, estamos agradando a Dios en todo. Este debe ser nuestro traje para cada día. Nos dice el apóstol *"Vestíos, pues, como escogidos de Dios, santos, amados, de entrañable misericordia, de benignidad, de humildad, de mansedumbre, de paciencia"* (Colosenses 3:12).

530. *Promesas fallidas*. La palabra del cristiano tiene el valor de un juramento. Vivimos en un mundo salpicado de promesas que muchas veces no se cumplen. Líderes que prometen sueños y castillos y a la hora de la verdad no cumplen lo prometido. Empeñaron su palabra con una promesa que tristemente no la pueden cumplir. Quizás promesas apresuradas. Por otra parte, el registro sagrado señala una promesa que Jacob le hizo a Dios y felizmente la cumplió. ¿Cuál fue la promesa? Veamos: *"Allí Jacob hizo esta promesa: 'Si Dios me acompaña y me cuida en este viaje que estoy haciendo, si me da que comer y con que vestirme, y si regreso sano y salvo a la casa de mi padre, entonces el Señor será mi Dios"* (Génesis 28:20, 21). Elena de White mi escritora favorita señala la importancia de cumplir con la palabra. Nos dice: "La obligación incurrida al empeñar uno su palabra –con tal que no sea para cometer un acto malo o ilícito–, debe tenerse por sagrada. Ninguna consideración de ganancia material, venganza o interés personal, puede afectar la inviolabilidad de un juramento o promesa" (Patriarcas y Profetas, pág. 540). El Señor es un digno ejemplo de cumplir lo que promete: *"Dios no es un simple mortal para mentir y cambiar de parecer. ¿Acaso no cumple lo que promete ni lleva a cabo lo que dice?* (Números 23:19 y 20).

531. *Útiles para Dios*. Como cristianos, cada día de nuestra vida hemos de apartar tiempo y espacio para los demás. Si lo hacemos, descubriremos que hay mucha gente a nuestro alrededor que está atravesando toda clase de situaciones dolorosas: Enfermedad, muerte separación, tristeza desengaño, desanimo. Solo Dios lo sabe, sea lo que sea recuerda que al Mar Muerto le llaman de esa manera porque recibe y recibe, y no comparte sus aguas. Elena G. de White dice de manera acertada que «fuera del egoísta corazón humano, no hay nada que viva para sí. No hay ningún pájaro que surca el aire, ningún animal que se mueve en el suelo, que no sirva a alguna otra vida. No hay siquiera una hoja del bosque, ni una humilde brizna de hierba que no tenga su utilidad". Tú puedes ser de utilidad hoy, para muchas personas. Una palabra de ánimo, de consuelo, de ayuda en el momento oportuno es bálsamo medicinal para alguien que lo necesita y ese bálsamo bien puede ser tú mismo.

532. *¡Juventud! ¡Divino tesoro!* Decía Rubén Darío el poeta nicaragüense: "Juventud, divino tesoro, ¡ya te vas para no volver! Cuando quiero llorar, no lloro, y a veces lloro sin querer..." La juventud es la época primaveral más importante de la vida. Es allí donde se deben cimentar los conocimientos que podrán ponerse en práctica diariamente en el transcurso de los años. Es la época en que se deben establecer buenos hábitos y corregir los malos. La juventud es la época de la siega que determina la cosecha que se recogerá en esta vida y en la vida del más allá. Los hábitos formados en la infancia y principalmente en la juventud, los gustos adquiridos y el dominio propio logrado entonces, determinarán casi con toda seguridad el futuro de un hombre o una mujer. Muchos jóvenes pierden tristemente su tiempo sentado en una computadora viendo películas de violencia, robo y destrucción. Permanecen con su celular en conversaciones inadecuados malgastando así su juventud en lo que no es correcto por hacer. Ese tiempo bien se podría emplear en desarrollar el intelecto con lecturas edificantes. No olvides este sabio consejo de Elena de White: "Haced de vuestra vida juvenil la mejor época de tu vida pasareis por ella una sola vez". *"Que nadie te menosprecie por ser joven. Al contrario, que los creyentes vean en ti un ejemplo a seguir en la manera de hablar, en la conducta, y en amor, fe y pureza. En tanto que llego, dedícate a la lectura pública de las Escrituras, y a enseñar y animar a los hermanos"* (1 Timoteo 4:12-13).

533. *El carácter... nuestro equipaje*. El carácter es lo único que podemos llevar como equipaje para llegar al cielo. Una persona de carácter mantiene su postura y enfrenta el futuro con confianza y serenidad. Conoce al Señor, y sabe que debe de temer, crecer y confiar en él. Su vida será de un constante crecimiento de la Palabra de Dios y de constancia en la oración. Nuestra tarea es orar, la del Espíritu Santo es obrar. Por lo tanto, nuestra mayor y más urgente necesidad es rendirnos a sus pies y esperar que el Espíritu Santo obre en nosotros para que nuestro carácter pueda ser refinado. Es cierto que vendrán pruebas, valles de sombra y hasta lágrimas. Pero será un futuro esperanzador, pues Dios tiene nuestra vida en sus manos. Nuestra vida está siempre segura en él. Toda persona luchadora tarde o temprano triunfará. Recordemos que no importan los ideales, la religión, la raza, el color de la piel, la clase social, lo importante de todo es el carácter que es lo único que podremos llevar al cielo. Elena de White escribió: "Los buenos principios relucirán en la vida de manera real. Permítase solamente que la verdad para este tiempo sea recibida de corazón y que se convierta en el fundamento del carácter, y ella producirá una firmeza de propósito incapaz de ser debilitada por las atracciones del placer, la [inconstancia] de las costumbres, el desprecio de los que aman al mundo, y los clamores del corazón por la complacencia propia. Primero ha de esclarecerse la conciencia y ponerse la voluntad bajo sujeción. El amor por la verdad y la justicia ha de reinar en el alma, para que reluzca el carácter que el Cielo puede aprobar" (Testimonies for the Church págs. 5:40, 41).

534. *En los días de tristeza*. Hay días que nos parecen nublados. Nos sentimos tristes, nostálgicos y hasta posiblemente desconsolados. Tan absortos y acongojados que nada nos hace cambiar. Ni la brisa mañanera o el pájaro que canta sus alabanzas a Dios. La Biblia está llena de historias de personas que, a pesar de confiar totalmente en Dios, experimentaron sentimientos de duda, ansiedad y desesperación. Elías se sentía cansado de la vida y temeroso del futuro. David sintió profunda tristeza y soledad. Job experimentó dolor. Tal como ellos, a veces podemos sentirnos perdidos y abandonados. Deprimidos y solitarios. No estamos solos. Dios está con nosotros, Su presencia debe fortalecernos y animarnos para seguir adelante. Recuerda siempre sin importar por lo que estés pasando o sintiendo, Dios siempre está contigo. ¿Estás cansado de sentir una tristeza constante y querer aislarte, aunque tienes todo de Dios?

¿De salir de la iglesia con ganas de conquistar el mundo para que una semana después ya no tengas esperanza? Encuentra a Dios pues él te está buscando con los brazos abiertos para decirte lo siguiente: *"Les dejo un regalo: paz en la mente y en el corazón. Y la paz que yo doy es un regalo que el mundo no puede dar. Así que no se angustien ni tengan miedo"* (Juan 14:27).

535. ¿Constantemente te preocupas por todo? Fácilmente podemos ser objeto de constantes preocupaciones. Mientras que las dificultades a menudo son exteriores, las preocupaciones nos atacan por dentro. ¿Qué te está preocupando hoy? ¿Tu situación financiera? ¿Tus logros académicos o desempeño en los planes de estudio? ¿Tu trabajo o los que trabajan contigo? ¿Ves tu futuro incierto? ¿Estás en una situación que no sabes que decir, que hacer o que pensar? Sea cual sea la situación necesitamos a Dios en todo momento de nuestra vida. Cada día debemos pedirle al Señor que nos libre de las preocupaciones. Jesús lo dijo muy bien en su Palabra, *"Por eso les digo: No se preocupen por su vida, qué comerán; ni por su cuerpo, con qué se vestirán. ¿Quién de ustedes, por mucho que se preocupe, puede añadir una sola hora al curso de su vida? Ustedes, por el contrario, busquen el reino de Dios, y estas cosas serán añadidas"* (Mateo 6: 31 y 36).

536. Como evitar las preocupaciones. El termino preocupación está compuesto por dos pensamientos pre y ocupación Esto es, anticiparnos a la situación para ocuparnos en el problema que nos preocupa. Hacer lo que se debe hacer. Podemos hacer y luego permitir que el Señor haga su voluntad en la preocupación que nos embarga. Volvernos a Dios, dejar en sus manos lo que no es posible para nosotros. La parte nuestra es orar, la parte de Dios es obrar para hacer su voluntad en nosotros y entonces el Señor hará su parte en lo que nos preocupa. ¿Estás preocupado por algún motivo? Todos tenemos algún tipo de preocupación, pero la Biblia nos enseña claramente que no debemos preocuparnos por nada. Este es el consejo bíblico, *"No se preocupen por nada; en cambio, oren por todo. Díganle a Dios lo que necesitan y denle gracias por todo lo que él ha hecho. Así experimentarán la paz de Dios, que supera todo lo que podemos entender"* (Filipenses 4:6. NTV).

537. Los pensamientos y sentimientos de la madre. Todo pensamiento y sentimiento de la madre ejercen una influencia poderosa sobre el legado que deje a su hijo. Ella puede ser humilde pero su influencia, es tan perdurable como la misma eternidad. Después de Dios, el poder de la madre en favor del bienestar de sus hijos es el más fuerte que se conozca en toda la tierra. Su influencia no cesa nunca. Se hace sentir siempre en favor en el bienestar de sus hijos. Cuando su influencia está de parte de la verdad y la virtud, cuando la sabiduría divina guía a la madre, ¡cuánto poder ejercerá su vida en la vida de sus hijos. El vínculo terrenal más tierno es el que une a la madre con su hijo. Este queda más impresionado por la vida y el ejemplo de la madre que por la del padre, porque aquélla y el niño se ven unidos por un vínculo de amor más fuerte y tierno. Si ella permite que su mente se espacie en sus propios sentimientos, si cede al egoísmo, si es regañona y exigente, la disposición de su hijo lo reflejará. La verdadera madre cristiana no ahuyentará a sus hijos de su presencia por su irritación y falta de amor y simpatía. Los niños tienen una percepción rápida, y disciernen los tonos pacientes y amorosos de su madre en contraste con las órdenes impacientes y apasionadas, que resecan el raudal del amor y del afecto en los corazones infantiles.

538. Tal la madre, tales son los hijos. Toda madre moldea el carácter de sus hijos mediante sus palabras, su amor y su conducta. Desde antes de nacer, con su sangre vital nutre al niño y forma su armazón física y a la vez le comunica también influencias intelectuales y espirituales que tienden a formar la inteligencia y el carácter. Ana, la mujer que oraba, abnegada y movida por la inspiración celestial, dio a luz a Samuel, el niño instruido por el Cielo, el juez incorruptible, el fundador de las escuelas sagradas de los profetas de Israel. Lo que el mundo debe a las madres solo la eternidad lo revelará. Su ejemplo y amor es la mejor herencia que cada hijo recordará siempre y será un motivo para triunfar en la vida.

539. La madre cristiana. Si la madre se educa a sí misma, puede manifestar una disposición agradable y alegre. No debiera hacer sentir a los niños y adolescentes su propia debilidad y nublar sus mentes sensibles por su propia depresión de espíritu, haciéndoles sentir que la casa es una tumba y que el cuarto de mamá es el lugar más lúgubre del mundo. Por otra parte, palabras ofensivas pronunciadas en un tono desafiante y un rostro ceñudo hieren los tiernos sentimientos de los niños. Cuán solemne es pensar que las miradas, palabras y acciones de la madre darán fruto hasta la misma eternidad. Su sonrisa y estímulo pueden ser una fuerza que inspire. Puede comunicar alegría al corazón de su hijito mediante una palabra de amor o una sonrisa de aprobación... Su influencia resultará en la felicidad y en salvación de sus hijos.

540. ¿Por qué ni vendo ni compro en sábado? ¡Porque escrito está! Este consejo de Dios fue dado por el profeta Malaquías cuando hizo algunas reformas sobre la observancia del día de reposo. Por otra parte, nos ayuda a entender mejor la pregunta en cuestión sobre la observancia del santo y bendecido día del Señor. *"Durante aquellos días vi en Judá que en sábado algunos exprimían uvas y otros acarreaban, a lomo de mula, manojos de trigo, vino, uvas, higos y toda clase de cargas que llevaban a Jerusalén. Los reprendí entonces por vender sus víveres en ese día. También los tirios que vivían en Jerusalén traían a la ciudad pescado y otras mercancías, y las vendían a los judíos en sábado. Así que censuré la actitud de los nobles de Judá, y les dije: "¡Ustedes están pecando al profanar el sábado! Lo mismo hicieron sus antepasados, y por eso nuestro Dios envió toda esta desgracia sobre nosotros y sobre esta ciudad. ¿Acaso quieren que aumente la ira de Dios sobre Israel por profanar el sábado?" Entonces ordené que cerraran las puertas de Jerusalén al caer la tarde,* *antes de que comenzara el sábado, y que no las abrieran hasta después de ese día. Así mismo, puse a algunos de mis servidores en las puertas para que no dejaran entrar ninguna carga en sábado. Una o dos veces, los comerciantes y los vendedores de toda clase de mercancías pasaron la noche fuera de Jerusalén. Así que les advertí: "¡No se queden junto a la muralla! Si vuelven a hacerlo, ¡los apresaré!" Desde entonces no volvieron a aparecerse más en sábado. Luego ordené a los levitas que se purificaran y que fueran a hacer guardia en las puertas, para que el sábado fuera respetado"* (N.V.I. Malaquías 13: 15-22).

541. *Los planes de Dios son los mejores*. Así como Dios tenía planes para su pueblo, tiene planes específicos para ti y para tu futuro. Así lo declara el profeta: *"Porque yo sé muy bien los planes que tengo para ustedes, afirma el Señor planes de bienestar y no de calamidad, a fin de darles un futuro y una esperanza. Entonces ustedes me invocarán, y vendrán a suplicarme, y yo los escucharé. Me buscarán y me encontrarán cuando me busquen de todo corazón"* (Jeremías 29: 11-13). Debes renunciar a hacer las cosas a tu propio juicio, según tus planes personales y mejor decidir seguir los planes de Dios. Es el mejor consejo que no es nuestro, es de Dios quien conoce el presente, el pasado y el futuro. Y que nunca se equivoca. El éxito y la victoria estarán ya asegurados cuando consultamos con Dios. Como humanos muchas veces nos equivocamos, posiblemente habremos hecho decisiones que no eran las mejores y con el tiempo descubrimos que habíamos cometido un error en esa decisión que no fue la mejor. Las palabras dadas a Salomón son parecidas a la promesa dada a Josué antes de dirigir al pueblo de Dios. La parte humana es animarse, esforzarse, no tener miedo y perseverar. La promesa de Dios es su compañía: *"No te dejaré, ni te desampararé"* (Hebreos 13:5). Cumple tu parte, Dios cumplirá la suya.

542. *¿Los problemas te agobian?* No importa que tu carga sea grande, tu dolor incomparable o tus circunstancias desfavorables. Haz tu parte. ¿Tienes una nueva responsabilidad laboral? ¿Ha habido cambios bruscos, inesperados e indeseables en tu vida? ¿Has sido diagnosticada con una enfermedad incurable? ¿Tus hijos o nietos abandonaron la fe? ¿Tienes conflictos conyugales, laborales o eclesiásticos? ¿Has sufrido la pérdida de seres amados y la soledad te abate? ¿Has experimentado el desempleo o la pérdida del año escolar? La tarea tuya es orar, la tarea de Dios es obrar. ¡Anímate! ¡Esfuérzate! ¡No tengas miedo! Persevera. ¡Dios estará contigo, no te dejará ni te abandonará! El tamaño de una responsabilidad, sus riesgos y la presión del momento podrían paralizarte. El miedo te puede inmovilizar. El mejor remedio para el miedo es no enfocarte en él. ¡Levántate y da el primer paso! No desmayes, Dios va delante. Debemos reconocer y darle el crédito a Dios por el éxito alcanzado. David glorificó el nombre de Dios por su éxito, admitió que su reino había sido confirmado y prosperado por la voluntad de Dios. "Seremos juzgados de acuerdo con lo que deberíamos haber hecho, pero no lo efectuamos por no haber usado nuestras facultades para glorificar a Dios" (PVGM, pág. 297).

543. Tres cosas muy importantes para triunfar. 1.*Consultar a Dios*. Antes de salir a la batalla contra los filisteos, David consultó a Dios al respecto ... Consulta primero a Dios antes de enfrentar cualquier batalla en tu vida cotidiana. Recibirás una ayuda increíble y evitarás serias dificultades. "Si está usted en duda acerca de algún asunto, debe consultar primero las Escrituras" (RP, p. 104) ... *2. Haz reformas en tu vida*. David quemó todos los ídolos que había en su territorio, esto facilitó que Israel se enfocara en adorar al único Dios verdadero. ¿Qué reforma necesitas realizar en tu vida? ¿Qué ídolos deben ser destruidos antes de que puedas experimentar una vida exitosa y de victoria? "Algunos están tan fríos y apartados que no comprenden que están fijando sus afectos sobre tesoros terrenales que pronto serán barridos para siempre... "Todos nuestros ídolos y el amor al mundo deben ser expulsados del corazón" (Consejos Mayordomía Cristiana, pág. 232). 3. *Piensa en el éxito siempre y no en fracaso*. Para triunfar en la vida, hay que ser optimistas y no pesimistas. Si Dios está con nosotros quien podrá estar contra nosotros. La actitud mental cuenta. En todas tus batallas piensa como el Rey David que confió plena y absolutamente en Dios. Siempre estuvo dispuesto a reconocer y dar el crédito a Dios por sus logros. Si consultas la voluntad de Dios, antes de tomar alguna decisión, y si haces una reforma verdadera en tu corazón y tu hogar, y si piensas positivamente todo te saldrá bien ¡Te lo aseguro! Revisemos los tres pasos para el éxito. Verás la respuesta a tus necesidades y la dirección de Dios en tu vida. Y pídale al Señor que te indique cual paso te falta. Bien ¡Vale la pena!

544. La siembra y la cosecha. *"No se engañen: de Dios nadie se burla. Cada uno cosecha lo que siembra. El que siembra para agradar a su naturaleza pecaminosa, de esa misma naturaleza cosechará destrucción; el que siembra para agradar al Espíritu, del Espíritu cosechará vida eterna. No nos cansemos de hacer el bien, porque a su debido tiempo cosecharemos si no nos damos por vencidos. Por lo tanto, siempre que tengamos la oportunidad, hagamos bien a todos, y en especial a los de la familia de la fe"* (Gálatas 6: 7-10). Cuenta la historia de un joven estudiante de medicina que se le descompuso su automóvil, en medio de una carretera solitaria. Tratando de encontrar ayuda caminó mucho, hasta que llegó a la casa de una pobre viuda a quien le pidió un vaso de agua. Generosamente, la viuda no dudó en ayudar al joven dándole lo mejor que tenía en su casa, que eran dos vasos de leche y unos cuantos panes, para que el joven pudiera reponer su cansancio. Varios años después, cuando el joven ya era médico graduado y trabajaba en el hospital del pueblo, la viuda se enferma y fue hospitalizada de emergencia. Al salir del hospital el médico que años atrás había recibido la ayuda de la viuda, se enteró de la situación y decidió pagar todo. La señora salió del hospital y no pagó ni un solo centavo. Su generosidad fue premiada.

545. _La generosidad y la prosperidad_. La generosidad es una cualidad que nos caracteriza por tener disposición para hacer el bien, para ayudar a los demás de un modo honesto, sin esperar nada a cambio. Quien es generoso prospera. _"El alma generosa será prosperada; y el que saciare, él también será saciado"_ (Proverbios 11:25). Si a nuestro paso por la vida somos generosos con la siembra de buenas acciones, la cosecha será abundante. Si la siembra no ha sido la mejor, no esperemos las mejores bendiciones. El que siembra amor, cosechará amor. Ahora bien, si no sembramos nada… no vamos a recibir nada. En esta etapa de tu vida puedes hacerte la pregunta, ¿qué buenas acciones he sembrado ya? ¿y…qué espero cosechar? Siembra amor en abundancia y cosecharás amor en exceso.

546. _Entreguemos nuestro perdón a Dios._ Perdonar no significa olvidar lo que pasó, ni exponernos nuevamente a una situación de la que saldremos mal parados. Simplemente, nos permite entregarle nuestro dolor a Dios y decirle que no podremos perdonar porque el rencor nos sigue carcomiendo. El perdón no funciona de manera automática. Por lo general, el recuerdo y los sentimientos negativos regresan, así que tal vez tendremos que repetirnos a nosotros mismos varias veces: "Perdono a esa persona". Cada vez que lo decimos sinceramente y le entregamos nuestro dolor a Dios, el daño se va desvaneciendo un poco más. Demos un breve vistazo a esta conversación entre Pedro y Jesús: _"Entonces Pedro fue a Jesús: "Señor, ¿cuántas veces deberé perdonar a mi hermano, si me hace algo malo? ¿Hasta sesenta veces siete"_ ¡Empecemos a contar!

547. _Enemigos de la salud mental_. Como humanos y seres emotivos contamos con algunos enemigos que quieren hacernos la vida difícil. Tenemos que reconocer con toda sinceridad que tenemos cuatro enemigos que deterioran nuestra salud y podríamos agregar, nuestra salvación, ellos son: El odio, el temor, la culpabilidad, y la inferioridad. Terribles verdugos que quieren oprimir nuestra mente y nuestra alma. El primero de ellos es el odio que nos lleva al rencor, los resentimientos que afectan nuestras buenas relaciones. El Doctor Peale dijo cerca de esto: "Toda persona razonable que considere con detenimiento el asunto reconocerá que los médicos están en lo cierto cuando dicen que el resentimiento, el odio, el rencor, la mala voluntad, los celos, el ser vengativo, son actitudes que producen la enfermedad. Cuando usted tiene un ataque de ira, siente aquella aguda sensación en el estómago. Las reacciones químicas que se desencadenan en el organismo debido a los estallidos emocionales afectarán nocivamente la salud del individuo. Si este estado de cosas perdura bien sea en forma violenta o bien en forma constante, se dará un deterioro en las condiciones generales del organismo". Por ello el Señor hoy quiere librarnos de ese terrible enemigo.

548. _La culpabilidad deteriora nuestra espiritualidad y salud mental_. La salud mental es importante en todas las etapas de la vida, desde la niñez y la adolescencia hasta la edad adulta y la vejez. Para quedar bien, muchas veces podemos culpar a las personas por nuestros errores cometidos. O culparnos a nosotros mismos por los fracasos de la vida. Esta culpabilidad aparece como consecuencia de un perjuicio real que le hemos causado a alguien. Su utilidad reside en ayudarnos a respetar las normas y a no perjudicar a los demás. En cuanto a la culpabilidad si es por haber pecado el mejor remedio es pedir perdón. Nuestra conciencia o la dirección del Espíritu Santo nos redarguye para no cometer los mismos errores del pasado y estar en paz con Dios y con nuestros semejantes y también con nosotros mismos.

549. *Como el temor afecta nuestra salud mental.* La salud mental incluye nuestro bienestar emocional, psicológico y social. Afecta la forma en que pensamos, sentimos y actuamos cuando enfrentamos la vida. También ayuda a determinar cómo manejamos el temor, la enfermedad y los problemas de la vida. Sin embargo, nadie es perfecto, y Dios lo sabe muy bien. Es por eso por lo que él ha esparcido generosamente aliento contra el temor a través de la Biblia. Comenzando desde el libro del Génesis y continuando a través de toda la Biblia hasta el libro de Apocalipsis. Dios nos dice "No temas". El clérigo Harry Emerson dijo: "Es de primordial importancia al tratar el temor, sacar a la luz el objeto de nuestros temores y encararlo franca y razonablemente. La vida humana está llena de temores secretos, que se esconden en los desvanes y rincones oscuros de la personalidad".

550. *El sentimiento de inferioridad y nuestra salud mental.* Las razones más comunes por las cuales sentimos esa inferioridad por lo general están vinculadas con la baja autoestima y son de carácter psicológico. La mejor opción para contrarrestar estos sentimientos es trabajar con nuestra salud mental para poder darnos cuenta de que el amor propio es la mejor medicina para amar con calidad. Las palabras de Norman Vincent Peale son muy oportunas, nos dice: "Un sentido de inferioridad e impotencia interfiere en el logro de nuestras esperanzas, pero una confianza en sí mismo conduce a una realización personal y un exitoso resultado. Es terrible pensar cuan elevado es el número de personas que se frustran y se sienten miserables debido a la enfermedad que popularmente se llama complejo de inferioridad". Que el Señor nos libre de este otro enemigo de nuestra salud mental.

551. *Los jóvenes y la soledad.* Cuando se piensa en la soledad de alguien, el estereotipo que se tiene en la mente es a menudo el de una persona mayor que vive sola y que casi no ve a nadie, pues nadie la visita y le cuesta mucho salir. Sin embargo, estudios han demostrado que las personas más jóvenes se sienten más solas que las mismas personas adultas. "Estoy rodeada de gente, pero ¡me encuentro tan sola!" declaran. Los niveles de soledad en realidad fueron más altos entre los jóvenes de 16 a 24 años, con un 40% diciendo que a menudo o muy a menudo se sienten solos, especialmente en las navidades. Por eso en navidad, muchas personas hacen lo posible para asegurarse de que todos sus allegados estén incluidos. Permiten a los jóvenes, invitar a sus amigos para que participen de la cena navideña especialmente aquellos que se puedan sentir solos.

552. **La solución a la crisis de soledad.** Este serio problema de salud mental se eleva en Estados Unidos...con cifras alarmantes y un doctor de Salud mental da una poderosa solución: "¡Vuelve a la iglesia!" A medida que la crisis de salud mental se intensifica en Estados Unidos, un cirujano visionario ha resaltado la necesidad de considerar a la iglesia como una solución poderosa para la soledad. Está probado científicamente. A veces se asume que las personas que se sienten solas están así porque les resulta difícil hacer amigos y, por eso, se piensa que ayudarlas a mejorar sus habilidades sociales marcaría la diferencia. Un cántico lo reconoce con el siguiente estribillo, "Hay un lugar para todos en la familia de Dios. Si en la vida te faltan amigos ven a la casa de Dios allí, salud, amor y felicidad encontrarás.

553. **Parejas unidas decisiones correctas**. Se dice que en la unión está la fuerza y esto es aún más cierto en el matrimonio. Una pareja unida es un gran ejemplo en este mundo que aplaude tanto el individualismo. Si ambos sirven a Dios contarán con su ayuda. En los momentos difíciles recibirán su sabiduría para tomar las decisiones correctas y las fuerzas para superar las pruebas. No solo se apoyarán y animarán el uno al otro en los momentos de tentación o de dificultad, sino que buscarán la dirección de Dios y perseverarán.

554. **La comunicación en pareja**. La comunicación en pareja supone hablar, preguntar, responder, escuchar, analizar, discutir, asentir, negociar, pactar. Esta es la clave perfecta para el bienestar de una relación ya que logra que cada uno conozca lo significativos que son. ¿Cuáles son los errores más comunes en la comunicación de pareja? La mayoría de los errores que se suelen cometer en la comunicación de pareja tiene que ver con no saber expresarse adecuadamente, por la falta de respeto hacia uno mismo o hacia la otra persona. Entre los diferentes errores se pueden encontrar los siguientes: decisiones personales, carencia de amor al hablar, evitar un buen diálogo.

555. **Como evitar el fracaso de parejas**. He aquí trece puntos que son los causantes de un fracaso en el matrimonio: 1. Las peleas y las críticas constantes. 2. Imponer nuestro criterio creyendo que nuestro punto de vista es el mejor. 3. Expresar defectos y quejas con frecuencia. 4. Mostrar poco interés por los puntos de vista o creencias de nuestra pareja. 5. No permitir la expresión del pensamiento. 6. Dar por hecho lo que el otro va a decir e interrumpirlo constantemente. 7. Manipular al otro para lograr lo que se desea. 8. Dar la razón, aunque no estemos de acuerdo. 9. Ignorar al cónyuge con un rotundo silencio. 10. No sacar tiempo de calidad para la pareja y especialmente para la familia. 11 Desear que la otra persona sea como queremos que sea. 12 No querer dialogar. 13. Maltratar física mental o emocionalmente.

556.   Hacer el bien como se pueda en el momento oportuno *"Así que en todo traten ustedes a los demás tal y como quieren que ellos los traten a ustedes. De hecho, esto es la Ley y los Profetas"* (Mateo 7:12). Juan Wesley evidentemente, fue un ejemplo vivo de lo que se conoce como la regla de oro para los cristianos. Escribió lo siguiente: "Haz todo el bien que puedas por todos los medios que puedas, de todas las maneras que puedas, en todos los lugares que puedas, en cualquier tiempo que puedas, a toda la gente que puedas, y tanto como tú puedas". Un claro pensamiento que nos lleva a la acción. La tarea nuestra en esta tierra es hacer lo que otros pueden hacer y no lo hacen. Esta es la ley del amor de Mateo 7.

557.   Cuando tus ojos están llenos de lágrimas. "Así fue, cuando llamé, tú viniste; me dijiste: "No tengas miedo" (Lamentaciones 3: 57, NTV). Dios no desea que quedemos abrumados de tristeza, con el corazón angustiado y quebrantado. Quiere que alcemos los ojos y veamos su rostro amante. El bendito Salvador está cerca de muchos cuyos ojos están tan llenos de lágrimas que no pueden percibirlo. Anhela estrechar nuestra mano; desea que lo miremos con fe sencilla y que le permitamos que nos guíe. Su corazón conoce nuestras pesadumbres, aflicciones y pruebas. Nos ha amado con un amor sempiterno y nos ha rodeado de misericordia. Podemos apoyar el corazón en él y meditar a todas horas en su bondad. El elevará el alma más allá de la tristeza y perplejidad cotidianas, hasta un reino de paz" (El discurso maestro de Jesucristo, cap. 2, pp. 28-29).

558.   Un estilo de vida saludable. Para vivir una vida saludable hay que en primer *"lugar buscar el reino de los cielos"* (Mateo 6:33). Toda persona necesita llenar su anhelo de futuro con el más allá. Hay que estar en paz con Dios. En segundo lugar, por todos los medios posibles tratar de ser feliz. La mayoría de las personas, a fin de cuentas, esperan vivir alegres, disfrutar de sus familiares y amigos, y ser felices. En tercer lugar, la salud. El anhelo de bienestar físico forma parte de un estilo de vida saludable. Lo sano es querer sentirse sano. En tercer lugar, el amor. La mayor fuerza motivadora de las personas pasa por una relación amorosa. El cariño, el afecto, la ternura son agentes de crecimiento y compensan las adversidades de la vida. En cuarto lugar, el bienestar económico. Cuando las necesidades básicas se han suplido, y no antes, se piensa en la estabilidad económica.

559.   Una mente positiva. Una mente positiva lleva a triunfar en la vida. Los optimistas van siempre al frente y llegan a la cumbre del éxito, los pesimistas van atrás y nunca llegan a ninguna parte. Una mente positiva nos anima a que seamos siempre positivos porque no solo nos hace mejorar laboralmente, sino que somos más resilientes y aguantamos mejor las dificultades que nos presenta la existencia. Una mente positiva nos sugiere tener una actitud positiva ante las contrariedades de la vida que impiden alcanzar la victoria del éxito. La mayoría de las personas, trabajan duro para tener éxito y a su vez, ser felices. Y lo que sucede es que cuando tienen éxito quieren ir más allá, y más allá. Al final, nunca son felices. Si intentamos ser siempre positivos tendremos la oportunidad de alcanzar lo que nos proponemos y así se incrementan nuestras posibilidades de alcanzar el éxito deseado.

560. **El gozo de la salvación.** La alegría se convierte en gozo cuando Dios participa de nuestras vidas. La salud en la Biblia es sinónimo de salvación y se hace plena cuando tenemos una esperanza. El amor encuentra su espacio adecuado cuando comprendemos que forma parte íntima de la naturaleza divina. La estabilidad económica halla su lógica en el horizonte del creyente. Todo proviene de Dios "porque en él vivimos, nos movemos y somos" (Hechos 17: 28). Ponlo en primer lugar y, todo lo demás, llegará naturalmente saludable.

561. **De nada sirve preocuparse.** He aquí el consejo bíblico: *"Por eso les digo: No se preocupen por su vida, qué comerán o beberán; ni por su cuerpo, como se vestirán. ¿No tiene la vida más valor que la comida y el cuerpo más que la ropa? Fíjense en las aves del cielo: no siembran ni cosechan, ni almacenan en graneros; sin embargo, el Padre celestial las alimenta. ¿No valen ustedes mucho más que ellas? ¿Quién de ustedes, por mucho que se preocupe, puede añadir una sola hora al curso de su vida? ¿Y por qué se preocupan por la ropa? Observen como crecen los lirios del campo. No trabajan ni hilan; sin embargo, les digo que ni siquiera Salomón, con todo su esplendor, se vestía como uno de ellos. Si así viste Dios a la hierba que hoy está en el campo y mañana es arrojada al horno, ¿no hará mucho más por ustedes, gente de poca fe? Así que no se preocupen diciendo: "¿Qué comeremos?", o "¿Qué beberemos?" o "¿Con qué nos vestiremos?". Los paganos andan tras todas estas cosas, pero su Padre celestial sabe que ustedes las necesitan. Más bien, busquen primeramente el reino de Dios y su justicia, entonces todas estas cosas les serán añadidas. Por lo tanto, no se preocupen por el mañana, el cual tendrá sus propios afanes. Cada día tiene ya sus problemas"* (Mateo 6: 25-34).

562. **EL Señor nos protege y nos guarda** Que grato y reconfortante es reconocer que el Señor nos protege y nos guarda. En seis ocasiones el salmista se refiere al Señor como el que nos guarda, el que nos protege de todo mal. Su ojo vigilante está constantemente sobre nosotros, no se cansa, no se duerme, se mantiene siempre a nuestro lado. Saber que el Padre celestial nos protege de todo mal y peligro que no nos abandona cuando, las lágrimas nos ahogan, cuando las heridas secretas sangran sin parar. Él nos ayudará a estar de pie cuando el mundo se nos caiga encima. El cuidado del Señor hará que los mayores desafíos acaben siendo una maravillosa experiencia de aprendizaje, porque incluso en medio de la prueba, él ha prometido que nos guardará: *"El Señor te cuidará; de todo mal guardará tu vida. El Señor cuidará tu salida y tu entrada"* (Salmo 121: 7-8).

187

563. **¡A dormir se ha dicho!** El sueño desempeña un papel importante en la salud del cuerpo y de la mente. El bienestar y buena memoria depende de la calidad del sueño. Entonces, si te acuestas tarde porque haces muchas actividades por la noche, puede ser muy perjudicial para tu salud. La cantidad y calidad del sueño está relacionada con la edad. Los adolescentes, por ejemplo, necesitan un promedio de nueve horas de sueño por noche. Cuando esta cantidad no se cumple, es posible que la persona tenga sueño durante el día, y experimente dificultades en la escuela, cambios de humor, depresión, aumento de peso, dificultad para concentrarse y comprender las cosas, además de un mayor riesgo de consumir bebidas alcohólicas y drogas. ¿Esto te asusta? Dormir poco puede ser muy peligroso, y de nada sirve pensar que después recuperarás la noche perdida, porque eso no es posible. Las horas de sueño perdidas nunca se recuperan. Dios quiere que estés saludable y quiere que duermas bien. Confía en Dios, y descansa en sus brazos. Al acostarte temprano, repite cada noche: "Yo me acuesto tranquilo y me duermo enseguida pues tu Señor me haces vivir confiado" (Salmo 4:8).

564. **Hay que llegar a tiempo**. Las aerolíneas indican por lo menos dos horas de anticipación para viajar. Todos estos cuidados se toman porque nadie quiere perder su vuelo. Después de comprar el pasaje, arreglarte y disponer todo, no viajar sería una lástima. Pero a veces esto sucede. Y solo aquellos que han perdido un vuelo conocen la sensación. No hay manera de solucionarlo. De nada sirve hablar con los asistentes, apelar al mostrador de Información… ¡Nada! La tripulación no espera a que llegues. Si llegaste tarde y perdiste tu vuelo, tendrás que volar en otro momento. Pronto haremos un viaje inolvidable a nuestro hogar celestial. Dios nos ha hecho la promesa de que un día viviremos con él en el cielo. Él ha prometido que Jesús vendrá por nosotros. Nuestra espera llegará a su fin. ¿Crees que está tardando demasiado? ¿Alguna vez has dudado de que él cumplirá lo que prometió? *"No es que el Señor se tarde en cumplir su promesa, como algunos suponen, sino que tiene paciencia con ustedes, pues no quiere que nadie muera, sino que todos se vuelvan a Dios"* (2 Pedro 3:9). Este versículo explica que Jesús no se demora; de hecho, él está esperando a aquellos que aún no están listos para viajar. No quiere que nadie se quede afuera. Con paciencia y amor, él espera que tengas todo listo para el gran viaje celestial. ¿Cuánto tiempo falta? Solo Dios lo sabe. ¡Pero debes estar listo!

565. **Jesús tiene un nombre para cada necesidad**. Para tus necesidades materiales Jesús, es el Pan de vida. Si andas en oscuridad es la Luz del mundo. Si estás enfermo es el Bálsamo de la salud. Si experimentas injusticias es el Juez justo y misericordioso. En la soledad es Dios con nosotros. Si necesitas un guía es el Buen Pastor. Si un amigo te ha traicionado es tu Amigo fiel. En un tormentoso mar de tribulaciones es el Señor del viento y las olas… ¡Cuán consolador es recibir ayuda en el momento preciso! "Enseguida Jesús les dijo: "¡Cálmense! ¡Soy yo! ¡No tengan miedo!" (Mateo 14:27). ¡Qué gran poder hay en esas palabras "Y yo estoy contigo"!

En momentos de necesidad esas palabras cambian el panorama de la vida. El Señor estará en el miedo, la tristeza, el dolor, la enfermedad o en la soledad.

566. La batería correcta. *"Tu palabra es una lámpara a mis pies y una luz en mi camino"* (Salmo 119:105). Imagina la siguiente situación: estás ante un apagón. La luz dijo adiós y no sabes cuándo ni a qué hora regresará. Buscas con afán tu linterna, pero no funciona. Está sin baterías. ¿De qué sirve una linterna sin baterías? En la vida cristiana somos como linternas. ¿De qué sirve un cristiano sin luz? Pero, ¿cómo obtener luz? Es simple: el estudio de la Biblia es como una batería que día tras día se recarga. Es por medio de ese estudio que la luz de Cristo brilla en nosotros. Cuanto más escuchamos, más aprendemos y mientras más estudiamos la Palabra de Dios, mayor será el brillo de Jesús en nuestra vida. ¿Entiendes ahora por qué el enemigo intenta que te olvides de estudiar la Biblia? Lo hace porque no quiere verte brillar por Jesús. Él sabe que, si estás "cargado" con la Palabra de Dios, esta iluminará el camino, y percibirás más claramente los peligros del pecado y podrás huir de ellos. No cambies el estudio de la Biblia por la T.V., el celular, u otros entretenimientos, series, películas o incluso amigos. Con la batería correcta, tu camino se iluminará y la gente verá el resplandor de Cristo en tu vida como un obediente y fiel hijo de Dios.

567. Las radiaciones y la buena salud. Es realmente preocupante el uso frecuente de tomografías. Algunos médicos las prescriben no solo porque sospechan de una enfermedad, sino para protegerse de acusaciones de diagnósticos errados. Por nuestra salud es importante y conveniente no aceptar repetidas tomografías ni solicitarlas, a menos que sean realmente necesarias para un diagnóstico preciso. Los pacientes deben pensar que tienen que ser conscientes de las presiones que colocan sobre los médicos que al igual que ellos son seres humanos y desean nuestro bienestar.

568. Solo Dios comprende tus lágrimas. Él sabe que estás sufriendo y que ya no puedes soportar más. El Señor siempre estará a tu lado y no te dejará sufrir más de lo que tu puedas soportar. Él ve tus lágrimas y se apiada de ti. Si el dolor oprime tu corazón, Jesús prometió a tu lado siempre estar. Comprende tus lágrimas, tu dolor, tu pesar y sufrir. Cuando más herida se encuentre tu alma él llora contigo y te ayuda a vencer. Pruebas siempre habrá y tus lágrimas aparecerán. Jesús comprende tus lágrimas, seca tus mejillas y sana tus heridas! ¡Qué grande es nuestro Dios! ¡Sólo El comprende tu dolor, te da fortaleza y consolación!

569. El nuevo orden mundial. La expresión nuevo orden mundial se ha usado para referirse a un supuesto nuevo período de la historia caracterizado por cambios dramáticos en las ideologías políticas y en el equilibrio de poderes a nivel global. En el ámbito popular, el término se utiliza como parte de diversas teorías de conspiración, así como en relatos apocalípticos relacionados con las escrituras bíblicas. Durante los meses transcurridos desde la aparición del coronavirus, los analistas han coincidido en concluir que la pandemia actual representa tanto la peor crisis de salud pública y económica. Un enorme desafío a la democracia. Esta situación se revela en todos los países sin importar la raza, el credo político o religioso. Es el ideal de unir a todos los países en su lucha contra los problemas reinantes incluyendo el día de reposo como causante de esta seria preocupación.

570. **¿Qué es el nuevo orden mundial?** El nuevo orden mundial o social, es un solo gobierno, una sola religión. Una sola moneda. Un solo banco y día de descanso. Es convertir todo en un sistema monopólico. Ni comunismo, ni socialismo, ni capitalismo, un solo gobierno religioso. No importan las creencias de los demás. No importan los requerimientos de la Ley de Dios, por sobre todas las cosas, lo importante es la unidad de la iglesia. La única ley que se respeta es la ley del domingo al ser establecido como día de descanso y adoración y es la creencia que casi todas las iglesias practican. Un falso día de reposo contrario a lo que señala la Escritura.

571. **Para atrás ni para coger impulso.** Hay veces en la vida en las que miramos atrás y deseamos que el tiempo se detenga, sobre todo cuando nos sorprenden cambios inesperados. Sin embargo, no podemos detener el flujo de la vida, y no podemos detener el tiempo. Es más, mirar atrás no nos permite volver atrás. La mayoría de las veces solo hace que nos atasquemos en un lugar, en un espacio, en un recuerdo, en una conducta, en un hábito. Con el lema "acuérdense de la mujer de Lot", la profesora de Biblia, conferenciante internacional, activista y autora de Best Sellers, Christine Caine, nos motiva para que dejemos de mirar atrás, y sigamos avanzando hacia las promesas y los propósitos de Dios para nuestra vida. Es posible que no conozcamos todos los planes que Dios tiene para nosotros. Tal vez no sepamos adónde vamos, cuánto tiempo nos llevará o qué nos encontraremos por el camino, pero con las estrategias, de la autora del libro, **No mires atrás** podemos avanzar desde donde estamos hasta donde Dios quiere que estemos. Debemos mirar hacia el futuro con fe y esperanza. Seguir avanzando con el Señor Jesucristo. No desaprovechemos las oportunidades que Dios ha puesto ante cada uno de nosotros. Es hora de recordar a la mujer de Lot y avanzar con fe perseverante recordando siempre las promesas de Dios.

572. **La madre del emigrante.** Desde joven, me ha llamado mucho la atención una poesía conocida como la MADRE DEL EMIGRANTE un poco triste, pero con un gran mensaje para cada hijo. Dice así la poesía: "En un risueño puerto marino del sur de España, y en una choza que se encontraba cerca del mar, vivió una anciana que a todas horas estaba triste, mientras sus ojos escudriñaban la inmensidad. Era una viuda pobre, muy pobre que tuvo un hijo y apenas este se hayó con fuerzas para volar cruzó los mares con la esperanza de hacerse rico después que dijo que a su viejita no iba a olvidar. Pasaron días, pasaron meses, pasaron años, y llegó una carta, una misiva sin emociones, corta y glacial, que delataban las abyecciones de un miserable que no recuerda las gratas horas del tierno hogar. Su pobre madre le disculpaba con el trabajo después pasaron algunos meses, y un año más, y ante el olvido cobarde y necio del hijo ingrato, ella decía cual si en persona le fuera a hablar. ¿Por qué no escribes a tu viejita que sufre y llora? ¿Por qué no alegras con tus palabras mi soledad? ¿Tú no comprendes que en tus misivas hayo consuelo y un sacro goce que en otra parte no he de encontrar? ¡Ay! ¡si supieras los sufrimientos que me devoran! Si comprendieras mi amor la inmensidad le escribirías a tu viejita con todo afán y calmarías mis inquietudes y mi pesar...; Yo todavía gano el sustento con mi trabajo, Yo no te pido que tu me mandes un capital; háblame siempre de tus victorias o tus fracasos y en vez de insomnios, tendré suprema tranquilidad. La fresca brisa lleva el mensaje para otras playas: Llegó a un suburbio donde moraba la suciedad, Y vio al infame que profesaba todos los vicios y renegaba de aquella madre toda bondad. Ante aquel cuadro ruboruzose la fresca brisa, y alzose altiva como un puñal, cual si quisiera pasar el pecho de aquel villano, que despreciaba lo que una fiera sabe adorar. Tal vez la brisa contó a la anciana la triste nueva. Y una mañana cuando a la playa fue a esperar, Tuvo un delirio... Creyó dar besos al hijo amado. Y en ese instante le abrió sus puertas la eternidad.

573. **¿De qué sirve?** Pensando en la poesía la madre del emigrante, recuerdo haber oído un mensaje inspirador que nos hace reflexionar sobre la importancia de amar mientras la persona vive porque después de muerta ya de nada sirve. ¿De qué sirve que el día que tu vieja muera y llegues al funeral diciendo del amor de la madre y del recuerdo que conservas de ella, si en vida nunca llegaste para expresarle tu cariño con un emotivo abrazo y un beso? ¿De qué sirve llegar a tiempo para ver su rostro hecho cadáver, cuanto ya no siente ni padece? ¿De qué te sirve si hiciste un largo viaje para estar presente, si en vida, no la recordaste con una simple llamada telefónica? ¿De qué te sirve que recuerdes muy bien el día de su muerte, si no la recordaste en el día de su cumpleaños? ¿De qué te sirve expresar un mensaje inspirador en su tumba fría si en vida no estuviste con ella en su lamentable enfermedad? ¿De qué sirve, que el día de su muerte le lleves una costosa corona de flores, flores preferidas por ella, si en vida no le regalaste una emotiva flor? ¡No lo olvidemos nunca!! sí amamos o apreciamos a una persona expresemos nuestro cariño en vida, muerta de nada sirve.

574. **¡Gracias Dios por todas las madres**! Hoy recuerdo aquellos días en que triste me encontraba, y mis ojos no paraban de llorar. Y recuerdo que mi madre se acercaba y me besaba y mis lágrimas las secaba con bondad. Aún recuerdo aquellos días, cuando enfermo me encontraba, y la fiebre me arropaba sin control. Y mi madre con ternura y con paciencia me cuidaba con esmero y entendía mi dolor. ¡Gracias Dios! ¡Gracias Dios! Porque mi madre como un ángel me ha cuidado con amor. ¡Te amo madre! Gracias por darme la vida. Por cuidarme noche y día. Eres el ángel que me cuida cada día. ¡Gracias Dios por todas las madres!". Inspiración de Edgard Cortés Hernández con su canción: ¡Gracias Dios por las madres!

575. **Si tienes una madre todavía.** Neumann, poeta alemán, canta aquí, con inspirado y tierno canto, al amor maternal: el más grande, noble y puro de todos los amores. Dice así en su poesía: "¡Si tienes una madre todavía! Da gracias al Señor que te ama tanto, que no todo mortal contar podría dicha tan grande ni placer tan santo. Si tienes una madre todavía sé tan bueno que ha de cuidar tu amor su paz hermosa, pues la que un día te llevó en su seno siguió sufriendo, y se creyó dichosa. Veló de noche y trabajó de día, leves las horas en su afán pasaban, un cantar de sus labios te dormía. Y al despertar sus labios te besaban. Enfermo y triste, te salvó su anhelo. Que sólo el llanto por su bien querido milagro supo arrebatar al Cielo, cuando ya el mundo te creyó perdido. Ella puso en tu boca la dulzura de la oración primera. Y plegando tus manos en ternura, te enseñaba la ciencia de la vida. Si acaso sigues por la senda aquella que va segura a tu feliz destino, herencia santa de la madre es ella, tu madre sola te enseñó el camino. Mas si a la tumba se fue...y en tus amores ya no la harás feliz sobre la tierra, deposita el recuerdo de tus flores sobre la fría loza que la encierra. Es tan santa la tumba de una madre, que no hay al corazón lugar más santo, cuando espina cruel tu alma taladre, ¡ve a derramar, allí, allí tu triste llanto! Mas si aún no vive todavía, que viva en tu corazón con su recuerdo. Ya no la harás feliz sobre la tierra, pero estará feliz, cuando Cristo venga y te lleve a disfrutar con ella, la gran herencia feliz y celestial.

576. **El amor de la madre.** Dice un cántico: "Los años de mi infancia me recuerdan con dolor, que a veces despreciaba de mi madre el tierno amor, mas ya que en Cristo duerme hoy. Oh, madre de mi amor, en gloria te veré, tu tierno amor jamás olvidaré, en la mansión de paz, veré tu dulce faz, y junto a Cristo por siglos estaremos. Por más que anduve errante por sendas de maldad, mi cariñosa madre me trataba con bondad, mis cuitas infantiles endulzaba con amor, ¡Oh, Señor, ¡en gloria la veré! Al verme solo y lejos de mi hogar, mi dulce hogar, con su angustiado corazón lloraba sin cesar, y día y noche oraba a Dios por mí con grande fe. ¡Oh, Señor, ¡en gloria la veré! Infausta nueva un día me llegó diciendo: "ven, si quieres a tu madre ver, que hoy va a descansar", lloré cuando en los brazos de la muerte la encontré. y dije: ¡oh, madre, en gloria te he de ver!

577. **La madre más mala.** Hace algunos años leí el pensamiento de una matutina del Doctor Rafael Escandón. Me llamó mucho la atención el título del pensamiento. Hablaba de la madre más mala. Recuerdo algo que decía: Yo tuve la mamá más mala. "Mientras que los niños no tenían que desayunar, yo tenía obligado que comer mi cereal, huevos, pan tostado. Mantequilla de maní y algo más. Yo tuve la mamá más mala. Cuando los demás tomaban refrescos y dulces para el almuerzo, yo tenía que comerme un sándwich cristiano y un licuado de frutas, y a las malas comía vegetales. Mi Madre siempre insistía en saber en dónde estábamos, también tenía que saber quiénes eran nuestros amigos y lo que estábamos haciendo. Insistía en que, si decíamos que íbamos a tardar una hora, solamente nos tardaríamos una hora. Nos enseñó la importancia de ser puntuales en todo. Fue tan mala que hizo que teníamos por turno con mis hermanos que lavar los trastos, tender las camas, y aprendimos también a cocinar y a planchar y muchas cosas igualmente crueles. Como barrer y mapear los pisos, aprendimos a cumplir con nuestras tareas de la escuela. Hasta creo que se quedaba despierta por la noche pensando en las cosas que podría obligarnos a hacer, tan sólo por molestarnos: Que lávate los dientes, cepíllate el cabello, respeta a los mayores, no interrumpas la conversación. Levántate ya que vas tarde a la escuela. Siempre insistía en que dijéramos la verdad. Y cuando llegamos a la adolescencia nuestra vida se volvió aún más crítica y miserable. Porque nadie podía tocar la bocina para que saliéramos corriendo. ¡No! Obligaba a nuestros amigos a llegar a la puerta para preguntar por nosotros, y a la hora que regresaríamos en la noche y no después de las 10. Pero gracias a esa mala madre, ninguno de nosotros ha sido arrestado o con problemas con la policía. Mis hermanos y yo hemos sido respetuosos, obedientes y nada de mentiras. Nunca hemos participado en una manifestación, en actos violentos y miles de cosas más que hicieron nuestros amigos. Ella logró convertirnos en adultos educados y honestos, trabajadores, responsables. Y saben algo, tomando esa referencia, yo estoy tratando de educar a mis hijos de la misma manera. Aunque ellos piensen que soy malo. Por hoy le doy gracias a Dios por haberme dado a "LA MAMÁ MÁS MALA DEL MUNDO, pero la mejor de todas". ¡Gracias a ella soy lo que soy! Un Hijo de Dios que posee los sanos principios y valores en el bien hacer. ¡Gracias, madre!

578. **El poder la mente.** La mente ejerce un poder extraordinario y significativo. Por ejemplo, si se habla constantemente de problemas esto te atraerá más problemas. Si se vive hablando de enfermedades estas llegarán sin pensarlo. Estas enfermedades son conocidas como enfermedades psicosomáticas, esto es, enfermedades mentales que solo existen en la mente de la persona y nada más. Son también llamadas enfermedades imaginarias porque se encuentran en la imaginación mental. Si la mente se enfoca en soluciones a los problemas, se encontrarán las soluciones a esos problemas. Si se enfoca en lo positivo y bueno se lograrán los mismos resultados pensamientos positivos y saludables. *"Finalmente, hermanos, piensen en todo lo que es verdadero, en todo lo que merece respeto, en todo lo que es justo y bueno; piensen en todo lo que se reconoce como una virtud, y en todo lo que es agradable y merece ser alabado"* (Filipenses 4:8). Recuérdalo siempre, donde están tus pensamientos allí estás tu y tus resultados. Todo depende de la actitud mental y el desarrollo de lo que se piense.

579. **Las emociones.** Las emociones como la alegría, la tristeza, el miedo, el enojo, la sorpresa son sentimientos que todos poseemos. Si aprendemos a controlar estas emociones que nos rodean seremos más felices y agradecidos. Vamos a conocer estas emociones para que podamos manejarlas con inteligencia: La alegría es lo que se siente cuando estamos felices. La tristeza es lo que se siente cuando lloramos y los hombres lloran porque tienen con ellas muy débil el alma, decía un pensamiento poético. Cuando nos duele algo, lloramos, cuando escuchamos malas noticias nos entristece y nos da mucho pesar como la enfermedad de un ser apreciado o muy querido por nosotros. El miedo o temor es lo que se siente cuando se pierde algo. Miedo a la separación o a la muerte. Alguna vez nos hemos sentido enojados por alguna injusticia cometida contra nosotros o cuando nos obligan a hacer algo que no queremos hacer o cuando estamos molestos por algo o por alguien. El consejo bíblico nos dice que no se oculte el sol sobre el enojo. *"Si se enojan, no pequen" No permitan que el enojo les dure hasta la puesta del sol, ni den cabida al diablo"* (Efesios 4:26-27). Debemos tener inteligencia emocional para controlar todas nuestras emociones agradables o desagradables.

580.   El manejo de las emociones. Cuando nos sentimos enojados, es importante ser capaz de parar, identificar porqué estamos enojados, examinar nuestros corazones para determinar, ¿por qué estamos enfadados? y, luego, proceder de una manera bíblica. Las emociones que están fuera de control no suelen producir resultados que honren a Dios: *"Porque la ira del hombre no obra la justicia de Dios"* (Santiago 1:20). Nuestras emociones, al igual que nuestras mentes y cuerpos, están influenciadas en gran medida por la caída de la humanidad en el pecado. En otras palabras, nuestras emociones están manchadas por nuestra naturaleza pecaminosa, y esa es la razón por la cual es necesario controlarlas. Si reconocemos nuestras emociones y las llevamos ante Dios, entonces podemos presentar nuestros corazones ante él y permitirle que haga su obra en nuestros corazones y que dirija nuestras acciones. A veces, esto puede significar simplemente que Dios nos consuela, nos reafirma y nos recuerda que no debemos temer. Otras veces, puede que él nos lleve a perdonar o a pedir perdón. Los Salmos son un excelente ejemplo del manejo de las emociones y de cómo aprender a controlarlas reteniendo dominio propio.

581.   Educar la mente. Se cuenta que un viejo maestro que gozaba de gran reputación recibió un día la visita del hombre más rico de la ciudad, pidiéndole que se encargara de la educación de su hijo. Cuando el sabio maestro le dijo el precio que le cobraría por año, el rico protestó: "¡Eso es mucho dinero! Por esa cantidad, podría comprarme un asno. A lo cual, el anciano maestro replicó: "Efectivamente; y le aconsejo que lo compre, así tendrá dos". ¿Somos conscientes de la importancia de la educación, así como potenciar la educación de nuestros hijos? Es la clave para la transformación del carácter, para relacionarnos bien con los demás, para ser dueños de nuestros impulsos (diferenciándonos así de los asnos), para actuar por una conciencia convertida y no por un fanatismo irracional, para vivir siempre mejorando y nunca conformándonos, para sentirnos, en definitiva, hombres íntegros. Mujeres valiosas. El conocimiento refina nuestra forma de ver el mundo, mientras que la ignorancia nos embrutece. *"El que aprende y pone en práctica lo aprendido, se estima a sí mismo y prospera"* (Prov. 19:8).

582.   Pesimistas u optimistas. Este mundo está constituido por optimistas y por pesimistas. ¿Te has preguntado alguna vez, a cuál de estos dos grupos perteneces? ¿Qué te parece si te propones comenzar este día viendo el vaso «medio lleno» en vez de verlo "medio vacío?" Para ello, no hay nada mejor que aprender que el dinero no es lo primero. Que se pueden superar las preocupaciones. Que se puede adquirir fe y esperanza a pesar de las dificultades. A vivir de una manera positiva. A pensar en que todo debe ser positivo y nada negativo. El camino para superar las preocupaciones, conseguir la confianza y obtener la energía necesaria para triunfar cada día, depende en gran manera, de la forma como veamos todas las cosas. Si queremos descubrir como alcanzar la verdadera riqueza personal, familiar y profesional, borrar las cicatrices que dejan en el alma los problemas, tendremos que descubrir como transformar en forma positiva y favorable todo lo negativo. Sacar el máximo partido en todo momento y en toda circunstancia de una dosis diaria de pensamientos positivos y motivadores que nos conducirán por la senda del éxito. Las preocupaciones se superan cuando somos optimistas, entonces, la fe y la esperanza se agigantan. Si aprendemos a pensar en forma positiva obtendremos, de forma sencilla y económica, la dosis diaria de optimismo y de superación personal para ser felices no solo en este día sino en cada día de nuestra existencia. El dinero no es lo primero para alcanzar la felicidad. Hay personas que tristemente en algunas circunstancias, se ahogan en un vaso de agua. No han aprendido a subir con paso firme, peldaño tras peldaño, la escalera de la auténtica felicidad y mirar hacia el sol en medio de las crisis económica, social, moral, familiar, o espiritual. Alguien escribió: "Mira hacia el sol y las sombras caerán detrás de ti".

583. El porqué de la ansiedad. Para algunas personas, la ansiedad puede estar relacionada con un problema de salud oculto. Ciertas experiencias de vida, como acontecimientos traumáticos, parecen provocar los trastornos de ansiedad en personas que ya son propensas a la ansiedad. Los rasgos heredados también pueden ser un factor. Si el médico sospecha que la ansiedad tiene una causa médica, quizás lo indique un análisis para buscar los signos del problema. Algunos ejemplos de problemas médicos que pueden estar relacionados con la ansiedad incluyen los siguientes: Una enfermedad cardíaca. La diabetes. Problemas de tiroides, como el hipertiroidismo. Trastornos respiratorios, como la enfermedad pulmonar obstructiva crónica como el asma. En algunas ocasiones, la ansiedad puede ser un efecto secundario de algunos medicamentos.

584. Preguntas relacionadas con la ansiedad. ¿Estás preocupando demasiado tiempo y esto te interfiere en tu trabajo, tus relaciones y otros aspectos de tu vida? ¿Tu miedo, tu preocupación o tu ansiedad te causan malestar y te resulta difícil el controlarlos? ¿Te sientes deprimido, triste o acongojado por un problema real o imaginario que te lleva a la ansiedad? ¿Te sientes sin fuerzas o sin ánimo para seguir adelante con tus problemas de ansiedad? ¿Tienes serios problemas que te llevan a desahogarte mediante el licor o las drogas? ¿Piensas que tu ansiedad podría estar vinculada a un problema de salud física? ¿Tienes pensamientos o conductas suicidas? Es posible que tus preocupaciones no se vayan por sí solas y que empeoren con el paso del tiempo, si no procuras ayuda. Necesitas tratamiento de urgencia inmediatamente. Visita a tu médico o a un profesional de salud mental antes de que tu ansiedad empeore. Es más fácil tratarla si obtienes ayuda pronto. Mañana puede ser demasiado tarde.

585. Seis factores que pueden incrementar el riesgo de padecer un trastorno de ansiedad. 1.Un trauma en la niñez. Los niños que soportaron maltratos o traumas o que presenciaron eventos traumáticos tienen mayor riesgo de manifestar un trastorno de ansiedad en algún momento de sus vidas. 2. Eventos traumáticos en adultos. Los adultos que atraviesan un evento traumático también pueden manifestar trastornos de ansiedad. 3. Acumulación de estrés. Un evento importante o una acumulación de situaciones estresantes más pequeñas de la vida pueden provocar ansiedad excesiva, por ejemplo, la muerte de algún familiar. Preocupaciones continuas por la situación financiera, o estrés en el trabajo. 4.Tener un problema de salud o una enfermedad grave puede causar gran preocupación acerca de cuestiones como el tratamiento y el futuro. 5. Problemas o trastornos mentales. Las personas que padecen otros trastornos mentales, como depresión, a menudo también padecen un trastorno de ansiedad. 6. Los trastornos de ansiedad pueden también ser hereditarios.

586. Libres del temor. El temor es un término que se deriva de una palabra latina "timor". Se define como un tipo de comportamiento que se caracteriza por tratar de huir de aquello que se considera peligroso. Se trata de una percepción personal, en cuanto a que se sospecha que va a ocurrir un ataque personal y sorpresivo. En psicología el temor se define como una emoción que se manifiesta con la angustia e inquietud. El temor hace que la persona se paralice debido a su intensidad. Es una reacción que puede identificarse al tratar de evitar o de huir de aquello que se percibe como peligroso, pero sin saber cómo hacerlo. Dios que conoce nuestro corazón sabe cuánto daño nos causa el temor. Sabe que el miedo nos paraliza, nos impide avanzar, no nos permite creer ni apoyarnos en las promesas divinas. El temor hace que veamos todos los caminos cerrados. Pero como el Señor nos ama tanto y conoce nuestros temores nos dice: *"No temas ni desmayes, porque Jehová, tu Dios, estará contigo dondequiera que vayas"* (Josué 1: 9). Aferrémonos de esta promesa y si Dios está con nosotros en nuestros temores, quien contra nosotros que pueda atacarnos para hacernos la vida difícil. Si Dios está con nosotros la victoria contra el temor ya ha sido ganada. ¡Gloria a Dios!

587. Personas que confiaron en Dios ante el temor. La Biblia muestra como los héroes y heroínas de Dios lograron avanzar a pesar de sus temores. Abraham, por ejemplo, tuvo temor de sacrificar a su hijo Isaac, pero confió en el Dios que provee y fue hecho padre de los creyentes. Moisés tenía temor de ir a Egipto a cumplir la misión que el Señor le estaba encomendando, pero confió en el gran Yo soy y guió al pueblo a la libertad. Salomón sentía temor de no saber entrar ni salir, pero confió en el Dios de su padre y recibió de él sabiduría e inteligencia. Isaías sintió temor de haber visto a Dios debido a su maldad, pero confió en el perdón divino y fue hecho profeta de Jehová. María sintió temor de la criatura que estaba en su vientre, pero recibió el mensaje de que había sido escogida, lo creyó y fue la madre del Salvador. El mismo Jesús tuvo miedo de morir en la cruz, pero puso siempre primero la voluntad de su Padre y estuvo dispuesto a pagar el precio de la muerte, que trajo la salvación a toda la raza humana. Y Dios que nos ama tanto, nos llama al arrepentimiento para estar libres del temor.

588. El porqué del miedo. Dios había puesto a nuestros primeros padres para que fueran los dueños y señores del jardín edénico. Todo era felicidad hasta que entró el intruso y padre de toda mentira e introdujo mediante la desobediencia, el pecado con sus fatales consecuencias. Entre ellas el temor o miedo. Señala el registro sagrado (Génesis 3:8-12) *"Cuando el día comenzó a refrescar, el hombre y la mujer oyeron que Dios el Señor andaba recorriendo el jardín; entonces corrieron a esconderse entre los árboles para que Dios no los viera. Pero Dios el Señor llamó al hombre y dijo: ¿Dónde estás? El hombre contestó: —Escuché que andabas por el jardín y tuve miedo porque estoy desnudo. Por eso me escondí. ¿Y quién te ha dicho que estás desnudo? —preguntó Dios—. ¿Acaso has comido del fruto del árbol que yo te prohibí comer? Él respondió: —La mujer que me diste por compañera me dio de ese fruto y yo lo comí".* Aquí por primera vez se menciona la palabra miedo. Adán se escondió porque tuvo miedo de ver a Dios. En un sentido más amplio, el miedo también se asocia con el recelo, pecado o tentación. Entonces se presume que se ha logrado reconocer un posible daño así mismo. Dios nos ama tanto que nos llama al arrepentimiento para estar libre del temor Nos dice en su Palabra (Filipenses 2:12) *"Así que, mis queridos hermanos, como han obedecido siempre —no solo en mi presencia, sino mucho más ahora en mi ausencia—lleven a cabo su salvación con temor y temblor, pues Dios es quien produce en ustedes tanto el querer como el hacer para que se cumpla su buena voluntad."*

589. **La presencia del miedo es la ausencia de paz.** El miedo está tan generalizado hoy día, que es más esencial que nunca el llamado cristiano a ser agentes de paz. Esto no es fácil, porque convertirnos en pacificadores no significa que desaparecerán de pronto los conflictos o que existen a nuestro alrededor. Que ya no habrá más guerra, sino que, en medio de las terribles situaciones que vivimos a causa de estar en un mundo en conflicto, nuestra presencia, nuestro ministerio y nuestra influencia traerán sosiego a la mente y paz al corazón de aquellos con quienes nos relacionamos, robándole el dominio al miedo. Lograr esto requiere ser firmes en Cristo, tener profundas creencias sobre nuestra misión, y fe para perseverar cuando parezca que la guerra se intensifica. Jesús les dijo a sus discípulos antes de irse*: "La paz os dejo, mi paz os doy; yo no os la doy como el mundo la da. No se turbe vuestro corazón ni tenga miedo"* (Juan 14: 27). Con estas palabras nos confirmó que una de las mayores evidencias de la ausencia de paz en la gente es la presencia del miedo. Es tan generalizada hoy esta realidad que se hace más esencial que nunca el llamado cristiano a ser agentes de paz mediante la extensión de la paz de Cristo. Ojalá hoy y siempre podamos decir, como el salmista: *"Cuando siento miedo, pongo en ti mi confianza"* (Salmo 56:3, NVI). Porque si así lo hacemos, veremos más a menudo la gloria de Dios en nuestras vidas y la paz de Cristo en nuestros corazones.

590. **No todos somos perfectos.** Estas palabras "no todos somos perfectos" las decía un compañero de estudios cuando cometía un error. Sergio Collins, en una matutina para jóvenes decía lo siguiente: ¿Sabías que algunas de las obras de arte más famosas del mundo tienen imperfecciones? Por ejemplo, la Mona Lisa de Leonardo da Vinci no tiene cejas ni pestañas. La cabeza, manos y torso del David de Miguel Ángel son más grandes de lo estipulado según las proporciones clásicas; y la Torre de Pisa tiene una inclinación de casi cuatro grados. Sin embargo, estas imperfecciones no les quitan valor ni belleza a estas obras. Al contrario, las hacen más únicas, interesantes y admirables. Muchas personas viajan miles de kilómetros para verlas y apreciarlas. Lo mismo pasa con nosotros. Somos obras de arte creadas por Dios. Él nos hizo a su imagen y semejanza, y nos dio dones y talentos para glorificarlo. Pero también somos imperfectos. Cometemos errores y nos involucramos en pecados que nos alejan de él y de su plan. El viejo hombre florece en nuestra vida, Pero eso no significa que Dios nos rechace o nos desprecie. Al contrario, él nos ama con un amor incondicional y eterno. Él nos dice: "Te *basta con mi gracia, pues mi poder se perfecciona en la debilidad"* (2 Corintios 12: 9). *"Señor, tú eres nuestro padre; nosotros somos el barro, tu nuestro alfarero; ¡todos fuimos hechos por ti mismo!"* (Isaías 64: 8).

591. La Biblia el libro por excelencia. Un famoso predicador llamado Charles Spurgeon dijo que la Biblia es "la espada del Espíritu, la omnipotente Palabra de Dios, la maravilla del mundo, y la dádiva del cielo". En ella encontramos el tesoro más valioso: el conocimiento de Dios y de su plan para salvarnos. Una señorita que había perdido a su madre cuando era niña recibió de ella una pequeña Biblia con estas palabras escritas: "En este libro encontrarás un tesoro. Serás premiada si cavas hondo. La señorita no entendía lo que significaba eso hasta que un día conoció el amor perdonador de Jesús y se dio cuenta de que él era el tesoro escondido en la Biblia. ¿Y tú? ¿Has encontrado ese tesoro? ¿Dedicas tiempo regular a leer la carta de amor que Dios te ha enviado? Si no lo has hecho, te estás perdiendo de algo maravilloso. La Biblia no es solo un libro antiguo e interesante. Es la Palabra viva y poderosa de Dios que puede transformar tu vida. *"Así también la palabra que sale de mis labios no vuelve a mí sin producir efecto, sino que hace lo que yo quiero y cumple la orden que le doy"* (Isaías 55:11). Hoy y todos días te invito a abrir tu Biblia y leerla con atención. No la ignores ni la desprecies.

592. Para aumentar la inteligencia "No hay ninguna cosa mejor para fortalecer la inteligencia que el estudio de las Santas Escrituras. Ningún libro es tan potente para elevar los pensamientos, para dar vigor a las facultades, como las grandes y ennoblecedoras verdades de la Biblia. Si se estudiara la Palabra de Dios como se debe, los hombres tendrían una grandeza de espíritu, una nobleza de carácter y una firmeza de propósito, que raramente pueden verse en estos tiempos" (Elena de White El Camino a Cristo). ¿Qué hace la Palabra de Dios en nuestro corazón? Nos da entendimiento para conocer a Dios, nos produce convicción para arrepentirnos de nuestros pecados, nos trae consuelo para confiar en su gracia, y nos pone cara a cara con Cristo para seguirle con todo nuestro ser. Es el mensaje más importante que puedes recibir. Es la mejor noticia que puede impactar muchas vidas. Déjate impactar por su verdad y su belleza. Deja que cumpla en ti aquello para lo cual fue enviada: hacerte un hijo o hija de Dios por medio de la fe en Jesucristo.

593. ¿Cómo podemos reconocer si una persona es tóxica? Se suelen definir como persona toxica aquella que genera un mal ambiente, se comporta de forma manipuladora, hace sentir mal al otro, o incluso que "roban la energía" (esto puede interpretarse como que te hace sentir ansioso, lo cual nos presenta una sensación desagradable que nos causa malestar. La persona tóxica es una persona amargada, envidiosa y criticona. En el libro "Más gente toxica" nos dice el pastor Bernardo Stamateas, que existen varios tipos de personas tóxicas: el mete-culpas, el envidioso, el mentiroso, el arrogante... el orgulloso. Estas personas suelen culpar a los demás de sus problemas, envidiar el éxito ajeno, mentir para ocultar su realidad, creerse superior, enojarse por cualquier cosa o ver siempre el lado negativo de las cosas.

594. ¿Qué podemos hacer frente a la gente tóxica? No es fácil bregar con personas tóxicas. Ante todo, mantener una actitud positiva y enfocarnos en cosas constructivas. Todo positivo y nada negativo. Esto nos ayuda mantener una mente clara y en paz. No permitamos que la gente tóxica nos haga enojar o frustrar. Mantengamos la calma y la ansiedad. Tratemos de responder con amabilidad y simpatía. Aunque puede ser un poco difícil, orar por las personas tóxicas nos puede ayudar a verlas con compasión y amor. Finalmente, si te sientes abrumado, busca a alguien en quien puedas confiar, como un amigo o un familiar, para hablar sobre la experiencia que estás pasando. Nuestro mejor amigo y abogado se llama Jesucristo. Él pudo vencer en su trato con las personas tóxicas que lo llevaron a la cruz.

595. Los servidores públicos. Cada día vemos mujeres y hombres que, al ser colocados en puestos de responsabilidad y verse en tales condiciones, en lugar de servir y cumplir fielmente su misión, buscan solo su propio beneficio acosta de humillar a los que a su propio juicio son menos que ellos. Debemos tener cuidado con esta actitud. Como hijos de Dios, debemos mantener siempre los pies sobre la tierra y no mirar con desprecio a nadie, porque a los ojos de Dios todos tenemos el mismo valor y lo mismo pagó por unos que por otros. Los títulos y los cargos que podamos ostentar aquí en la tierra solo deben significar una cosa: que estamos más preparados y en mejor posición para servir. La verdadera grandeza de una persona radica en lo grande de su humildad. Tengamos siempre presente el ejemplo del Rey del universo quien, teniendo el más alto puesto, estuvo dispuesto a servir con amor y humildad. Bien lo dijo Teresa de Calcuta: "El que no vive para servir, no sirve para vivir".

596. Eres un milagro de amor. Recientemente escuché la historia de una joven que me llamó mucho la atención. Esta dama recién llegada a un país extranjero, recién casada, sin conocer el idioma ni a la familia de su esposo, ilusionada y también con miedo, se preguntaba cómo enfrentaría los desafíos del futuro. Se llenó de preocupación ante la idea de aprender el nuevo idioma, conducir en esas grandes carreteras y conseguir un empleo. Tanto fue la carga mental que las lágrimas comenzaron a correr por su rostro. ¿Te has sentido así alguna vez? Esa joven preocupada por un futuro incierto, un buen día escuchó, una voz que le susurró: "Un día a la vez, así vivirás a partir de ahora". Luego, me recordó lo que está escrito en (Mateo 6:25) *"Por tanto os digo: No os afanéis por vuestra vida, qué habéis de comer o qué habéis de beber; ni por vuestro cuerpo, qué habéis de vestir. ¿No es la vida más que el alimento, y el cuerpo más que el vestido?"*. Después de varios años al mirar hacia atrás, pudo decir con mucha seguridad: Dios ha sido fiel. He logrado superar cada obstáculo que enfrenté, porque un día decidí escuchar la voz de Dios. El Señor Jesús nunca te dejará ni te desamparará. Él te da la victoria en cada situación. Lo único que tienes que hacer es enfocarte en él y confiar. Y sin duda, verás suceder milagros delante de tus ojos. Entonces, si te sientes abrumado/a por todos los desafíos que enfrentas o tienes por delante, quiero decirte: no te afanes, vive un día a la vez. Cuando dejes de afanarte por el mañana y le entregues a Dios todas tus preocupaciones, comenzarás a experimentar su paz. "Mi Paz os dejo" es la promesa. Él anhela que tu también la experimentes. ¿Estás listo/a para dejar todas tus preocupaciones a sus pies? ¡Mi amado, Dios sin duda, ¡cuidará de ti! No lo olvides nunca: ¡Eres un Milagro del amor de Dios!

597. Un enemigo derrotado ¿Por qué será que cuando hacemos lo correcto, cuando caminamos con Dios, como debemos o hacemos cosas buenas en su nombre, llevamos grandes objetivos en la espalda y Satanás nos tiene en su mira? El enemigo fue derrotado por el Señor y quiere hacernos la vida difícil con problemas y dificultades. Pero que grato y reconfortante es reconocer que Satanás es un enemigo derrotado. El Señor nos ofrece en innumerables versículos tranquilizadores, en las Escrituras a los que podemos recurrir cuando nos sentimos abrumados por el enemigo. *"El Señor derrotará a tus enemigos que se levanten contra ti. Por un camino saldrán contra ti, y por siete caminos huirán de ti"* (Deuteronomio 28:7). El fuego del enemigo significa que estamos en el camino correcto. ¡Pero Dios está ahí con nosotros!! ¡Y si Dios con nosotros quien contra nosotros!

598. Mis queridos salmos. De los 150 se estima que alrededor de 73 son de David. Algo que debe fascinarnos de ellos, tanto los de David como los de otros salmistas son las oraciones que encontramos en éstos. Cada salmo es una oración cantada y cada oración que encontramos es profunda, auténtica, real y emocionante. En los salmos encontramos oraciones que van desde la alabanza a Dios hasta peticiones sinceras del corazón. Expresiones de gozo, alegría como también expresiones de enojo, lamentación, e incluso peticiones para que Dios haga justicia y venganza. Las oraciones de David nos hacen entender por qué a pesar de tantas fallas fue llamado "un hombre conforme al corazón de Dios". Era un verdadero adorador; como un gran poeta. Sabía derramar su corazón ante Dios por medio de la música, la poesía, la oración y alabanza. Salmos como el 23, 27, 5, 6,18,19, 24, 30, 32, 34, 40, 51, 78,119 y 150. ¡Mis favoritos!

599. Mi amigo Nicodemo. En su encuentro, Jesús explica a Nicodemo que "el que no nace de nuevo, no puede ver el reino de Dios", pues el acceso al cielo no depende de la posición o reputación. Nicodemo comprende que no se trata de un renacimiento físico, sino de una transformación espiritual provocada por el Espíritu Santo. Un nacer de nuevo. Esta transformación es sutil, y se siente como un suave susurro divino que prepara el alma para su propósito en la obra de Dios. Es un nuevo estilo de vida. Una experiencia única que nos permite crecer espiritualmente. Es caminar la vida cristiana de conversión, en el camino a la vida eterna. Es dejar el mundo de pecado y maldad para vivir una vida que glorifique a Dios. Un nuevo estilo de vida que nos brinda paz, perdón y seguridad en Cristo Jesús.

600. La comunicación efectiva. La forma en que nos comunicamos refleja no solo nuestro estado de ánimo, sino también aspectos profundos de nuestra personalidad y nuestras experiencias. Una característica que puede resultar desconcertante es cuando una persona parece hablar siempre gritando, este comportamiento puede tener múltiples interpretaciones desde la perspectiva psicológica. Las personas que tiende a hablar en un tono elevado pueden estar manifestando diferentes aspectos de su personalidad. Según la psicología, el estilo de comunicación puede estar relacionado con factores como la extroversión, la necesidad de atención o incluso la inseguridad. Las personas extrovertidas suelen ser más vocales y expresivas, hablar en voz alta puede ser una forma de asegurarse de que su mensaje sea escuchado y considerado. Para estas personas, el volumen puede ser un indicador de su entusiasmo y energía, la necesidad de ser escuchado a menudo impulsa a estas personas a elevar su tono. Hablar en voz alta también puede ser una estrategia para captar la atención de los demás.

601. Factores emocionales al hablar. Además de la personalidad, hay factores emocionales que pueden influir en el comportamiento de hablar gritando, el estrés, la ansiedad y la frustración son emociones que pueden manifestarse a través del habla. Las personas que experimentan altos niveles de estrés o ansiedad pueden hablar más alto como una forma de liberar su tensión. Gritar puede convertirse en un mecanismo de defensa, donde la voz elevada actúa como un escape para sus emociones reprimidas. Otra razón por la cual alguien podría hablar gritando es la frustración derivada de una incapacidad para comunicarse efectivamente. Si una persona siente que no puede expresar sus pensamientos o emociones adecuadamente, puede elevar su tono como un intento desesperado por hacerse entender. Este tipo de comportamiento es común en situaciones donde hay malentendidos o falta de atención por parte de los oyentes.

602. El Hablar a gritos. Hay personas que están acostumbrados a gritar para que las escuchen. Olvida que el silencio es el grito del más fuerte. La respuesta para quien tiene dicha costumbre es: "No me grites que no soy sordo". "Si me bajas el tono de la voz nos entendemos mejor". "Me estás hablando muy alto si bajas el volumen te puedo escuchar mejor". Un sabio dijo una vez al respecto: "El idiota grita, el inteligente opina, y el sabio calla." Cuando haya discusión de algún asunto la razón no la tiene quien más grita sino el que es capaz de enlazar sus argumentos de modo adecuado y silencioso" "Poner el grito en el cielo o quejarse en voz alta no tiene razón de ser… El silencio es elocuente." "En boca cerrada no entran moscas." "Hay que pensar para hablar y no hablar para dejar pensando".

603. Hable en tono moderado y claro. La forma como hablamos expresa lo que sentimos. Debemos hablar despacio, calmados y sin apuros para que nos escuchen bien y apreciados. Nunca es necesario hablar como si estuviéramos melancólicos, tristes o gritando. Esto aumenta nuestra tensión emocional y afecta a los que nos escuchan. Lo notarás especialmente al hablar por teléfono. Haga que su voz sea melodiosa, clara, gratificante y alegre. No en forma estridente ni severa. Practique como hablar con melodía y también con simpatía.

604. **Cuál es la verdadera felicidad**. La mayor y mejor felicidad es amar y seguir a Jesús. La felicidad, o el gozo, es algo que se elige, que se reclama, que se aprende de quien tiene ese secreto. El secreto de la genuina felicidad está en aceptar el mensaje del Salvador y médico de los médicos, especialista de los especialistas, el abogado defensor de todos nuestros problemas. El amigo y excelente compañero en las luchas de la vida. La felicidad que nos brinda el Señor Jesucristo es duradera y eterna. La felicidad que nos brinda nuestro amado Salvador es la de alguien que tiene bien claro su proyecto de vida, que vive en armonía consigo mismo y con Dios. Disfruta al hacer felices a los demás. Alguien que vive procurando hacer el bien, descargado de preocupaciones inútiles, de necesidades ficticias y de urgencias sin sentido. (ver Mat. 6: 25-34).

605. **Evitemos ser extremistas**. El término extremista se refiere a una persona que apoya o defiende posturas radicales en cualquier ámbito, ya sea político, religioso o social. Las personas extremistas suelen buscar cambios drásticos y pueden actuar de manera intensa para promover sus ideales, lo que a menudo genera controversias y conflictos. Ser una persona extremista en el ámbito político o religioso conlleva una carga significativa. El término extremista se asocia comúnmente con posturas radicales y posiciones inflexibles. Una persona extremista es aquella que se fanatiza en sus argumentos sin considerar a los demás. Sigamos el consejo del sabio Salomón: *"No seas demasiado justo, tampoco demasiado sabio. ¿Para qué destruirte a ti mismo? No seas demasiado malo ni te portes como un necio. ¿Para qué morir antes de tiempo? Bueno es agarrar esto sin soltar aquello. Quien teme a Dios evitará los extremos"* (Eclesiastés 7:16-18 NVI).

606. **Nuestra fe nos enseña a no ser legalistas.** Cuando se trata de nuestra fe, queremos estar totalmente comprometidos, sin embargo, está bastante claro que Dios nos está advirtiendo que no nos pasemos de ser justos o legalistas. El otro extremo es actuar como si la gracia de Dios nos diera permiso general para pecar. En cambio, con la guía, el discernimiento y la sabiduría del Espíritu Santo, tú y yo tomamos decisiones informadas sobre cómo son nuestras vidas como creyentes. Quien teme a Dios y ama a todos por igual evitará todos los extremos. 1 juan 4:19-20 declara *"Nosotros amamos porque él nos amó primero. Si alguien afirma: «Yo amo a Dios», pero odia a su hermano, es un mentiroso; pues el que no ama a su hermano, a quien ha visto, no puede amar a Dios, a quien no ha visto".*

607. **El arreglo diario de la cama.** Para muchos, dejar la cama sin hacer puede parecer un simple hábito o una cuestión de pereza. Sin embargo, la psicología ofrece una perspectiva más profunda sobre lo que esto puede significar. Es un reflejo de la personalidad del individuo. Según varios estudios psicológicos, las personas que tienden a dejar su cama sin hacer suelen ser más relajadas y menos preocupadas por la perfección. Este comportamiento puede asociarse con una personalidad creativa e independiente, donde la necesidad de orden no es una prioridad. Por otro lado, quienes hacen su cama todos los días a menudo se describen como más disciplinados y organizados, esta diferencia en hábitos puede ser una indicativa de como cada persona maneja el estrés y las responsabilidades diarias.

608. **El orden y la salud mental**. Mantener el orden puede tener un efecto directo en nuestra salud mental. Estudios han demostrado que un entorno desordenado puede aumentar los niveles de ansiedad y estrés. Sin embargo, para algunos el desorden puede no tener el mismo efecto negativo. Por ejemplo, las personas que dejan su cama sin hacer pueden encontrar en este desorden un sentido de libertad. Para ellos, el acto de no hacer la cama puede ser una forma de rebelarse contra las normas sociales y expectativas, lo que les permite sentirse más cómodos en su propio espacio. El significado de tender la cama también varía según el contexto cultural. En algunas culturas, el orden y la limpieza son altamente valorados, mientras que, en otras, se acepta un estilo de vida más relajado y menos estructurado. Por ejemplo, en sociedades donde la productividad y el éxito se asocian con el orden, dejar la cama sin hacer podría interpretarse como una señal de pereza o falta de ambición. En contraste, en culturas que valoran la espontaneidad y la creatividad, este hábito podría verse como una expresión de libertad personal.

609. **El orden y la limpieza.** El hogar donde impera el orden, la limpieza y la decoración es un lugar atractivo y acogedor. Es un espacio donde buscamos comodidad, descanso y seguridad. La forma en que nuestro hogar está organizado puede reflejar el buen gusto, nuestras emociones bajo control y gozamos de un buen estado mental saludable. El hogar debe ser un pedazo de cielo en esta tierra y en esta tierra nos preparamos para disfrutar del hogar celestial.

610. **Dios siempre estará contigo.** Nos fortalece el saber que Dios está a nuestro lado para ayudarnos no importa la calidad del problema o problemas. La promesa la encontramos en Isaías 41:10: *"No temas, porque yo estoy contigo; no desmayes, porque yo soy tu Dios que te fortalece; siempre te ayudaré, siempre te sustentaré con la diestra de mi justicia."* Si lo reconoces siempre te brindará, paz, seguridad y confianza en Dios. Sin darnos cuenta el Señor ya estará moviendo las piezas en tu favor. Todos hemos pasado días en los que sentimos que todo está en nuestra contra. Que las dificultades se acumulan y que no hay ninguna salida. Pero en esos momentos, Dios te recuerda en Deuteronomio 31:8: "El Señor mismo irá delante de ti y estará contigo; nunca te dejará ni te abandonará. No temas ni te desanimes." "Es risible reconocer que si el enemigo te desea lo peor tendrá que reconocer que te sucedió lo mejor" ¡Si Dios con nosotros quien contra nosotros!

611. **No estamos solos Dios esta con todos nosotros.** El enemigo quiere que pensemos que estamos solos batallando con nuestros problemas e inconvenientes de cada día. Nos parece que estamos en un laberinto sin salida Nos sentimos angustiados y ansiosos y muy preocupados sin ánimo para continuar adelante. Pero la verdad es que Dios nunca nos abandona. Aunque no lo vemos con nuestros ojos, Él está obrando en lo pequeño y en lo grande. En el favor inesperado de un desconocido, en una oportunidad que no esperábamos. Y de pronto sentimos buen ánimo y optimismo para seguir adelantes libres del temor porque Dios nos ha prometido que estará a nuestro lado. No importa que el enemigo quiera ponernos la vida de cuadritos, pero el Señor nos anima para continuar adelante a victorioso y seguros en sus promesas.

203

612. **Todos necesitamos descansar.** El descanso diario, el descanso semanal y el descanso anual son muy importante para todos. Sabiamente el Señor nos regala ocho horas para dormir, seis días para trabajar y un año para descansar en unas alegres vacaciones. Por lo tanto, no nos olvidemos del descanso diario, el descanso semanal y el descanso anual. Para triunfar y disfrutar de la vida hay que trabajar, pero también hay que descansar. El descanso es una bendición para la salud. Es un medio para reparar el cuerpo. Favorece el aprendizaje. Restaura la salud. Evita el mal genio. Favorece las relaciones familiares. Nivela la glucosa en el cuerpo. Es una buena medicina para las tenciones y el estrés de la vida. No perturbe su sueño con preocupaciones, planes o proyectos. Manténgase libre de problemas y sinsabores. Cuelgue sus problemas al llegar a la casa. Y llévelos al trabajo el día siguiente. Disfrute de una noche placentera y reconfortante. El sueño es la mejor receta para su salud. Y algo más, la noche se hizo para dormir y no para la diversión.

613. **El descanso una buena medicina para la salud.** Nuestro organismo ha sido creado de tal forma que requiere del descanso. Esta es la única forma de restaurar las energías del cuerpo y de la mente. Durante el periodo del descanso durante la noche, las células nerviosas recuperan su capacidad y acumulan energía física y mental. Las infecciones como la pulmonía la gripe o el resfriado común, pueden responder adecuadamente al reposo común. Un buen descanso antes de las diez de la noche nos permite recuperar el sistema inmunológico para poder vencer las infecciones y cicatrizar las heridas. Un buen consejo: Acuéstese temprano… la noche se hizo para descansar no para ver televisión o el celular.

614. **Qué pasa si no se duerme bien durante la noche.** El mayor problema es que durante el día siguiente usted tendrá serios malestares que lo afectarán durante el día. Uno de ellos el mal genio. Duerma sus horas reglamentarias y vivirá feliz, sonriente y libre de problemas. Y si llegan los problemas usted estará en las mejores condiciones y capacidad de resolverlos. Una persona que duerme lo suficiente es una valiosa ayuda para la depresión. Un buen descanso restaura la energía del cuerpo, favorece la buena salud, aumenta la cortisona del cuerpo, produce sentimientos de bienestar. Ayuda a controlar el estrés, reduce la inflamación y evita el mal humor.

615. **El dormir y las preocupaciones.** Muchas personas no duermen sencillamente porque las preocupaciones no los dejan dormir. Cuenta la historia que un escritor muy conocido del pasado se le quejó a su vecino de que el gallo no lo dejaba dormir. El hombre le respondió: "No comprendo por qué mi gallo no lo deja dormir si mi gallo solamente canta tres veces por la noche y nada más. Recibió entonces como respuesta. Lo que me preocupa no es cuantas veces canta su gallo, sino que me paso toda la noche esperando a que el gallo cante."

616. **Las preocupaciones no nos dejan dormir.** Las inquietudes, no nos permiten pensar con tranquilidad. Menoscaba nuestra salud y bienestar. Si usted desea una noche libre de inquietudes y preocupaciones sencillamente deje sus preocupaciones en la percha de entrada de su casa y lléveselas al día siguiente al trabajo. El salmista decía: *"En paz me acostaré y en paz dormiré porque solo tu Señor me haces vivir* *confiado"* (Salmo 4:8). Deja todas tus preocupaciones en las manos de Dios que Dios pondrá su mano en todo porque él tiene el control de todo y duerma feliz, tranquilo y confiado. El mejor consejo: "No se preocupen por nada; en cambio, oren por todo. Díganle a Dios lo que necesitan y denle gracias por todo lo que él ha hecho."

617. **¡El envejecimiento empieza por los pies!** Mantenga las piernas activas y fuertes a medida que envejeces. Si no mueves las piernas durante solo dos semanas, ¡perderás la fuerza de una década! Y tendrá que usar un bastón para caminar. Hay personas que aceleran el proceso para estar encamadas porque fueron perdiendo su capacidad física debido a su inactividad. El ejercicio regular, como nadar, caminar y montar en bicicleta, es vital para mantener la fuerza muscular y gozar de mejor salud. Por lo tanto, camine todos los días o, busque una azada para trabajar y así podrás mantener la fuerza y la movilidad. Si siempre estás activo morirás de viejo y no morirás del corazón por la falta del ejercicio.

618. **La inactividad muscular acelera la pérdida muscular**: Los músculos de las piernas se deterioran rápidamente cuando no se utilizan. Estar sentado o acostado limita el movimiento de las piernas, lo que debilita los músculos. Debemos buscar la forma y maneras de desarrollar y mantener la masa muscular en buenas condiciones. Los pies soportan todo el peso del cuerpo, lo que los hace fundamentales para la movilidad. Si no se ejercitan esos pies se acelera la pérdida muscular y a la postre vamos a tener que tristemente pasar los últimos años de vida postrados en una cama esperando el descanso de la muerte.

619. **La cafeína y la adrenalina.** Al ingerir cafeína nuestro organismo recibe un adelanto de adrenalina la cual a su vez hace que el hígado vierta glucosa en la corriente sanguínea produciendo ese golpe de energía prestada. Por eso los estudiantes y conductores de camiones toman café para mantenerse despiertos. Pero el mal está en que después que pasen esos efectos del momento, tienen que recurrir de nuevo al café lo que los convierte en adictos. El café produce irritabilidad, nerviosismo, ansiedad y puede llegar a sufrir de depresión. Tristemente debemos reconocer que es un mal no necesario y que todos debemos evitar.

620. **Un serio problema de salud.** Solo en los Estados Unidos se consumen más de cien millones de libras de café al año. Si a esto se añade, los millones de refrescos con cafeína que se consumen diariamente, bien se puede decir de un serio problema llamado cafeísmo. Deje de tomar café, aunque tenga que soportar algunos días los síntomas de abstinencia. Salude la mejor bebida del mundo, un vaso de agua fresca y cristalina, despídase de las aguas negras o gaseosas, nada saludables y muy perjudiciales.

621. **El café enferma a la gente.** Una revista noticiosa de salud señala que las bebidas cafeinadas no solo causan depresión, sino que aumenta el riesgo de padecer de dolores de cabeza, infertilidad, ansiedad, osteoporosis. Mucha gente y no saben la causa. Cuanto mayor sea el uso de cafeína tanto mayor es el riesgo de contraer enfermedades. Si la gente reflexionara sobre los peligros que esto implica recurría a muchos sustitutos saludables, como el café descafeinado, el café de garbanzo y otros más saludables y económicos.

622.   Abandone el uso del café. Si usted es un adicto al café ya es hora de dejar esta adición porque es fatal y silenciosa. En el libro Cada día Más Sano, pág. 152, declara el siguiente pensamiento: "Los médicos han comenzado a recomendar a sus pacientes que abandonen el uso de beber café. Y con mucha razón. La cafeína no tiene valor nutricional, pero se le vincula con trastornos del sueño, pérdida de memoria, dolores de cabeza, hipertensión arterial, alergias, temblores musculares, palpitaciones, infertilidad, ansiedad crónica. Algunos estudios parecen indicar que incluso actúa como catalizador de carcinógenos aumentando las probabilidades de cáncer."

623.   Personas negativas. Las personas negativas no aportan soluciones. Por el contrario, aumentan sus problemas y la de los demás, evitémoslas por nuestro bien, salud y felicidad. Las personas negativas nos transmiten su contagiosa negatividad. Un pensamiento negativo genera energía negativa que se trasforma en enfermedad. Por todos los medios posibles evitamos conversar con personas negativas. No solo nos enferman, sino que también nos contagian con su forma de ser, de actuar y pensar. Seamos personas positivas porque son las personas que triunfarán en la vida.

624.   El cáncer la plaga del siglo. Después de muchos años de decirle a la gente que la quimioterapia es la única manera de tratar y eliminar el cáncer, el Hospital John Hopkins está finalmente empezando a decir a la gente que hay otras grandes y mejores alternativas. Estudios muy claros y contundentes señalan que toda persona por el ambiente en que vive posee el virus del cáncer. Estas células no se ven en los chequeos regulares hasta que se han multiplicado a unos pocos billones. Cuando entonces los doctores les dicen a los pacientes de cáncer que no hay más células cancerígenas después del tratamiento., solo significa que los chequeos no las detectan porque ellas no han llegado a un tamaño detectable.

625.   Un sistema inmunológico fuerte. Cuando el sistema inmunológico de una persona es fuerte, ¿qué pasa?, las células cancerígenas serán destruidas y se prevendrá la multiplicación y formación de tumores. Cuando una persona tiene cáncer, esto indica que esa persona tiene muchas deficiencias de nutrición, por diferentes motivos como genéticas, de medio ambiente, alimentación y por el estilo de vida. Para resolver esas muchas deficiencias de nutrición, el cambiar de dieta e incluir suplementos es imprescindible para reforzar el sistema inmunológico. La quimioterapia en realidad envenena las células de cáncer, pero también destruye las células sanas de la médula espinal, así como también las del intestino y eso produce daño en los órganos como el hígado, riñones, corazón y pulmones. La radiación, cuando destruye las células cancerígenas, también quema y daña las células sanas y los órganos del cuerpo.

626.   Qué pasa con la quimioterapia. La quimioterapia en realidad mata las células de cáncer, pero, también destruye las células sanas de la médula espinal. Destruye también las células del intestino y eso produce daño en los órganos del cuerpo. El hígado, los riñones, el corazón y hasta los pulmones. Son afectados en cada tratamiento de quimio. Por otra parte, la radiación, cuando destruye las células cancerígenas, también quema y daña las células sanas como también los órganos del cuerpo.

627. El tratamiento de quimioterapia y radiación. Este tratamiento reduce el tamaño de los tumores, muy cierto.... pero un prolongado uso no tiene como resultado la total destrucción de éstos. Cuando el cuerpo tiene muchas toxinas... la quimioterapia y la radiación pueden causar la mutación de las células cancerígenas, que se resistan y se haga difícil su destrucción. La cirugía puede también provocar la invasión de las células a otros órganos. Un tratamiento inicial de quimioterapia y radiación muchas veces reducen el tamaño de los tumores, pero un prolongado uso de la quimioterapia y la radiación no tiene como resultado la destrucción total de los tumores. Cuando el cuerpo tiene muchas toxinas... la quimioterapia y la radiación pueden causar la mutación de las células cancerígenas, que se resistan y se haga difícil su destrucción total. La cirugía puede también provocar la invasión de las células a otros órganos. Una manera efectiva de combatir "el cáncer" es no darle de comer a las células cancerígenas aquellos alimentos que necesita para multiplicarse.

628. El azúcar y el cáncer. Las células de cáncer se alimentan de azúcar, por lo tanto, no consumiendo azúcar se corta uno de los más importantes elementos de las células cancerígenas que propagan la enfermedad. Un mejor sustituto del azúcar es la miel o melaza, pero en pequeñas cantidades. Por otra parte, la sal tiene un químico que se le agrega para que se vea blanca. Una mejor alternativa para evitarla es consumiendo la sal de mar o sales llamadas vegetales.

629. La leche y el cáncer. La leche para los becerros. Los toros y las vacas no toman leche. Serias investigaciones han señalado que la leche de animales al consumirse aumenta en el cuerpo la producción de mucus. Las células cancerígenas se alimentan de mucus, por lo tanto, es importante eliminar la leche sustituyéndola por leche de soya o de almendras. En esta forma eliminando el azúcar, la leche, las carnes y los huevos, las células de cáncer no tienen que comer por consiguiente se mueren.

630. El cáncer y las carnes rojas. Otro aspecto de gran valor es que las células de cáncer maduran en un medio ambiente ácido. Una dieta basada en carne roja es ácida, es mucho mejor pescado, o un poco de pollo. La carne además tiene hormonas y parásitos que son muy nocivos, la proteína de la carne es muy difícil de digerir y requiere muchas enzimas. La carne que no se digiere queda en los intestinos y entra en estado de putrefacción y lleva a la creación de más toxinas en el cuerpo. La alimentación vegetariana o vegana es mucho mejor.

631. Una recomendación bíblica sobre el consumo de carne. Señala el registro sagrado en Isaías 22:13-14. *"¡Pero miren, hay gozo y alegría! ¡Se sacrifican vacas, se matan ovejas, se come carne y se bebe vino! "¡Comamos y bebamos, que mañana moriremos!" 14. "El Señor Todopoderoso me reveló al oído: "No se te perdonará este pecado hasta el día de tu muerte. Lo digo yo, el Señor, el Señor Todopoderoso".* Bien clara está esta maravillosa declaración...es el pecado que será perdonado con la muerte del pecador. ¡Tremenda y oportuna reflexión bíblica!

632. **Para evitar el cáncer** ¿Cómo dar solución de este serio problema de salud? Una dieta de 80 % de vegetales frescos y jugos, granos, semillas, nueces, almendras y solo un poco de frutas ponen al cuerpo en un ambiente alcalino. Solo un 20% se debe consumir en comidas cocidas, incluidos los granos y evitando comer carne, se liberan más enzimas que atacan las proteínas de las células de cáncer y permite al sistema inmunológico destruir estas células. Para obtener enzimas vivas que ayudan a construir células sanas se debe tratar de tomar jugos vegetales especialmente de zanahoria, remolacha, brócoli y alfalfa. Comer muchos vegetales frescos dos o tres veces al día.

633. **La cafeína y el cáncer.** No hay pruebas convincentes de que la cafeína cause cáncer. De hecho, hay evidencia de que el consumo de café puede disminuir el riesgo de desarrollar algunos tipos de cáncer. La FDA estima que el consumo rápido de alrededor de 1,200 miligramos de cafeína puede causar efectos tóxicos, como convulsiones. Los productos con cafeína pura y altamente concentrada pueden tener graves consecuencias para la salud, incluida la muerte. También señalan los estudios que se debe evitar tomar café, té y chocolate, pues tienen mucha cafeína. El té verde es una mejor alternativa y tiene propiedades que combaten al cáncer.

634. **El consumo del agua.** Muchos no lo creen, pero es una gran verdad. El agua es el mejor remedio para la salud física y se deben consumir ocho vasos diarios. Es mucho mejor tomarla purificada, o filtrada para evitar las toxinas y metales pesados del agua. El agua destilada es ácida. No debemos tomarla. Hay botellas de agua alcalina que se pueden comprar porque es considerada como la mejor. EL agua frizada, algo que mucha gente ignora, no consumirla.

635. **Las enfermedades y la mente.** El cáncer es también una enfermedad de la mente, del cuerpo y del espíritu. Una actitud más activa y positiva ayudará a combatir al enfermo de cáncer a convertirse en un sobreviviente. El mal genio y la incomprensión, el no perdonar, pone al cuerpo en una situación de estrés y en un medio ambiente ácido. Aprender a tener un espíritu amable y amoroso con una actitud positiva es muy beneficioso para la salud, aprender a relajarse y disfrutar de la vida.

636. **Manténgase activo.** El ejercicio tiene un poder maravilloso para disfrutar de una vida larga y saludable. Se dice que con el ejercicio hasta el cáncer se cura, porque las células de cáncer no pueden vivir en un ambiente oxigenado. El ejercicio diario, y la respiración profunda ayudan a recibir más oxígeno. La terapia de oxígeno y ejercicio es otro elemento que ayuda a destruir las células de cáncer. El ejercicio es vida, saca tiempo de calidad para disfrutar de una vida de plenitud.

637. **Las dioxinas y el medio ambiente.** Todas las personas están expuestas a concentraciones de base de dioxinas que, en principio, no afectan a su salud. Sin embargo, debido a que son compuestos muy tóxicos se adoptan medidas para reducir esa exposición. Las dioxinas son un grupo de productos químicos químicamente similares entre sí que contaminan de forma permanente el medio ambiente. Se encuentran en el medio ambiente de todo el mundo y se acumulan en las cadenas alimentarias, principalmente en el tejido adiposo de los animales. Más del 90% de la exposición en el ser humano se produce al ingerir alimentos, sobre todo carne y productos lácteos. Muchos países tienen programas de control de la contaminación alimentaria.

**638.	La dioxina y la salud.** Recientemente, el doctor Edward Fujimoto, estuvo en un programa de televisión y explicó el peligro de la dioxina. Él dijo que no debemos poner contenedores de plástico en el microondas especialmente las comidas que tienen grasas. Comentó además que la combinación de grasa y calor fuerte con el plástico elimina dioxina dentro de la comida. En su lugar se puede usar vidrio, como pírex o cerámica para calentar la comida. Otra vigorosa alternativa.

**639.	El plástico una amenaza para todos.** El plástico presenta un panorama claro y preocupante. El plástico es una amenaza mundial para la salud humana. Para reducir esa amenaza se requiere frenar y revertir la tendencia en aumento de fabricar, utilizar, y desechar este material en todo el mundo. Los químicos como las dioxinas causan cáncer, especialmente de seno. la dioxina es muy destructiva, especialmente para las células del cuerpo. No ponga en el freezer sus botellas de agua de plástico ya que el plástico elimina dioxina y envenena el agua.

**640.	El plástico y la salud.** El uso del platico, muy a pesar de ser uno de los materiales más omnipresentes en el planeta, aún no logramos entender bien el plástico y su impacto a la salud humana. Sin embargo, la exposición a este material se ha extendido hacia nuevas áreas del ambiente y de la cadena alimenticia ya que los productos plásticos existentes se fragmentan en partículas más pequeñas concentrándose en sustancias químicas tóxicas que afecta el cuerpo humano, y la contaminación del aire, el agua, y el suelo. El uso del plástico es una amenaza peligrosa para la salud humana.

**641.	La confianza en el poder de Dios.** Confiar en Dios es tener la seguridad de que él no nos fallará. A todos nos llegan tiempos difíciles e inciertos. ¡Es parte de la vida! En esos momentos, la confianza en nuestro Dios puede ser puesta a prueba, y muchas veces la tristeza, la ansiedad y la desesperación intentan ocupar su lugar. El confiar en Dios es un elemento esencial de la fe verdadera y salvadora que mira a Dios y encuentra paz, fortaleza, satisfacción y mucho más en él, y en todo lo que ha hecho, está haciendo y hará, ahora y para siempre. La seguridad que proviene de confiar en Dios no significa ausencia de problemas, sino la certeza de que él está con nosotros en medio de ellos. Nos enseña a no dejarnos dominar por el miedo y la desesperación, sino a aferrarnos a la fe que nos sostiene en cualquier circunstancia.

**642.	¿Cómo puedo confiar en Dios si no veo la solución?** En momentos difíciles, es natural sentirse abrumado por la incertidumbre y la desesperanza. Tal vez te preguntes: "¿Cómo puedo confiar en Dios si no veo solución a mi problema?". Esta pregunta refleja una lucha común entre el deseo de tener respuestas inmediatas y la realidad de enfrentar desafíos que parecen insuperables. La Biblia nos ofrece consuelo y guía en estas situaciones. En hebreos 11:1 nos dice que *"la fe es la certeza de lo que se espera, la convicción de lo que no se ve"*. Este versículo nos recuerda que la fe no se basa en lo visible, sino en la confianza en las promesas de Dios, incluso cuando las circunstancias parecen adversas. La fe es un acto de confianza que nos impulsa a seguir adelante, a pesar de nuestras luchas y quebrantos. Proverbios 3:5-6, refuerza esta idea: *"Confía en el Señor de todo tu corazón, y no te apoyes en tu propia prudencia. Reconócelo en todos tus caminos, y él enderezará tus sendas"*. Este versículo te anima a soltar el control y permitir que Dios dirija tu vida. Aunque no veas una solución inmediata, puedes confiar en que Dios siempre está al control.

643.   La gratitud. La gratitud no depende de las circunstancias, sino de una decisión consciente de reconocer la bondad de Dios y la bondad de los demás hacia nosotros. Al adoptar una actitud agradecida, experimentamos paz, alegría y una conexión más profunda con nuestro Creador. La gratitud fortalece nuestra fe al reconocer las bendiciones del pasado. Nos brinda confianza en el cuidado continuo de Dios. La gratitud fomenta la humildad al reconocer que todo lo que tenemos proviene de Dios. La gratitud promueve la alegría. Un corazón agradecido encuentra gozo en las pequeñas cosas. La gratitud mejora nuestras relaciones. Nos hace más conscientes y apreciativos de los demás. Reduce la ansiedad al enfocarnos en lo positivo disminuyendo el estrés y la preocupación. Si somos agradecido tendremos paz y grandes satisfacciones.

644.   ¡Cámbiame, Señor! El Señor desea un cambio real y total en cada uno de sus hijos. Mi querida nietecita Viviana Cortés Luciano, mi cantante favorita, tiene para todos nosotros este hermoso mensaje musical: "Dios, hoy vengo ante ti ahogada de dolor. Yo sé que te ofendí y arrepentida estoy. Oye hoy mi voz, atiende mi petición. Sólo quiero me transformes ¡Oh! Señor. Cambia ¡Oh! Dios mi corazón y hazme renacer. Pura y noble quiero ser, santifícame. Cambia ¡Oh! Dios mi corazón, renueva hoy mi ser. Todo lo que soy Señor, te lo entregaré. Dios, te pido por favor, quita todo este dolor. He fallado sin razón, necesito tú perdón. Oye hoy mi voz, atiende mi petición. Sólo quiero me transformes ¡Oh! Señor. Cambia ¡Oh! Dios mi corazón y hazme renacer. Pura y noble quiero ser, santifícame. Cambia ¡Oh! Dios mi corazón, renueva hoy mi ser. Todo lo que soy Señor, te lo entregaré. Lléname de tu poder, purifica hoy mi ser. Te exaltaré, te alabaré. Cambia ¡Oh! Dios mi corazón y hazme renacer. Todo lo que soy Señor, te lo entregaré. Esta oración cantada debe ser también nuestra sincera oración.

645.   El pasado pasó ya...el presente es lo que cuenta. El pasado como su nombre lo indica pasó ya. El presente es el momento que se vive. No podemos vivir de recuerdos tristes que pasaron ya. Ni de penas ni quebrantos del pasado porque lo que ganamos es abrir heridas, ahondar nuestra melancolía y despertar la compasión de los demás. Tenemos muchas cosas por hacer para estar tristemente lamentándonos en todo y por todo. Debemos pensar en lo que es positivo y alentador. Todo positivo nada negativo. El compromiso de cada uno de nosotros es vivir siempre el presente y olvidarnos de los quebrantos y problemas del pasado. Solo así alcanzaremos el ideal propuesto y alcanzar la verdadera felicidad.

646. **¿Sabía usted que cada noche 150 mil personas mueren en el mundo entero?** El doctor Alan Rozanski, cardiólogo y profesor de Medicina de la Facultad de Medicina Icahn del Monte Sinaí, ha querido compartir en una entrevista qué alimentos no incluiría en ningún momento en sus cenas. Primero, se refiere a esos alimentos "poco saludables": "Consumir alimentos poco saludables a altas horas de la noche puede alterar el sueño, lo que aumenta aún más el riesgo de enfermedades cardíacas". Y una muerte no esperada. El cardiólogo señala concretamente a los carbohidratos, azucarados como los culpables. "Las comidas ricas en carbohidratos y azúcares refinados, y los alimentos proteínicos altamente procesados, pueden provocar el desarrollo o de todos los principales factores de riesgo de enfermedades cardíacas". Las estadísticas revelan que durante la noche 150 mil personas mueren en el mundo entero… y nosotros hoy sabemos el porqué.

647. **La importancia de la empatía.** La empatía es la capacidad de comprender los sentimientos y emociones de la otra persona, e intentar experimentar de forma objetiva y racional lo que esa persona está sintiendo. Es colocarse en los zapatos de la otra persona. La empatía hace que las personas se ayuden entre sí. Cuando una persona siente dolor o sufrimiento, los demás, se ponen en su lugar y se despierta el deseo de ayudar, de servir, de actuar siguiendo sus principios morales. Una persona empática se caracteriza por identificarse con las otras personas que pasan por una experiencia difícil. Hay un pensamiento que dice que nadie sabe con la sed que otro bebe. ¡Y es verdad! Empatía es saber escuchar a los demás y entender sus problemas y emociones. El Señor escucha nuestras oraciones a favor de los necesitados y esto nos permite establecer mejores relaciones saludables.

648. **Ante las pruebas de la vida.** Cuando hemos pasado por en medio del fuego de la prueba y hemos soportado su ardiente calor, entonces tenemos conocimiento de lo amargo que es la consecuencia del pecado, pero al mismo tiempo hemos visto tangiblemente la mano de Dios sosteniendo nuestras vidas. Los que han padecido las mayores aflicciones, con frecuencia son los que están en mejores condiciones de proporcionar mayor consuelo a otros, porque irradian luz donde quiera que vayan. Dios deja de ser una mera teoría para convertirse en una realidad en nuestra vida. La buena noticia es que, si tu corazón todavía está herido o quebrantado por el crisol de la prueba, Dios está dispuesto a sanarte y devolverte la alegría. Haz tuya la esperanza de un mundo mejor donde volveremos a reunirnos con nuestros amados y no existirá la enfermedad ni la tristeza. Esperemos ese encuentro con un corazón restaurado, reconfortado y preparado para la feliz eternidad.

649. **Canta y tus penas se irán.** Cuando el dolor y el sufrimiento te afecte, canta ¡Sí! ¡Canta con alegría! Cuando la tristeza te quite la alegría y el sufrimiento te agobie ¡canta! El himno 424 del Himnario Adventista es una gran bendición. Su título "¿Cómo podré estar triste? cuestiona la tristeza, la soledad y el dolor. Dice así: "¿Cómo podré estar triste? Si Cristo es mi consuelo, mi amigo siempre fiel. ¡Si aun las aves tienen seguro asilo en él! ¡Feliz cantando alegre, yo vivo siempre aquí! ¡Si él cuida de las aves, cuidará también de mí! "Nunca te desalientes", oigo al Señor decir; y en su Palabra fiado hago al dolor huir. A Cristo paso a paso yo sigo sin cesar; y todas sus bondades me da sin limitar. ¡Y todas sus bondades me da sin limitar! Siempre que soy tentado o que en la sombra estoy, más cerca del camino, y protegido voy. Si en mí la fe desmaya, y caigo en la ansiedad, Tan solo él me levanta, ¡me da seguridad!¡Tan solo él me levanta, y me da seguridad! Letra: Civilla D. Martin. Versión Español: Vicente Mendoza Música: Charles H. Gabriel.

650. **Nos espera un mundo mejor** ¡Si nos espera un mundo mejor! y que mejor que escucharlo en los labios de mi cantante preferida mi linda nietecita Viviana Cortés Luciano. Todos los cantos que tiene en su amplio repertorio son inspiraciones de su querido padre profesor de música Edgard Cortés. "**Un mundo nuevo**". Nos dice en este su mensaje musical: "Veo un mundo de miseria, de tristeza, llanto y de soledad. Un lugar rodeado de pesar. Donde lloras en silencio. Recordando a quien llegaste amar, y que la muerte logró separar. Se que pronto el día llegará cuando Cristo todo cambiará. ¡Si un mundo nuevo Dios nos dará! Un lugar donde la muerte nunca más existirá. Y un mundo nuevo Dios nos dará. Viviremos todos juntos por toda la eternidad. Allí quiero estar y con Cristo morar. Caminar por las calles de oro. Recorrer la gran ciudad celestial, hermosura tal es sin igual. Cuánto anhelo ese día, cuando pueda allí su rostro mirar, contemplarle en gloria y majestad. Sé que pronto ese día llegará, cuando Cristo todo cambiará. No habrá más llanto ni dolor, ni tristeza ni separación. Estaremos por los siglos con Jesús. ¡Un mundo nuevo Dios nos dará!

651. **Entenderemos lo que no que no entendemos**. El 11 septiembre nos recuerda los ataques terroristas más aterradores en suelo estadounidense. Secuestraron cuatro aviones y los estrellaron contra las torres gemelas de Nueva York, el Pentágono en Virginia y un campo abierto en Pensilvania, causando la muerte de aproximadamente 3.000 personas. ¿Y muchas personas aún hoy se preguntan y dónde estaba Dios ese fatídico 11 de septiembre que no pudo evitar esa tan grave tragedia? ¿Qué Dios es ese que se deleita ver el mal, el dolor y el sufrimiento? Porque no tuvo misericordia de esas 3 mil muertes en ese atentado terrorista. ¿Acaso ese poderoso Dios no tiene compasión del núcleo familiar? ¿Viudas desamparadas, hijos huérfanos llorando la pérdida de esas personas tan queridas? La desesperación llevó a algunas personas a lanzarse al vacío para evitar morir carbonizadas. Muchas veces, nos encontramos con momentos que nos dejan sin respuesta y nos llevan a cuestionar el sentido de lo que ocurre. Ejemplos como los ataques terroristas del 11 de septiembre de 2001 y sus consecuencias, o el sufrimiento de familias que pierden seres queridos, ponen en evidencia nuestra tendencia a preguntarnos: ¿Dónde está Dios?

652. **Culpar a Dios por lo que no entendemos**. Hay quienes culpan a Dios de todo lo malo que les sucede. Una enfermedad, por ejemplo, cuando el culpable es el mismo Satanás que anda cual león rugiente para ver a quien enfermar. Como aquel hijo de pastor cuyo hijo murió y él no entendía el por qué, si son los hijos los que entierran a sus padres, pero en este caso el cómo padre entierra a su propio hijo. No lo entiende ni yo tampoco. Hay cosas que nuestra mente no lo puede entender, pero algún día lo entenderemos y si en esta tierra no lo entendemos lo entenderemos cuando lleguemos al cielo. ¡En el cielo todo se aclarará!

653.   No podemos pensar como Dios piensa. Si por un segundo pudiéramos ver o pensar como Dios mira o piensa, de seguro que muchas de nuestras preguntas se aclararían. Recuerdo la historia del hombre que lo perdió todo en un voraz incendio. Perdió el fruto de largos años de intenso trabajo. ¡Lo he perdido todo!, exclamó. Su hijita de tan solo 7 añitos le dice: ¡No Papi, no lo has perdido todo, nos tienes a mí y a mi mama! Esas palabras las necesitaba para un comenzar de nuevo y alcanzar el éxito. Todos necesitamos un nuevo comienzo con la bendición de Dios.

654.   El porqué del aborto. La inmensa mayoría de los abortos que se practican hoy en día son de mujeres que simplemente no quieren tener el bebé. Sólo el 2% de los abortos se producen por violación, incesto o porque la vida de la madre corre peligro. Incluso en este 2% de casos más difíciles, el aborto nunca debería ser la primera opción. Vale la pena hacer todo lo posible por preservar la vida del bebé que se encuentra en gestación en el vientre materno.

655.   *Los milagros de Dios.* Dios realiza grandes y maravillosos milagros. Los vemos en las enfermedades que se curan. En los mártires modernos que mueren de cáncer y agonizan con valor y dignidad. Sin una queja, sin sentimientos de culpabilidad para nadie. Sin reproches personales y mucho menos para Dios. Milagros en los que vencen los vicios. En ebrios siendo ahora sobrios. Milagros, en mujeres perdidas trasformadas, por la gracia de Dios, en princesas para el reino celestial. Milagros, en los que padecen persecución por causa de la justicia y se mantienen fieles y leales al Señor. Milagros en oraciones contestadas. Milagros que revelan la existencia de un Dios maravilloso en misericordia y grandemente perdonador. Milagros que revelan la grandeza de un Dios todo poderoso. El Dios… de los imposibles. ¡Gracias Señor por el maravilloso milagro de nuestra existencia!

Made in United States
North Haven, CT
17 February 2026

87798235R00122